古典文獻研究輯刊

九 編

潘美月・杜潔祥 主編

第 4 冊

先秦典籍引《尚書》考（上）

許錟輝 著

國家圖書館出版品預行編目資料

先秦典籍引《尚書》考（上）／許錟輝著 ― 初版 ― 台北縣永
和市：花木蘭文化出版社，2009〔民98〕
序 4+ 目 4+212 面；19×26 公分
（古典文獻研究輯刊 九編：第 4 冊）
ISBN：978-986-254-012-1（精裝）
1. 書經　2. 研究考訂
621.117　　　　　　　　　　　　　　　　　98014411

ISBN - 978-986-2540-12-1

9 789862 540121

古典文獻研究輯刊
九　編　第四冊　　　　　　　ISBN：978-986-254-012-1

先秦典籍引《尚書》考（上）

作　　者　許錟輝
主　　編　潘美月　杜潔祥
總 編 輯　杜潔祥
企劃出版　北京大學文化資源研究中心
出　　版　花木蘭文化出版社
發 行 所　花木蘭文化出版社
發 行 人　高小娟
聯絡地址　台北縣永和市中正路五九五號七樓之三
　　　　　電話：02-2923-1455／傳眞：02-2923-1452
網　　址　http://www.huamulan.tw 信箱 sut81518@ms59.hinet.net
印　　刷　普羅文化出版廣告事業
初　　版　2009 年 9 月
定　　價　九編 20 冊（精裝）新台幣 31,000 元　　　版權所有·請勿翻印

先秦典籍引《尙書》考（上）

許錟輝　著

作者簡介

許錟輝，廣東省梅縣人。臺灣師範大學國文系學士，國文研究所碩士，中華民國國家博士。現任東吳大學中文系所客座教授。曾任臺灣師範大學國文系專任講師、副教授、教授，東吳大學中文系所專任教授、中國文化大學中文系兼任教授、淡江大學中文系兼任教授、中央大學中文系兼任教授、元智大學中語系兼任教授。曾任中國文字學會研究理事長，中國訓詁學會理事長、中國經學研究會理事、中國修辭學會理事。專長文字學、經學。著有《先秦典籍引尚書考》、《說文重文形體考》、《文字學簡編‧基礎篇》、《尚書著述考》、〈許慎造字假借說證例〉、〈段玉裁引伸假借說平議〉、〈王先謙「伏生尚書二十九篇無太誓說」衍議〉等專書及論文。

提　要

　　夫《尚書》者政事之紀，人君辭誥之典，右史記言之策，唐、虞三代之事制，蓋備於此。今欲考唐、虞聖君之言，三代賢主之事，以及上古之民風世俗、典章制度，蓋捨《尚書》而莫由，《尚書》之用宏矣哉！

　　《漢書藝文志》云：「故《書》之所起遠矣，至孔子纂焉，上斷於堯，下訖于秦，凡百篇，而為之〈序〉，言其作意。」孔子編纂《尚書》，流傳訖今，歷經二千餘年，其間所罹厄難非一，清段玉裁《古文尚書撰異》嘗舉《尚書》所罹七厄，曰：秦火、漢不立古文、馬鄭不注逸十六篇、孔疏信偽古文、唐改隸古、宋改《釋文》、晉出偽古文，由是《尚書》篇有亡佚，文多改易，自東晉偽古文《尚書》出，抑又真偽雜陳，據此以考三代之事制，其不舛謬者鮮矣。故溯《尚書》之源，還《尚書》之舊，允為首要之務。欲探索《尚書》之本源，恢復《尚書》之舊觀，則考辨先秦典籍引《尚書》，應為最客觀可循之途徑。前人有鑒於此，多用力於斯，而或囿於一書，未能通觀全豹，或博取群書，而失之簡略。本文取先秦典籍一百又五種，就其所引《尚書》，無論明徵、暗引，或檃括其辭者，皆蒐羅無遺，以先秦各書為經，分類排比，以與兩漢所見《尚書》相互參校，表其異同，正其舛謬，補其亡佚，從而考先秦《尚書》之篇數、篇名、序次、分類、儒墨所授《尚書》之同異、《尚書》與《逸周書》之關係，以及偽古文《尚書》之所由出等諸事，撰為《先秦典籍引尚書考》。

　　本文取先秦典籍一百又五種，其中出於漢以後人偽託者四十四種，後人輯佚者二十九種。凡引《尚書》三百七十五條，其中偽書引《尚書》三十二條，輯佚書引《尚書》十條不計，先秦典籍引《尚書》凡三百三十三條。總此引《尚書》三百三十三條，凡引《尚書》四十五篇，其中三十三篇在〈書序〉百篇之內，十二篇在〈書序〉百篇之外。

　　綜考先秦典籍引《尚書》三百三十三條，凡立說十八項，證成舊說七項，正前賢之失二十有三項，皆作者潛心所得。

目

次

高 序

　　梅縣許生錟輝初從林教授景伊治文字聲韻之學，又從魯教授實先治鐘鼎甲骨之學。迨余歸自香江，錟輝來見，自陳其志，曰：「鄉者錟輝之所以治小學者，蓋欲以通經也。今圈讀十三經殆竟，已能略通其大義；竊欲更進而理其紛亂，索其精微，先生其有以教我乎？」余曰：「群經之中，最紛亂者莫如《書》，其精微之有待於闡發者亦莫如《書》。《書》經秦火，亡逸已多，《史記》稱伏生所傳，二十九篇而已，是爲《今文尚書》。然王充已謂伏生所傳僅二十八篇，後河內女子又得一篇，合爲二十九。《隋志》又以河內女子所得者爲《泰誓》。歐陽生傳《今文尚書》，分〈般庚〉爲三，成三十一篇，合〈書序〉爲三十二，與大小夏侯所傳二十九篇者不同。明梅鷟、清朱彝尊、陳壽祺等則以二十八篇益〈書序〉爲二十九。清王鳴盛、王引之等則以伏生所傳二十九篇之中已有〈泰誓〉。清龔自珍又以伏生原有二十九篇，乃〈顧命〉分出〈康王之誥〉，〈泰誓〉與〈書序〉皆不在其內。此僅《今文尚書》，而說之紛亂已如此！即以西漢所得之〈泰誓〉而言，王充以爲宣帝時得，而劉向、劉歆父子則以爲武帝末年得，馬融、王肅均以後得之〈泰誓〉爲可疑。清臧琳則謂〈泰誓〉有三，即〈古泰誓〉、〈漢泰誓〉、〈偽泰誓〉是也，而今人張西堂又謂當益孔壁《古文尚書》中之〈泰誓〉而爲四。是僅〈泰誓〉一篇而其說之紛亂又如此！自魯恭王壞孔子宅，得《古文尚書》，篇章滋多於今文，而文字亦與今文頗異，於是今古文之紛爭以起。然魯恭王壞孔子宅之時，《漢志》謂在武帝末，《論衡》謂在景帝時；劉歆、班固謂係孔安國所獻，而荀悅謂係孔安國家所獻；至壁藏之人，《家語》以爲孔騰，《漢紀》以爲孔鮒，《經典釋文》以爲孔惠；是孔壁古文已有異說。此外又有河間獻王所得之《古文

尚書》、張霸所獻之僞百兩篇《古文尚書》、杜林所得之漆書《古文尚書》、劉陶之《中文尚書》、梅賾所上之僞孔安國傳本《古文尚書》、姚方興續上之僞孔《傳》本〈舜典〉、劉炫復上僞姚本〈舜典〉，不僅以僞亂眞，抑且僞中出僞，其紛亂又遠出《今文尚書》之上！孔融、鄭玄皆傳《古文尚書》，而所注之篇目一與《今文尚書》合，此又使人困惑而不解。《漢志》言孔子刪《書》爲百篇，而爲之序，《史記》未有此說，殊屬可疑。《漢志》又載《周書》七十一篇，後人或稱爲《逸周書》，劉向以爲孔子論百篇之餘；今以此七十一篇與伏生所傳二十九篇合，適得百篇之數，則孔子刪《書》百篇之說，又若可信。晉孔晁所注《逸周書》，今僅存四十二篇，是否皆爲古籍，抑又有僞作屬雜其中？凡此種種，既不能起孔子於地下而問之，亦不能得原書之全貌以驗之，則亦唯有考先秦典籍之徵引《尚書》者，以略窺其眞象耳。」錟輝得余說，遂以「先秦典籍引《尚書》考」爲題，而撰寫其博士論文。錟輝首取先秦典籍一百有五種，辨其眞僞，然後就其所引《尚書》，與兩漢所見《尚書》及今所傳《尚書》相互參校，表其異同，正其譌舛，補其亡佚，從而推定先秦《尚書》篇數、序次、分類及內容之眞象，辨明篇名之演變、後儒編集改易之蹤跡，以及梅賾僞《古文尚書》之所從出等，其收穫甚豐。如：證先秦《尚書》未必百篇，亦不必以百篇爲備，一也。由各書同引《尚書》而文字歧異、篇名不一、序次各別、分類不同證之，知先秦《尚書》未有定本，二也。由各書引〈湯誓〉，或爲伐桀之辭，或爲禱雨之辭；引〈泰誓〉，或爲文王伐于之辭，或爲武王伐紂之辭；引〈禹誓〉，或爲伐有扈之辭，或爲征苗之辭；引〈酒誥〉，而或稱〈康誥〉等證之；知先秦《尚書》篇名多係泛稱，其後〈書序〉錄之，始成專名，三也。由儒墨二家同引一〈書〉，而文字、篇名、序次、分類多不同，《墨子》多引百篇之外，而不見於《孟子》、《荀子》等書證之，知儒墨所授《尚書》本各有別，四也。由各書引《逸周書》文，而稱「《書》曰」、「《周書》曰」證之，知先秦之世，《逸周書》中若干篇與《尚書·周書》初無分別，皆周王室之檔案，五也。由各書多引逸書、百篇之外者證之，知先秦《尚書》多有亡逸，六也。由《國語·周語》中、《左傳》昭公七年引〈大誓故〉，後得〈泰誓〉赤鳥白魚之說見於《呂氏春秋·名類篇》、《墨子·非攻下》證之，知先秦有說〈泰誓〉本事作意之書，此即《大傳》、《史記》，後得〈泰誓〉之所本，七也。由各書引〈泰誓〉文，與漢代典籍所引迥異證之，知先秦〈泰誓〉亡於戰國，八也。由各書引〈泰誓〉文，以正後儒

墨守〈書序〉，謂上篇記觀兵之事、中下篇記伐紂之事之失；引〈湯誓〉文，以正韋注〈國語〉強合伐桀之誓、禱雨之誓爲一之失；引〈康誥〉文，以正鄭注《禮記》、朱注《中庸》之失；引〈秦誓〉文，以正馬融《書注》之失；引〈胤征〉文，以正趙注《孟子》之失；引〈周書〉逸文，以正史志以《周書》、《陰符》爲一之失；引百篇以外之《書》文，以正《漢書》稱孔子纂《書》且爲之序之失；引〈酒誥〉文而稱〈康誥〉，以正孫詒讓謂先秦古敘作〈康誥〉三篇、王先愼謂漢無〈酒誥〉之失；凡此之類，皆據所引，而知前賢之失者，九也。由各書引〈夏書〉、〈周書〉、〈大誓故〉、〈泰誓〉之文，以證成史遷、班固稱《左傳》、《國語》同出左丘明之說；引〈泰誓〉、〈仲虺之誥〉文，以證成俞樾稱墨分三家，文字互異之說；引〈洪範〉文，以證成孫詒讓謂古《詩》、《書》互稱之說；引〈皋陶謨〉、〈禹貢〉、〈洪範〉文，以證成王國維稱諸篇作於周初之說；凡此之類，皆據所引，而證成前說之者是，十也。以上所舉，特其犖犖大者，他如辨先秦引《書》文字歧異之例、先秦《尚書》自孔子後迭經改動之故、〈書序〉晚出而多有所本之說……蓋均潛心有得之言，尚未遑一一舉也。然於余所謂紛亂而難理者，則固有確鑿之例證、精密之分析、審愼之論斷，嘗試而理之矣。果能繼是而奮進，則闡發《尚書》之精微，當亦非難，此余所深信而不疑者。今鋑輝既以此文而獲得文學博士，嘉新文化基金會又助其刊印，刊印將蕆事，而問序於余，余因述此文之所以作及其所創獲者，以爲之序。

　　　　　　　中華民國六十二年八月一日高郵高明仲華撰。

第一章　導　論

第一節　說《書》用之宏

　　夫《書》者政事之紀也，〔註1〕人君辭誥之典，右史記言之策，〔註2〕唐虞三代之事制，蓋備於此，今欲考唐虞聖君之言，三代賢主之事，以及上古之民風世俗，典章制度，蓋捨《書》而莫由，然則《書》之用，可謂宏矣。茲分四端略述如后：

　　一曰存聖主古訓以爲後世言行之所戒：古人每稱引《書》中文辭，以爲立言之本，行事之戒，蓋亦孟子言稱堯舜之意也。《漢書·武帝紀》載元狩元年詔書曰：「朕聞咎繇對禹曰：『在知人，知人則哲，惟帝難之。』」案元狩元年，淮南王安、衡山王賜謀反，誅黨與死者數萬人，武帝乃下詔，引《書·皋陶謨》之辭，以明知人之難，兼寓戒愼恍惕之意。又〈劉向傳〉載向所奏封事曰：「吾聞帝舜戒伯禹，毋若丹朱敖，周公戒成王，毋若殷王紂。」案元延中，星孛東井，蜀郡岷山崩，雍江，向惡此異，乃上奏引《書·皋陶謨》〔註3〕及無逸之辭，諫帝當以敗亂自戒。又〈王嘉傳〉載嘉所奏封事曰：「臣聞咎繇戒帝舜曰：『亡敖佚欲有國，兢兢業業，一日二日萬機。』箕子戒武王曰：『臣無有作威作福，亡有玉食，臣之有作威作福，害于而家，凶于而國，人用側頗辟，民用僭慝。』」案成帝時日食，詔舉直言，嘉乃上奏引《書·皋陶謨》及〈洪範〉之辭，誡成帝不可傲慢逸欲，但當戒愼危懼以理萬事之

〔註1〕《荀子·勸學篇》語。
〔註2〕《尚書正義序》語。
〔註3〕今見於僞孔本〈益稷篇〉。

機也。《後漢書・張酺傳》載肅宗詔書曰：「經云：『身雖在外，乃心不離王室。』」案肅宗初即位，詔酺出爲東郡太守，酺以嘗經親近，意不自得，上疏辭不就，肅宗乃下詔引《書・康王之誥》之辭，勉酺忠於王事，典、城臨民所以報效也。凡此皆立言戒事本乎《尚書》者。

二曰存上古禮制以爲後世施政之所據：古人施政，每因襲前代禮制，順時施宜，以爲損益，斯亦夫子殷因夏禮，周因殷禮之意也。〔註4〕《漢書・百官公卿表》敍曰：「《書》載唐虞之際，命羲和四子，順天文，授民時；咨四岳以舉賢材，揚側陋；十有二牧，柔遠能邇；禹作司空，平水土；棄作后稷，播百穀；禹作司徒，敷五教；咎繇作士，正五刑；垂作共工，利器用；益作朕虞，育草木鳥獸；伯夷作秩宗，典三禮；夔典樂，和神人；龍作納言，出入帝命。」案班氏引〈堯典〉之辭，〔註5〕所以明漢設官分職，本乎古制。是以禹作司空，而漢立大司空；〔註6〕離作司徒，而漢立大司徒；〔註7〕咎繇作士，而漢立作士；〔註8〕垂作共工，而漢立共工；〔註9〕伯夷作秩宗，而漢立秩宗；〔註10〕夔典樂，而漢立典樂；〔註11〕龍作納言，而漢立訥言。〔註12〕此則設官分職本於〈堯典〉者。《漢書・地理志敍》云：「使禹治之，水土既平，更制九州，列五服，任土作貢，曰禹敷土，隨山栞木，奠高山大川云云。」案班氏引〈禹貢〉之文，所以明漢設州分郡，皆采獲舊聞，考迹《詩》、《書》。是以〈禹貢〉九州，而漢則兼徐、梁、幽、并、夏、周之制，改雍曰涼，改梁曰益，凡十三州。〔註13〕又〈禹貢〉有汧山，漢右扶風郡因設汧縣。〔註14〕

〔註4〕 《論語・爲政篇》語。

〔註5〕 今見於僞孔本〈舜典〉。

〔註6〕 成帝綏和元年改御史大夫爲大司空，見《漢書・百官公卿表》。王莽立司空，主司地理，平治水土，見〈王莽傳〉中。

〔註7〕 哀帝元壽二年改丞相爲大司徒，見《漢書・百官公卿表》。王莽立司徒，主司人道，五教是輔，見〈王莽傳〉中。光武即位爲大司徒，建武二十七年去大，見《續漢書・百官志》）。

〔註8〕 王莽改大理爲作士，見《漢書・百官公卿表》，〈王莽傳〉中。

〔註9〕 王莽改少府爲共工，見《漢書・百官公卿表》，〈王莽傳〉中。

〔註10〕 王莽改太常爲秩宗，見《漢書・百官公卿表》，〈王莽傳〉中。

〔註11〕 王莽改大鴻臚爲典樂，見《漢書・百官公卿表》，〈王莽傳〉中。

〔註12〕 王莽改大司農爲羲和，後更爲納言，見《漢書・百官公卿表》，〈王莽傳〉中。

〔註13〕 見《漢書・地理志》。又武帝紀元封五年初置刺史，部十三州。

〔註14〕 班氏自注云：「吳山在西，古文以爲汧山，雍州山。」古文者，謂〈禹貢〉也，說詳陳壽祺《左海經辨・漢書地理志載古文禹貢》條。

〈禹貢〉有雒水，漢宏農郡因設上雒縣。〔註 15〕〈禹貢〉有涇水，漢安定郡因設涇陽縣。〔註 16〕〈禹貢〉有蒙山，漢泰山郡因設蒙陰縣。〔註 17〕又〈王莽傳〉中載莽所下詔書曰：「追監前代，爰綱爰紀，惟在〈堯典〉，十有二州，衛有五服，……〈禹貢〉之九州無并、幽，《周禮‧司馬》則無徐、梁，帝王相改，各有云為，……其以洛陽為新室東都，常安為新室西都，邦畿連體，各有采任，州從〈禹貢〉為九。」案莽初改元定號，海內更始，因下詔引〈堯典〉、〈禹貢〉之辭，亦所以示天下分州正域循古制也。《後漢書‧獻帝紀》亦載建安十八年春正月，復〈禹貢〉九州，凡此皆分州正域本於〈禹貢〉者。《漢書‧郊祀志》引《虞書》曰：「歲二月東巡狩至于岱宗。岱宗，泰山也。柴望秩于山川，遂見東后。東后者，諸侯也。合時月正日，同律度量衡，修五禮五樂，三帛二生一死為贄。五月，巡狩至南嶽。南嶽者，衡山也。八月，巡狩至西嶽。西嶽者，華山也。十一月，巡狩至北嶽。北嶽者，恒山也。皆如岱宗之禮。中嶽，嵩高也。五載一巡狩。」案班氏此引〈堯典〉之辭，〔註 18〕所以明王者巡狩郡國，望秩山川，蓋古制也。是以舜巡狩至于四岳，而武帝因行南巡狩至於盛唐，望祀虞舜于九嶷，〔註 19〕封泰山，修五年之禮，周徧於五嶽四瀆，〔註 20〕且下詔云：「古者天子五載一巡狩，用事泰山」，因令諸侯各治邸泰山下，〔註 21〕五年一修封泰山，凡五修封。〔註 22〕又《後漢書‧章帝紀》載元和二年詔書曰：「朕巡狩岱宗，柴望山川，告祠明堂，以章先勳。」此則巡狩望祀本於〈堯典〉者。《漢書‧律歷志敘》引《虞書》曰：「乃同律度量衡。」案班氏此引〈堯典〉之辭，〔註 23〕所以明齊律度，同章程，蓋古制也。是以舜同律度量衡，而漢則張蒼定章程，〔註 24〕首律歷事，〔註 25〕武帝時，詔定官名，協音律，〔註 26〕王莽秉政，羲和劉歆奏書廣延群儒，博謀

〔註 15〕班氏自注云：「〈禹貢〉雒水出冢領山，東北至鞏入河」。
〔註 16〕班氏自注云：「汧頭山在西，〈禹貢〉涇水所出」。
〔註 17〕班氏自注云：「〈禹貢〉蒙山在西南」。
〔註 18〕今見於偽孔本〈舜典〉，文略有差異。
〔註 19〕見《漢書‧武帝紀》元封五年。
〔註 20〕見《漢書‧郊祀志》下。
〔註 21〕見《漢書‧郊祀志》上。
〔註 22〕見《漢書‧郊祀志》下
〔註 23〕今見於偽孔本〈舜典〉。
〔註 24〕見《漢書‧高帝紀》。
〔註 25〕見《漢書‧律歷志》上。
〔註 26〕見《漢書‧武帝紀》太初元年。

講道，修明舊典，同律審度，嘉量、平衡、鈞權、正準、直繩，立于五則，備數和聲，以利兆民，貞天下於一，同海內之歸，〔註27〕此則同律審度本於〈堯典〉者。《漢書・刑法志》云：「周道既衰，穆王眊荒，命甫侯度時作刑，以詰四方，墨罰之屬千，劓罰之屬千，臏罰之屬五百，宮罰之屬三百，大辟之罰，其屬二百，五刑之屬三千。」案五刑之法，雖代有變異，然其因於前制之迹，則昭然可考，《周禮・秋官・司刑》掌五刑之法，墨罪五百，劓罪五百，宮罪五目，刖罪五百，殺罪五百。《周禮》一書，出於戰國，〈司刑〉所載五刑之目，蓋本於《書・呂刑》，其間墨劓宮罪之名不殊，而科條之數有別，大辟殺罪，名異而實同，臏罰刖罪，名目雖異，而其因襲之迹，班然可辨。《周禮・司刑》鄭玄注云：「夏刑大辟二百，宮辟五百，劓墨各千」，賈公彥疏云：「夏刑以下據〈呂刑〉而言，案〈呂刑〉荊辟五百，宮辟三百，今此云臏辟三百，宮辟五百，此乃轉寫者誤，當以〈呂刑〉為正。」今案刑罰世輕世重，夏刑不必悉同於周，鄭玄所云夏刑，未知何所據，然鄭玄固知〈呂刑〉作於穆王，當不致以周亂夏，賈公彥謂鄭注據〈呂刑〉而言，殆未必然，或〈呂刑〉因於夏刑，亦未可知，惟夏刑典籍闕佚，而周刑則見存於〈呂刑〉，班氏此引〈呂刑〉之辭，亦所以明漢代刑法因於古制耳。今考孝文除肉刑，〔註28〕孟康注云：「黥劓二，刖左右趾合一，凡三」，黥刑即〈呂刑〉之墨罰，刖左右趾即〈司刑〉之刖罪，蓋因於〈呂刑〉之臏罰，則漢初刑法，固因襲前制，而略有增損，是以〈呂刑〉大辟之屬二百，而漢武則四百又九，〔註29〕元帝則千有餘條，〔註30〕此則五刑之法本於〈呂刑〉者。《續漢書・輿服志》云：「黃帝堯舜垂衣裳而天下治，蓋取諸乾巛，乾巛有文，故上衣玄，下裳黃，日月星辰，山龍華蟲，作繢宗彝，藻火粉米，黼黻絺繡，以五采章施于五色作服。」案劉昭引《書・皐陶謨》之辭，〔註31〕所以明後漢輿服，悉依古制，是以明帝詔有司采《周官》、《禮記》、《尚書・皐陶篇》，乘輿服從歐陽氏說，公卿以下大小夏侯氏說，〔註32〕此則輿服文章本於〈皐陶謨〉者。

　　三曰存三代遺事以為後世修史之所取：史官修史，皆有所本，或徵文，

〔註27〕見《漢書・律歷志》上。
〔註28〕見《漢書・刑法志》。
〔註29〕見《漢書・刑法志》。
〔註30〕見《漢書・刑法志》載元帝詔書。
〔註31〕今見於偽孔本〈益稷〉篇。
〔註32〕見《續漢書・輿服志》載明帝永平二年詔。

或考獻，而後著之竹帛，非憑空杜撰者，是以孔子修《春秋》，〔註33〕依於魯舊史，司馬遷撰史記，其於唐虞三代之事，尤多取材於《書》。〔註34〕其記堯舜之事，則取材〈堯典〉。〔註35〕記夏禹之事，則取材〈堯典〉，〔註36〕〈皋陶謨〉，〔註37〕〈禹貢〉。〔註38〕記帝啓之事，則取材〈甘誓〉。〔註39〕記殷契之事，則取材〈堯典〉。〔註40〕記成湯之事，則取材〈湯征〉，〔註41〕〈湯誓〉，〈湯誥〉。〔註42〕記盤庚之事，則取材〈盤庚〉。〔註43〕記武丁之事，則取材〈高宗肜日〉。〔註44〕記殷紂之事，則取材〈西伯戡黎〉，〈太誓〉，〔註45〕〈微子〉。〔註46〕記文武之事，則取材〈西伯戡黎〉，〈太誓〉，〈牧誓〉，〔註47〕〈洪範〉，〔註48〕〈金縢〉，〔註49〕〈顧命〉，〈康王之誥〉。〔註50〕記周公之事，則取材〈金縢〉，〈召誥〉，〈多士〉，〈無逸〉，〔註51〕〈君奭〉。〔註52〕記召公之事，則取材〈君奭〉。〔註53〕記康叔之事，則取材〈康誥〉。〔註54〕記伯禽之

〔註33〕《春秋》莊公七年云：「夏四月辛卯，夜，恒星不見，夜中，星隕如雨」，《公羊傳》云：「不脩《春秋》曰：『星不及地尺而復』，君子脩之曰：『星隕如雨。』」，不脩《春秋》者，魯之舊史也，孔子據以脩《春秋》。

〔註34〕《史記‧殷本紀贊》曰：「余以頌次契之事，自成湯以來，采於《書》、《詩》。

〔註35〕見〈五帝本紀〉，其載舜事，今見於僞孔本〈舜典〉。

〔註36〕包括僞孔本〈舜典〉。

〔註37〕包括僞孔本〈益稷〉篇。

〔註38〕並見〈夏本紀〉。

〔註39〕見〈夏本紀〉。案太康，仲康之事見於《書‧五子之歌》、〈胤征〉者，出於魏晉人所爲，詳閻若璩《古文尚書疏證》，不足據。〈夏本紀〉記太康，仲康事，蓋本於傳聞，此即〈書序〉之所本，今不悉載，殷周之事同於〈書序〉者皆仿此。

〔註40〕見〈殷本紀〉，今見於僞孔本〈舜典〉。

〔註41〕篇亡，逸文僅見於《史記‧殷本紀》。

〔註42〕孔氏逸書，今亡，逸文見於《史記‧殷本紀》。

〔註43〕見〈殷本紀〉。

〔註44〕見〈殷本紀〉。

〔註45〕僞孔本〈泰誓〉，出於魏晉人所僞，說詳閻若璩《古文尚書疏證》，史遷所記蓋本於先秦所遺說〈太誓〉之語，說見本書45頁。

〔註46〕見〈殷本紀〉，〈宋微子世家〉。

〔註47〕並見〈周本紀〉。

〔註48〕見〈宋微子世家〉。

〔註49〕見〈魯周公世家〉。

〔註50〕見〈周本紀〉。

〔註51〕並見〈魯周公世家〉。

〔註52〕見〈燕召公世家〉。

〔註53〕見〈燕召公世家〉。

事，則取材〈費誓〉。〔註55〕記穆王之事，則取材〈呂刑〉。〔註56〕記襄王、晉侯之事，則取材〈文侯之命〉。〔註57〕記秦穆之事，則取材〈秦誓〉。〔註58〕班固撰《漢書》，其於唐虞三代之事，亦多本乎《書》，其記唐虞三代人名，則取材〈堯典〉，〔註59〕〈皋陶謨〉，〔註60〕〈君奭〉，〈顧命〉諸篇。〔註61〕記唐虞三代歷數，則取材〈堯典〉，〈洪範〉。〔註62〕記唐虞三代刑法，則取材〈堯典〉，〔註63〕〈呂刑〉。〔註64〕記唐虞郊祀，則取材〈堯典〉。〔註65〕記夏代山川方域，則取材〈禹貢〉。〔註66〕此則史官修史，取材於《書》者。

四曰存先民史蹟以爲後世考古之所資：世之考古，所取以資證之材料有二，一爲地下出土之實物，若彝器、甲骨、刻石是也，一爲書之竹帛，相傳未佚之典籍。前者爲數不多，出土者又多遭殘損，而時代最古之甲骨，已晚至殷商，前此實物，今所未見，則欲考知唐虞之事，唯有徵諸典籍一途。今存典籍，以《尚書》爲最古，則考徵上古之事，捨《尚書》莫由矣。《漢書·地理志》，《續漢書·郡國志》，皆所以記方域山川之事，後世考輿地者，皆取材於斯，然〈地理志〉多引〈禹貢〉，〔註67〕則考古代地理，自當本諸〈禹貢〉所記述之早期資料，是以清儒胡渭著《禹貢錐指》，蔣廷錫著《尚書地理今釋》，皆據〈禹貢〉以考歷代地理沿革，此則考輿地本乎〈禹貢〉者。周代冊命之禮，史官記以爲〈顧命〉一篇，今古禮經既佚，後世欲考周室一代之冊命大典者，惟取此篇而已，故王國維撰《周書顧命考》，〔註68〕以周代彝器冊命之

〔註54〕見〈衛康叔世家〉。

〔註55〕見〈魯周公世家〉。

〔註56〕見〈周本紀〉。

〔註57〕見〈晉世家〉。案〈書序〉以文侯爲晉文侯仇，《史記·晉世家》則以爲記襄王晉文公重耳之事，〈書序〉之說蓋得其實，說詳屈萬里先生《文侯之命著成時代》。

〔註58〕見〈秦本紀〉。

〔註59〕包括僞孔本〈舜典〉。

〔註60〕包括僞孔本〈益稷〉篇。

〔註61〕見《漢書·古今人表》。

〔註62〕見《漢書·律歷志》上。

〔註63〕今見於僞孔本〈舜典〉。

〔註64〕見《漢書·刑法志》。

〔註65〕見《漢書·郊祀志》上，所引《虞書》文，今見於僞孔本〈舜典〉。

〔註66〕見《漢書·地理志》上。

〔註67〕詳陳壽祺《左海經辨·漢書地理志載古文禹貢》條。

〔註68〕見《觀堂集林》。

制，與禮經之例，詮釋此篇，以爲後世考周代大典者之參考，此則考禮制本乎〈顧命〉者。《史記·漢興以來將相名臣年表》，《漢書·百官公卿表》，《後漢書·百官志》，皆所以記職官分掌之事，後世考職官者，每取材於斯，然《漢書·百官公卿表》多引〈堯典〉事，則考歷代職官因革，〈堯典〉允爲較早期之資料，此則考職官本乎〈堯典〉者。《史記·曆書》，《漢書·律歷志》，《續漢書·律歷志》，皆所以記歷數之事，而多引《書》以相參證，若《漢書·律歷志》記太甲元年十二月乙丑朔，則引〈伊訓〉之辭以爲證。記文王十一年正月辛卯朔，四月甲辰望，則引《周書·武成》之辭以爲證。記周公攝政七年二月乙亥朔，庚寅望，三月甲辰朔，則引〈召誥〉之辭以爲證，記成王三十年四月庚戌朔，十五日甲子哉生霸，則引〈顧命〉之辭以爲證，記康王十二年六月戊辰朔，則引〈畢命〉、〈豐刑〉之辭以爲證。是以後世考古曆者，每取材於斯，而〈武成〉、〈伊訓〉、〈召誥〉、〈顧命〉諸篇，多載年日月象，學者尤視爲珍瑰，奉爲圭臬，此則考古曆本乎〈武成〉諸篇者。

第二節 考《書》篇之疑

一、《書》百篇說之探討

先秦典籍多引《書》之文辭若篇名，然於《書》之篇數則未見論及，《史記·儒林傳》云：「伏生求其書，亡數十篇，獨得二十九篇，即以教于齊魯之間」，又云：「孔氏有《古文尚書》，而安國以今文讀之，因以起其家，逸書得十餘篇，蓋《尚書》滋多於是矣。」此《書》之篇數始見於載籍者，然但言《書》之篇數在二十九篇以上，而未確言其數。確言《書》有百篇者，則始於《漢書》。〔註69〕《漢書·藝文志》云：「故《書》之所起遠矣，至於孔子纂焉，上斷於堯，下訖于秦，凡百篇，而爲之序，言其作意。」班氏此說，殊有可疑。夫《史記》但云孔子序書傳，上紀唐虞之際，下至秦繆，編次其事，〔註70〕史遷所謂序書傳者，蓋謂編次整理之意，並未言《書》有百篇，亦未言孔子作〈書序〉，今班氏乃言《書》凡百篇，孔子爲之序。考班氏此說，

〔註69〕孔安國《尚書序》云：「孔子斷自唐虞以下，訖于周，芟夷煩亂，翦截浮辭，舉其宏綱，撮其機要，足以垂世之教，典謨訓誥誓命之文，凡百篇。」此序魏晉人所僞作，自朱熹以下學者辨之已詳，不足據。

〔註70〕見〈孔子世家〉。

蓋本於劉歆《七略》，〔註71〕《七略》之說則本於劉向《別錄》，《堯典正義》論百篇序云：「鄭依賈氏所奏《別錄》為次」，是別錄已云《書》有百篇，嗣後學者多據以為說，揚雄《法言・問神篇》云：「昔之說《書》者序以百」，王充《論衡・正說篇》云：「東海張霸案百篇之序，空造百兩之篇，獻之成帝，帝出秘百篇以校之，皆不相應」，又佚文篇云：「東海張霸通《左氏春秋》，案百篇序，以左氏訓詁造作百二篇，具成奏上，成帝出秘《尚書》以校考之，無一字相應者。」向之前，百篇之說載籍所未見，近人或謂向實為之，〔註72〕史無確證，恐未必然，疑劉向此說亦前有所承，史佚之耳，惟百篇之說起於史遷之後，〔註73〕盛行西漢末葉，則可斷言，若夫孔子篡百篇之說，果屬事實，則史遷固當知之，然《史記》既所未言，則班氏此說，實難置信，至於《論衡》之說，蓋本《漢書》而屬以臆測之辭，實不足據，近人吳氏已辨之矣。〔註74〕茲再就先秦典籍，《大傳》、《史記》、鄭注《書序》所引《書》之篇目，作一探討，以釋百篇之疑云。

（一）先秦典籍引《書》篇目

甲、〈書序〉百篇篇名見於先秦典籍者，計有〈堯典〉等十七篇，今列其目如下：

1. 〈堯典〉

　　《孟子・萬章》上。又《禮記・大學》引作《帝典》。

2. 〈湯誓〉

　　《孟子・梁惠王》上，《墨子・尚賢》中。又《國語・周語》上引〈湯誓〉，《墨子・兼愛》下引〈湯說〉，非伐桀之誓，說見本書297頁。

3. 〈仲虺之誥〉

　　《左傳》宣公十二年，襄公十四年，《呂氏春秋・驕恣篇》引作〈仲虺有言〉。《左傳》襄公三十年引作〈仲虺之志〉。《荀子・堯問篇》引作〈中蘬之言〉。《墨子・兼愛》上、中、下引並作〈仲虺之告〉。

4. 〈伊訓〉

〔註71〕說詳康有為《新學偽經考・書序辨偽》條。
〔註72〕說見陳夢家《尚書通論》第八十二葉。
〔註73〕《史記》未言百篇，《史記》引《書》僅六十五篇，說詳本書25頁。
〔註74〕說見吳康先生著《尚書大綱》第二章第二節。

《孟子・萬章》上。

5. 〈太甲〉

《禮記・表記》,〈緇衣〉二引,〈大學〉,《孟子・公孫丑》上,〈離婁〉上。

6. 〈盤庚〉

《國語・周語》上。又《左傳》哀公十一年引作〈盤庚之誥〉。

7. 〈說命〉

《禮記・學記》四引,〈緇衣〉二引並作〈兌命〉。

8. 〈太誓〉

《孟子・滕文公》下,《墨子・非命》上、中、下。又《禮記・坊記》,《左傳》成公二年,襄公三十一年,昭公元年,二十四年,《墨子・尚同》下,〈非命〉下,〈天志〉中引並作〈大誓〉。又《孟子・萬章》上,《荀子・議兵》,《管子・法禁》,《墨子・兼愛》下,《國語・鄭語》引並作〈泰誓〉。又《國語・周語》下引〈太誓故〉,非〈太誓〉本文,說見本書221頁。

9. 〈武成〉

《孟子・盡心》下。

10. 〈洪範〉

《呂氏春秋・貴公篇》,〈君守篇〉引並作〈鴻範〉。又《韓非子・有度篇》引作〈先王之法〉。

11. 〈康誥〉

《左傳》僖公三十年,昭公二十年,定公四年,《禮記・緇衣》,〈大學〉四引,《孟子・萬章》下,《荀子・富國篇》。又《韓非子・說林》上引〈康誥〉,今在〈酒誥〉。

12. 〈酒誥〉

《韓非子・說林》上引〈康誥〉曰:「毋彝酒」,今在〈酒誥〉。屈萬里先生曰:「《韓非子・說林》引本篇而謂之〈康誥〉者,蓋以其誥康叔之書也。」〔註75〕

13. 〈君奭〉

《禮記:緇衣》引。

〔註75〕說見《尚書釋義・酒誥》篇目下。

14. 〈君陳〉

《禮記‧坊記》，〈緇衣〉二引。

15. 〈君牙〉

《禮記‧緇衣》引作〈君雅〉。

16. 〈呂刑〉

《墨子‧尚賢》中、下、〈尚同〉中。又《禮記‧表記》二引、〈緇衣〉三引、《孝經‧天子章》引並作〈甫刑〉。

17. 〈秦誓〉

《禮記‧大學》。

乙、引《書》曰、《虞書》曰、《夏書》曰、《商書》曰、《周書》曰、《周詩》曰、《傳》曰、而篇名可考者，計〈堯典〉等十篇，今列其目如下：

1. 〈堯典〉〔註76〕

《左傳》文公十八年引《虞書》數舜之功曰：慎徽五典，五典克從云云，此〈堯典〉文，今見於偽孔本〈舜典〉。

2. 〈皋陶謨〉〔註77〕

《左傳》僖公二十七年引《商書》曰：「賦納以言，明試以功，車服以庸」，此〈皋陶謨〉文，今見於偽孔本〈益稷篇〉。

3. 〈湯征〉

《孟子‧梁惠王》下引《書》曰：「湯一征，自葛始」，江聲以爲〈湯征〉文，〔註78〕是也。又引《書》曰：「徯我后，后來其蘇」，〈滕文公〉下引《書》曰：「葛伯仇餉」，又引《書》曰：「徯我后，后來其無罰」，並引〈湯征〉之文。

4. 〈說命〉

《孟子‧滕文公》上引《書》曰：「若藥不瞑眩，厥疾不瘳」，此引〈說命〉之文，說見本書198頁，第九章第二節第四條。

5. 〈盤庚〉

《左傳》隱公元年引《商書》曰：「惡之易也，如火之燎于原，不可鄉邇，其猶可撲滅」，莊公十四年引《商書》文同，今見於〈盤庚〉上。

〔註76〕包括偽孔本〈舜典〉。
〔註77〕包括偽孔本〈益稷〉。
〔註78〕《尚書集注音疏》。

6. 〈洪範〉

《左傳》文公五年引《商書》曰:「沈漸剛克,高明柔克」,成公六年引《商書》曰:「三人占,從二人」,襄公三年引《商書》曰:「無偏無黨,王道蕩蕩」,今並在〈洪範〉。

7. 〈康誥〉

《左傳》僖公二十三年引《周書》有之:「乃大明服」,《荀子‧富國篇》引《書》曰文同。《左傳》宣公六年引《周書》曰:「殪戎殷」,宣公十五年引《周書》所謂庸庸祇祇者,成公二年引《周書》曰:「明德慎罰」,八年引《周書》曰:「不敢侮鰥寡」,十六年引《周書》曰:「惟命不于常」,襄公二十三年引《書》曰,《國策‧魏策》三引《書》曰文同。昭公八年引《周書》曰:「惡不惡,茂不茂」,《國語‧晉語》九引《周書》有之曰:「怨不在大,亦不在小」,《荀子‧君子》引《書》曰:「凡人自得罪」,〈致士〉引《書》曰:「義刑義殺,無庸以即,女惟曰未有順事」,〈君道〉引《書》曰:「惟文王敬忌,一人以擇」,今並在〈康誥〉。

8. 〈洛誥〉

《孟子‧告子》下引《書》曰:「享多儀,儀不及物,曰不享,惟不役志於享」,今在〈洛誥〉。

9. 〈無逸〉

《禮記‧喪服四制》二引《書》曰:「高宗諒闇,三年不言」,《論語‧憲問》引《書》云文同,惟闇作陰。《國語‧楚語》上引《周書》曰:「文王至于日中昃,不皇暇食,惠于小民,唯政之恭」,《禮記‧檀弓》下引《書》云:「高宗三年不言,言乃讙」,今並在〈無逸〉。

10. 〈呂刑〉

《左傳》襄公十三年引《書》曰:「一人有慶,兆民賴之,其寧惟永」,《荀子‧君子》引《傳》曰,《大戴禮‧保傳》引《書》曰文同,惟《大戴禮》兆作萬。《國語‧楚語》下引《周書》所謂重黎實使天地不通,《荀子‧王制》引《書》曰:「維齊非齊」,〈正論〉引《書》曰:「刑罰世輕世重」,今並在〈呂刑〉。

丙、櫽括或暗引《書》之文辭而篇名可考者,計〈堯典〉等二十篇,今列
　　其目如下:

1. 〈堯典〉〔註79〕

《禮記‧王制》云：「天子五年一巡狩」，又云：「歲二月東巡狩，至於岱宗，柴而望祀山川，覲諸侯云云」，〈月令〉云：「同度量，鈞衡石」，又云：「同度量，平權衡，正鈞石」，《左傳》昭公九年云：「先王居檮杌于四裔，以禦螭魅」，文公十八年云：「少皥氏有不才子，毀信廢忠，崇飾惡言，靖譖庸回，服讒蒐慝，以誣盛德，天下之民謂之窮奇」，又云：「舜臣堯，賓于四門，流四凶族」，僖公二十一年云：「蠻夷猾夏」，襄公三十一年云：「蠻夷帥服」，昭公七年云：「昔堯殛鯀于羽山」，《孟子‧滕文公》上云：「使契爲司徒，教以人倫云云」，《墨子‧節用》中云：「古者堯治天下，南撫交趾，北降幽都」，《呂氏春秋‧古樂》云：「帝堯乃命質爲樂，質乃……拊石擊石，以象上帝玉磬之音，以歌舞百獸」，〈二月紀〉云：「同度量，鈞衡石」，〈八月紀〉云：「一度量，平權衡，正鈞石」，《韓非子‧十過》云：「昔者堯有天下……其地南至交趾，北至幽都」，〈外儲說右〉上云：「舉兵而誅殺鯀於羽山之郊」，又云：「舉兵而流共工於幽州之都」，《莊子‧在宥》云：「堯於是放驩兜于崇山，投三苗於三峗，流共工於幽都」，《列子‧黃帝》云：「堯使夔典樂，擊石拊石，百獸率舞，簫韶九成，鳳皇來儀」，《亢倉子‧政道》云：「史刑曰：『眚災肆赦』」，《大戴禮‧少閒》云：「朔方幽都來服，南撫交趾」，〈五帝德〉云：「流共工于幽州……放驩兜于崇山……殺三苗于三危……殛鯀於羽山」，並隸括〈堯典〉之文。

2. 〈皋陶謨〉〔註80〕

《禮記‧明堂位》云：「拊搏玉磬揩擊」，《論語‧學而》：「巧言令色」，〈里仁〉，〈陽貨〉並同，《孟子‧公孫丑》上云：「禹聞善言則拜」，《呂氏春秋‧慎勢》云：「水用舟，陸用車，塗用輴，沙用鳩，山用樏，《尸子》云：「山行乘樏，泥行乘蕝」，〔註81〕並隸括〈皋陶謨〉文。

3. 〈禹貢〉

《國語‧周語》上云：「夫先王之制，邦內甸服，邦外侯服，侯衛賓服，蠻夷要服，戎狄荒服」，〈晉語〉四云：「羽旄齒革則君地生焉」，《荀子‧正論》云：「封內甸服，封外侯服，侯衛賓服，蠻夷要服，戎狄荒服」，並隸括〈禹

〔註79〕 包括僞孔本〈舜典〉。
〔註80〕 包括僞孔本〈益稷〉。
〔註81〕 《尚書‧益稷正義》引。

貢〉之文。

4. 〈甘誓〉

《墨子・明鬼》下云：「故聖王，其賞也必於祖，其僇也必於社」，此暗引〈甘誓〉之文。

5. 〈胤征〉

《孟子・滕文公》下云：「有攸不惟臣，東征，綏厥士女，篚厥玄黃，紹我周王見休」，此暗引〈胤征〉之文。

6. 〈湯征〉

《孟子・滕文公》下云：「湯始征，自葛載」，此櫽括〈湯征〉之文。

7. 〈仲虺之誥〉

《國策・燕策》一云：「帝者與師處，王者與友處，霸者與臣處，亡國與役處」，《鶡冠子・博選》云：「故帝者與師處，王者與友處，亡者與徒處」，並暗引〈仲虺之誥〉之文。

8. 〈太誓〉

《左傳》襄公二十八年云：「武王有亂臣十人」，《孟子・梁惠王》下云：「聞誅一夫紂」，《論語・泰伯》云：「武王曰：『予有亂臣十人』」，並櫽括〈太誓〉之文。

9. 〈牧誓〉

《國策・趙策》二云：「願以甲子之日合戰，以正殷紂之事」，《呂氏春秋・簡選》云：「武王虎賁三千人，簡車三百乘，以要甲子之事於牧野，而紂為禽」，〈貴公〉云：「故選車三百，虎賁三千，朝要甲子之期，而紂為禽」，並櫽括〈牧誓〉之文。

10. 〈洪範〉

《詩・小雅・小旻》云：「國雖靡止，或聖或否；民雖靡膴，或哲或謀，或肅或艾」，《呂氏春秋・士容》云：「士不偏不黨」，並櫽括〈洪範〉文。

11. 〈大誥〉

《詩・大雅・蕩》云：「天生蒸民，其命匪諶」，此櫽括〈大誥〉之文。

12. 〈康誥〉

《禮記・中庸》云：「壹戎衣而有天下」，《孟子・滕文公》上：「古之人

若保赤子」，《荀子・王霸》云：「如保赤子」，〈議兵〉同，〈成相〉云：「明德慎罰」，並檃括〈康誥〉之文。

13. 〈酒誥〉

《國語・吳語》云：「王其盍亦鑑於人，無鑑於水」，《墨子・非攻》中云：「古者有語曰：『君子不鏡於水，而鏡於人』」，並檃括〈酒誥〉之文。

14. 〈無逸〉

《呂氏春秋・重言》云：「高宗天子也，即位諒闇，三年不言」，檃括〈無逸〉之文。

15. 〈呂刑〉

《孝經・五刑》云：「五刑之屬三千」，《國語・楚語》下云：「顓頊受之，乃命南正重司天以屬神，命火正黎司地以屬民，使復舊常，無相侵瀆，是謂絕地天通」，並檃括〈呂刑〉之文。

16. 〈文侯之命〉

《左傳》僖公二十八年云：「鄭伯傅王，用平禮也。己酉，王享醴，命晉侯宥，王命尹氏及王子虎，內史叔興父策命晉侯為侯伯，賜之大輅之服，戎輅之服，彤弓一，彤矢百，玈弓矢千，秬鬯一卣，虎賁三百人」，此檃括〈文侯之命〉文。

17. 〈顧命〉

《詩・大雅・民勞》云：「柔遠能邇」，此暗引〈顧命〉之文。

18. 〈秦誓〉

《公羊》文公十二年云：「惟諓諓善竫言，俾君子易怠，而況乎我多有之」，又云：「惟一介斷斷焉無他技，其心休休，能有容，是難也」，《國語・越語》下云：「又安知是諓諓者乎」，並檃括〈秦誓〉之文。

19. 〈說命〉

《國語・楚語》上云：「若金，用女作礪；若津水，用女作舟；若大旱，用女作霖雨；啟乃心，沃朕心；若藥不瞑眩，厥疾不瘳；若跣不視地，厥足用傷」，此暗引〈說命〉之文。

20. 〈君奭〉

《詩・大雅・大明》云：「天難忱斯，不易維王」，此檃括〈君奭〉之文。

丁、引篇名異於〈書序〉百篇，據各家之說考定其篇名者，計〈堯典〉等八篇，今列其目如下：

1. 〈堯典〉

《禮記·大學》引〈帝典〉曰：「克明峻德」，鄭玄注曰：「〈帝典〉、〈堯典〉，亦《尚書》篇名也」。

2. 〈甘誓〉

《墨子·明鬼》下引〈禹誓〉曰：「大戰于甘，王乃命左右六人，下聽誓于中軍，曰：『有扈氏威侮五行，怠棄三正云云』」，孫詒讓《墨子閒詁》引畢沅云：「此孔書〈甘誓〉文」，又云：「或禹啓皆有伐扈之事，故古書或以〈甘誓〉爲〈禹誓〉與」。

3. 〈五子之歌〉

《墨子·非樂》上引〈武觀〉曰：「啓乃淫溢康樂，野于飲食，將將銘莧磬以力，湛濁于酒，渝食于野，萬舞翼翼，章聞于大，天用弗式」。清惠棟《古文尚書考》嘗辨云：「〈五子之歌〉，《墨子》述其遺文，《周書》載其逸事」，清江聲，孫星衍輯《尚書》逸文，亦以爲〈五子之歌〉逸文。〔註82〕

4. 〈咸乂〉

《墨子·明鬼》下引〈禽艾〉之道曰：「得璣無小，滅宗無大」，陳夢家曰：「古音禽咸完全相同，艾即乂，禽艾即咸乂」。〔註83〕《呂氏春秋·報更》云：「此《書》之所謂德幾無小者也」，此亦引〈咸乂〉之文，而文字略異。

5. 〈咸有一德〉

《禮記·緇衣》二引〈尹吉〉文，鄭玄注云：「吉當爲告，告古文誥，字之誤也，〈尹告〉，伊尹之誥也，〈書序〉以爲〈咸有一德〉，今亡。」清江聲、孫星衍輯《尚書》逸文，亦以爲〈咸有一德〉逸文。〔註84〕

6. 〈說命〉

《墨子·尚同》中引〈術令〉之道曰：「唯口出好興戎」，孫詒讓《墨子閒詁》云：「術令當是說命之叚字，《禮記·緇衣》云：『〈兌命〉曰，惟口起羞，惟甲冑起兵』……案此文與彼引〈兌命〉辭義相類，術、說，令、命，

〔註82〕見江聲《尚書集注音疏》，孫星衍《尚書今古文注疏》。
〔註83〕《尚書通論》第九十三葉。
〔註84〕見江聲《尚書集注音疏》，孫星衍《尚書今古文注疏》。

音並相近，必一書也」。

7. 〈高宗之訓〉

《禮記・坊記》引〈高宗〉云：「三年其惟不言，言乃讙」，鄭玄注云：「高宗，殷王武丁也，名篇在《尚書》」，孔穎達《禮記正義》云：「高宗云者，此《尚書・說命》之篇，論高宗之事，故言高宗云，高宗非《書》篇之名。」

輝案：偽孔本〈說命〉篇，魏晉人所偽作，閻氏《古文尚書疏證》辨之既詳，孔穎達據偽古文爲說，非是。鄭玄云：「名篇在《尚書》」，陳喬樅亦以《坊記》所稱〈高宗〉云，當即〈高宗之訓〉，〔註 85〕是也。〈高宗之訓〉蓋追述高宗之事，〈檀弓〉引《書》云：「高宗三年不言，言乃讙」，此引〈無逸〉文，亦述高宗之事，故二者文相若也。〔註 86〕

8. 〈蔡仲之命〉

《左傳》定公四年云：「其子蔡仲，改行帥德，周公舉之，以爲己卿士，見諸王而命之以《蔡》，其命書云：『王曰：胡、無若爾考之違王命也』」，孔穎達《左傳正義》云：「〈書序〉云：『蔡叔既沒，王命蔡仲踐諸侯位，作〈蔡仲之命〉……傳之此言，皆述《書》意而爲之辭』，閻若璩曰：「意此必古〈蔡仲之命〉發端第一語」。〔註 87〕

以上所徵引，除其重複，則〈書序〉百篇見引於先秦典籍者凡三十三篇，其在伏生二十九篇者計〈堯典〉、〈皋陶謨〉、〈禹貢〉、〈甘誓〉、〈湯誓〉、〈盤庚〉、〈牧誓〉、〈洪範〉、〈大誥〉、〈康誥〉、〈酒誥〉、〈洛誥〉、〈無逸〉、〈君奭〉、〈顧命〉、〈呂刑〉、〈文侯之命〉、〈秦誓〉等十八篇，其在逸書十六篇者，計〈五子之歌〉、〈胤征〉、〈咸有一德〉、〈伊訓〉、〈武成〉等五篇，其在鄭注亡四十二篇者，計〈湯征〉、〈仲虺之誥〉、〈太甲〉、〈咸乂〉、〈說命〉、〈高宗之訓〉、〈君陳〉、〈君牙〉、〈蔡仲之命〉等九篇，別有〈太誓〉一篇，伏生所不傳，又不在逸書，亡篇之列，因別計之。

（二）《大傳》引《書》篇目

伏生《尚書大傳》今已佚，清孔廣林、陳壽祺皆有輯本，陳本尤勝於孔本，今據以爲說云。

〔註 85〕《今文尚書經說考》。
〔註 86〕說詳本書 93 頁，第三章第八節第三條。
〔註 87〕見《古文尚書疏證》第八十條。

甲、〈書序〉百篇篇名見於《大傳》者，計〈堯典〉等二十六篇，今列其目
　　如下：

1. 〈堯典〉

2. 〈九共〉

3. 〈皋陶謨〉〔註88〕

4. 〈禹貢〉

5. 〈帝告〉

6. 〈湯誓〉

7. 〈盤庚〉〔註89〕

8. 〈高宗肜日〉

9. 〈西伯戡黎〉〔註90〕

10. 〈微子〉

11. 〈太誓〉〔註91〕

12. 〈洪範〉

13. 〈大誥〉

14. 〈金縢〉

15. 〈嘉禾〉

16. 〈康誥〉

17. 〈酒誥〉

18. 〈梓材〉

19. 〈召誥〉

20. 〈洛誥〉

21. 〈多士〉

22. 〈無逸〉〔註92〕

〔註88〕《大傳》作〈咎繇謨〉。
〔註89〕《大傳》作〈般庚〉。
〔註90〕《大傳》作〈西伯戡耆〉。
〔註91〕《大傳》作〈大誓〉。

23. 〈多方〉

24. 〈冏命〉〔註 93〕

25. 〈費誓〉〔註 94〕

26. 〈呂刑〉〔註 95〕

乙、據《大傳》注文以考定其篇名者，計〈甘誓〉一篇：

1. 〈甘誓〉

《路史後紀》十四〈夏后紀〉下，《禮記·曲禮下正義》並引《大傳·夏書》鄭注云：「所謂六卿者，后稷、司徒、秩宗、司馬、作士、共工爲六卿」，陳壽祺曰：「此篇當是注〈甘誓〉『乃召六卿』之文。」

輝案：陳說是也，《曲禮下正義》先引〈甘誓〉「六事之人」鄭注，復引《大傳·夏書》鄭注，以釋六卿之義，則〈夏書〉當爲〈甘誓〉可知。

丙、引篇名異於〈書序〉百篇，據各家之說，考定其篇名者，計〈成王政〉一篇：

1. 〈成王政〉

王應麟曰：「《大傳》之序有〈揜誥〉」，〔註 96〕孔廣林以百篇無〈揜誥〉，疑揜即奄之誤，成王既踐奄，作〈成王政〉，〈揜誥〉即〈成王政〉。陳壽祺《大傳》逸文，亦從孔氏此說。〔註 97〕

以上所徵引，〈書序〉百篇篇名見於《大傳》者，凡二十八篇，其在伏生二十九篇者，計〈堯典〉、〈皋陶謨〉、〈禹貢〉、〈甘誓〉、〈湯誓〉、〈盤庚〉、〈高宗肜日〉、〈西伯戡黎〉、〈微子〉、〈洪範〉、〈大誥〉、〈金縢〉、〈康誥〉、〈酒誥〉〈梓材〉、〈召誥〉、〈洛誥〉、〈多士〉、〈無逸〉、〈多方〉、〈費誓〉、〈呂刑〉等二十二篇，其在逸書十六篇者，計九共一篇，其在鄭注亡四十二篇者，計〈帝告〉、〈嘉禾〉、〈成王政〉、〈冏命〉等四篇，別有〈太誓〉一篇，則先秦說〈太誓〉之語，伏生著之《大傳》者，〔註 98〕不在二十九篇之列，又非逸書亡篇，

〔註 92〕《大傳》作〈毋逸〉。

〔註 93〕《大傳》作〈臩命〉。

〔註 94〕《大傳》作〈鮮誓〉。

〔註 95〕《大傳》作〈甫刑〉。

〔註 96〕見《困學紀聞》卷二。

〔註 97〕見陳壽祺《尚書大傳輯校》卷二。

〔註 98〕說見本書 45 頁。

因別計之。

（三）《史記》引《書》篇目

甲、〈書序〉百篇篇名，見於《史記》者，計〈皋陶謨〉等五十三篇，內〈盤庚〉、〈太甲〉各為三篇，合計五十七篇，今列其目如下：

1. 〈皋陶謨〉〔註99〕
   〈夏本紀〉。

2. 〈甘誓〉
   〈夏本紀〉。

3. 〈五子之歌〉
   〈夏本紀〉。

4. 〈胤征〉
   〈夏本紀〉。

5. 〈帝告〉
   〈殷本紀〉作〈帝誥〉。

6. 〈湯征〉
   〈殷本紀〉。

7. 〈汝鳩〉
   〈殷本紀〉作〈女鳩〉。

8. 〈汝方〉
   〈殷本紀〉作〈女房〉。

9. 〈湯誓〉
   〈殷本紀〉。

10. 〈典寶〉
    〈殷本紀〉。

11. 〈夏社〉
    〈殷本紀〉、〈封禪書〉。

12. 〈仲虺之誥〉

〔註99〕包括偽孔本〈益稷〉篇。

〈殷本紀〉作〈中𩜾之誥〉。

13. 〈湯誥〉
〈殷本紀〉。

14. 〈咸有一德〉
〈殷本紀〉。

15. 〈明居〉
〈殷本紀〉。

16. 〈伊訓〉
〈殷本紀〉。

17. 〈肆命〉
〈殷本紀〉。

18. 〈徂后〉
〈殷本紀〉。

19. 〈太甲〉三篇
〈殷本紀〉作〈太甲訓〉三篇。

20. 〈沃丁〉
〈殷本紀〉。

21. 〈咸乂〉
〈殷本紀〉作〈咸艾〉。

22. 〈原命〉
〈殷本紀〉。

23. 〈仲丁〉
〈殷本紀〉。

24. 〈盤庚〉三篇
〈殷本紀〉。〈吳太伯世家〉、〈伍子胥傳〉引並作〈盤庚之誥〉。

25. 〈高宗肜日〉
〈殷本紀〉。

26. 〈高宗之訓〉
〈殷本紀〉云：「遂作〈高宗肜日〉及訓。」

27. 〈太誓〉
  〈周本紀〉、〈齊太公世家〉。

28. 〈牧誓〉
  〈魯周公世家〉。

29. 〈武成〉
  〈周本紀〉。

30. 〈分器〉
  〈周本紀〉作〈分殷之器物〉。

31. 〈大誥〉
  〈周本紀〉、〈魯周公世家〉。

32. 〈微子之命〉
  〈周本紀〉、〈宋世家〉。

33. 〈歸禾〉
  〈周本紀〉。〈魯周公世家〉作〈餽禾〉。

34. 〈嘉禾〉
  〈周本紀〉、〈魯周公世家〉。

35. 〈康誥〉
  〈周本紀〉、〈太史公自序〉、〈衛康叔世家〉。

36. 〈酒誥〉
  〈周本紀〉、〈衛康叔世家〉。

37. 〈梓材〉
  〈周本紀〉、〈衛康叔世家〉。

38. 〈召誥〉
  〈周本紀〉。

39. 〈洛誥〉
  〈周本紀〉。

40. 〈多士〉
  〈周本紀〉、〈魯周公世家〉。

41. 〈無逸〉

〈周本紀〉作〈無佚〉。〈魯周公世家〉作〈毋逸〉。

42. 〈多方〉

〈周本紀〉。

43. 〈君奭〉

〈燕召公世家〉。

44. 〈周官〉

〈周本紀〉。

45. 〈立政〉

〈魯周公世家〉。

46. 〈賄息慎之命〉

〈周本紀〉。

47. 〈顧命〉

〈周本紀〉。

48. 〈康王之誥〉

〈周本紀〉作〈康誥〉。

49. 〈畢命〉

〈周本紀〉。

50. 〈冏命〉

〈周本紀〉作〈臩命〉。

51. 〈費誓〉

〈魯周公世家〉作〈肹誓〉。

52. 〈呂刑〉

〈周本紀〉、〈匈奴列傳〉並作〈甫刑〉。

53. 〈文侯之命〉

〈晉世家〉。

乙、引《尚書》曰、《書》曰、《夏書》曰、《周書》曰、而文辭見於《尚書》，
〔註100〕篇名可考者，計〈堯典〉等五篇，今列其目如下：

〔註100〕文在僞古文二十五篇者不計。

1. 〈堯典〉〔註101〕

　　〈高祖功臣侯年表敘〉引《書》曰：「協和萬國」，〈律書〉引《書》曰：「七正」，《封禪書》引《尚書》曰：「舜琁璣玉衡，以齊七政云云」，今並在〈堯典〉。

2. 〈皋陶謨〉〔註102〕

　　〈司馬相如傳〉引《書》曰：「元首明哉，股肱良哉」，今在〈皋陶謨〉。

3. 〈禹貢〉

　　〈河渠書〉引《夏書》曰：「禹抑鴻水，十三年過家不入門云云」，此檃括〈禹貢〉之文。

4. 〈洪範〉

　　〈張釋之馮唐傳贊〉引《書》曰：「不偏不黨，王道蕩蕩；不黨不偏，王道便便」，今在〈洪範〉。

5. 〈康誥〉

　　〈穰侯傳〉引《周書》曰：「惟命不于常」，今在〈康誥〉。

丙、檃括《書》之文辭，〔註103〕**而篇名可考者，計〈堯典〉等十二篇，今列其目如下：**

1. 〈堯典〉〔註104〕

　　〈五帝本紀〉云：「能明馴德，以親九族……舜飭下二女於嬀汭，如婦禮，堯善之」，又云：「乃使舜慎和五典……百姓悲哀，如喪父母，三年四方莫舉樂」，又云：「舜父瞽叟頑，母嚚，弟象傲」，又云：「舜年二十以孝聞，三十而帝堯問可用者，四嶽咸薦虞舜曰可，於是堯乃以二女妻舜，以觀其內」，又云：「於是舜乃至於文祖，謀于四嶽……南巡狩，崩於蒼梧之野」，〈夏本紀〉云：「當帝堯之時，鴻水滔天……九年而水不息，功用不成」，又云：「帝舜問四嶽曰：『有能成美堯之事者……』舜曰：『女其往視爾事矣』」，〈殷本紀〉云：「帝舜乃命契曰，百姓不親，五品不訓，汝為司徒而敬敷五教，五教在寬」，並檃括〈堯典〉之文。

2. 〈皋陶謨〉〔註105〕

〔註101〕包括偽孔本〈舜典〉。
〔註102〕包括偽孔本〈益稷〉。
〔註103〕在偽古文二十五篇中者不計。
〔註104〕包括偽孔本〈舜典〉。
〔註105〕包括偽孔本〈益稷〉。

〈夏本紀〉云：「陸行乘車，水行乘船，泥行乘橇，山行乘檋」，又云：「帝舜謂禹曰：『汝亦昌言……』帝拜曰：『然，往欽哉』」，並隰括〈皋陶謨〉之文。

3. 〈禹貢〉

〈夏本紀〉云：「相地宜所有以貢，及山川之便利……以告成功于天下」，此隰括〈禹貢〉之文。

4. 〈西伯戡黎〉

〈殷本紀〉云：「後西伯伐飢國……祖伊反曰：『紂不可諫矣』」，〈周本紀〉云：「明年敗耆國，殷之祖伊聞之懼，以告帝紂，紂曰：『不有天乎，是何能為』」，並隰括〈西伯戡黎〉之文。

5. 〈微子〉

〈宋微子世家〉云：「於是微子度紂終不可諫，欲死之，及去，未能自決，乃問於太師少師曰：『殷不有治政，不治四方』……『為死終不得治，不如去』，遂亡」，此隰括〈微子〉之文。

6. 〈牧誓〉

〈周本紀〉曰：「二月甲子昧爽，武王朝至于商郊牧野乃誓……其于爾身有戮，此隰括〈牧誓〉之文。

7. 〈洪範〉

〈宋微子世家〉云：「武王既克殷，訪問箕子，武王曰：『於乎，維天陰定下民』……『五曰惡，六曰弱』」，此隰括〈洪範〉之文。

8. 〈金縢〉

〈周本紀〉曰：「武王病，天下未集，群公懼，穆卜，周公乃祓齋，自為質，欲代武王，武王有瘳，後而崩」，〈魯周公世家〉云：「武王克殷二年，天下未集，武王有疾不豫，群公懼，太公召公乃繆卜……成王少，將以成周，我所以為之如此」，又云：「東土以集，周公歸報成王，乃為《詩》貽王，命之曰〈鴟鴞〉，王亦未敢訓周公」，又云：「周公卒後，秋未穫，暴風雷雨……，盡起而築之，歲則大熟」，並隰括〈金縢〉之文。

9. 〈康誥〉

〈衛康叔世家〉云：「周公乃申告康叔曰：『必求殷之賢人君子長者，問其先殷所以興，所以亡，而務愛民』」，〈三王世家〉云：「惟命不于常」，並隰括〈康誥〉之文。

10. 〈召誥〉

〈魯周公世家〉云：「成王七年二月乙未，王朝步自周至豐，使太保召公先之雒相土，其三月，周公往營成周雒邑，卜居焉，日吉，遂國之」，此櫽括〈召誥〉之文。

11. 〈呂刑〉

〈建元以來王子侯者年表敘〉云：「一人有慶，天下賴之」，此櫽括〈呂刑〉之文。

12. 〈秦誓〉

〈秦本紀〉云：「於是繆公乃自茅津封殽中尸，爲發喪，哭之三日，乃誓於軍曰：『嗟、士卒、聽無譁……，故作此誓，令後世以記余過』」，此櫽括〈秦誓〉之文。

丁、《史記》誤奪，據各家之說增補者，計〈伊陟〉一篇。

段玉裁曰：「原命者，命原非命伊陟也。《史記》云：『作〈咸艾〉、作〈大戊〉』。『大戊贊伊陟于廟，言弗臣，伊陟讓，〔註106〕作〈原命〉』。是《史記》脫作〈伊陟〉三字，贅作〈大戊〉二字，字數適相當，實轉寫之謁」。〔註107〕

輝案：段氏言命原非命伊陟，「作〈原命〉」當別爲一句，《史記》脫「作〈伊陟〉」三字，殆或然也，今據補。惟又言《史記》贅作〈大戊〉三字，此則墨守〈書序〉百篇之說，非是，說詳本書28頁，〈典籍引書序百篇外篇目〉條。

以上所徵引，除其重複，則〈書序〉百篇，見於《史記》一書者，凡六十一篇，內〈盤庚〉、〈太甲〉，《史記》並云三篇，合之則六十五篇。其在伏生二十九篇者，計〈堯典〉、〈皋陶謨〉、〈禹貢〉、〈甘誓〉、〈湯誓〉、〈盤庚〉、〈高宗肜日〉、〈西伯戡黎〉、〈微子〉、〈牧誓〉、〈大誥〉、〈洪範〉、〈金縢〉、〈康誥〉、〈酒誥〉、〈梓材〉、〈召誥〉、〈洛誥〉、〈多士〉、〈無逸〉、〈君奭〉、〈多方〉、〈立政〉、〈顧命〉、〈康王之誥〉、〈費誓〉、〈呂刑〉、〈文侯之命〉、〈秦誓〉等二十九篇，其中〈盤庚〉，《史記》析爲三篇，合之則三十一篇。其在逸書十六篇者，計〈五子之歌〉、〈胤征〉、〈典寶〉、〈湯誥〉、〈咸有一德〉、〈伊訓〉、〈肆命〉、〈原命〉、〈武成〉、〈畢命〉〔註108〕等十篇。其在鄭注〈書序〉云

〔註106〕段氏以爲「伊陟讓」下脫「作伊陟」三字。「作原命」別成一句。
〔註107〕見《古文尚書撰異·書序》第三十三。
〔註108〕惠棟曰：「逸書有〈同命〉，愚謂同當作畢，字之誤也」，見《古文尚書考》，〈證孔氏逸書九條〉。

亡之四十二篇者，計有〈帝告〉、〈湯征〉、〈汝鳩〉、〈汝方〉、〈夏社〉、〈仲虺之誥〉、〈明居〉、〈徂后〉、〈太甲〉、〈沃丁〉、〈咸乂〉、〈伊陟〉、〈仲丁〉、〈高宗之訓〉、〈分器〉、〈微子之命〉、〈歸禾〉、〈嘉禾〉、〈周官〉、〈賄息慎之命〉、〈冏命〉〔註109〕等二十一篇，內〈太甲〉三篇，合計二十三篇。別有〈太誓〉一篇，則先秦解說〈太誓〉之語，司馬遷著之《史記》者，〔註110〕不在二十九篇之列，又非逸書亡篇，因別計之。

〈書序〉百篇見於《史記》者六十五篇，又可析爲數類：

（一）載其篇名，述其行事作意，並錄其文者，計〈甘誓〉、〈湯征〉，〔註111〕〈湯誓〉、〈湯誥〉、〔註112〕〈盤庚〉、〈高宗肜日〉、〈太誓〉、〈牧誓〉、〈多士〉、〈肸誓〉、〈君奭〉、〈康誥〉、〈召誥〉、〈文侯之命〉等十四篇，內〈盤庚〉三篇，合之則十六篇。

（二）載其篇名，述其行事作意，不錄其文者，計〈五子之歌〉、〔註113〕〈胤征〉、〔註114〕〈帝誥〉、〔註115〕〈女鳩〉、〔註116〕〈女房〉、〔註117〕〈典寶〉、〔註118〕〈夏社〉、〔註119〕〈中𧧮之誥〉、〔註120〕〈太甲訓〉、〔註121〕〈沃丁〉、〔註122〕〈咸艾〉、〔註123〕〈伊陟〉、〔註124〕〈仲丁〉、〔註125〕〈高宗之訓〉、〔註126〕〈武成〉、〔註127〕〈分器〉、〔註128〕〈大誥〉、〈洛誥〉、〈多方〉、

〔註109〕惠棟以逸書〈冏命〉當作〈畢命〉，則〈冏命〉當在亡篇之列。
〔註110〕說見本書45頁。
〔註111〕鄭注亡。
〔註112〕鄭注逸。
〔註113〕鄭注逸。
〔註114〕鄭注逸。
〔註115〕鄭注亡。
〔註116〕鄭注亡。
〔註117〕鄭注亡。
〔註118〕鄭注逸。
〔註119〕鄭注亡。
〔註120〕鄭注亡。
〔註121〕鄭注亡。
〔註122〕鄭注亡。
〔註123〕鄭注亡。
〔註124〕鄭注亡。
〔註125〕鄭注亡。
〔註126〕鄭注亡。
〔註127〕鄭注逸。
〔註128〕鄭注逸。

〈餽禾〉、〔註 129〕〈嘉禾〉、〔註 130〕〈周官〉、〔註 131〕〈立政〉、〈賄息愼之命〉、〔註 132〕〈微子之命〉、〔註 133〕〈顧命〉、〈康王之誥〉、〈畢命〉、〔註 134〕〈冏命〉〔註 135〕等二十九篇，內〈太甲訓〉三篇，合之則三十一篇。

（三）載其篇名、錄其文、不述其行事作意者，計〈呂刑〉、〈毋逸〉、〈皋陶謨〉等三篇。

（四）載其篇名，不述其行事作意，不錄其文者，計〈咸有一德〉、〔註 136〕〈明居〉、〔註 137〕〈伊訓〉、〔註 138〕〈肆命〉、〔註 139〕〈徂后〉、〔註 140〕〈原命〉、〔註 141〕〈酒誥〉、〈梓材〉等八篇。

（五）不載篇名、錄其文、述其行事作意者，計〈禹貢〉、〈西伯戡黎〉、〈洪範〉、〈微子〉、〈金縢〉、〈秦誓〉等六篇。

（六）不載篇名，不述其行事作意，但錄其文者，計〈堯典〉一篇。

上述六類，第一類十六篇，除〈湯征〉、〈湯誥〉、〈太誓〉外，餘十三篇皆在伏生二十九篇內。第二類三十一篇，僅〈大誥〉、〈洛誥〉、〈多方〉、〈立政〉、〈顧命〉、〈康王之誥〉等六篇在伏生二十九篇，餘二十五篇皆在亡篇逸書之列。第三、五、六類計十篇，並在伏生二十九篇內。第四類八篇，僅〈酒誥〉、〈梓材〉等二篇在伏生二十九篇，餘五篇並在亡篇逸書之列。又第二類在亡篇逸書者二十五篇中，其見於先秦典籍者，計〈五子之歌〉、〔註 142〕〈胤征〉、〔註 143〕〈中䖒之誥〉。〔註 144〕〈太甲訓〉、〔註 145〕〈武成〉〔註 146〕等

〔註 129〕鄭注亡。
〔註 130〕鄭注亡。
〔註 131〕鄭注亡。
〔註 132〕鄭注亡。
〔註 133〕鄭注亡。
〔註 134〕鄭注亡，惠棟曰：「逸書有〈冋命〉，愚謂冋當作畢，字之誤也」。
〔註 135〕鄭注逸，惠棟以〈畢命〉爲逸書，則〈冋命〉當爲亡篇。
〔註 136〕鄭注逸。
〔註 137〕鄭注亡。
〔註 138〕鄭注逸。
〔註 139〕鄭注逸。
〔註 140〕鄭注亡。
〔註 141〕鄭注逸。
〔註 142〕《墨子・非樂》上引作〈武觀〉。
〔註 143〕《孟子・滕文公》下。
〔註 144〕《左傳》宣公十二年，襄公十四年、三十年，《荀子・堯問》，《墨子・兼愛》上、中、下，《呂氏春秋・驕恣》。

六篇，其見於漢武以後，晉以前典籍注釋者，計〈胤征〉、〔註147〕〈武成〉、〔註148〕〈嘉禾〉、〔註149〕〈畢命〉、〔註150〕〈伊陟〉〔註151〕等五篇。第四類在亡篇逸書者五篇中，其見於先秦典籍者，計〈咸有一德〉、〔註152〕〈伊訓〉〔註153〕等二篇，其見於漢武以後，晉以前典籍注釋者，計〈伊訓〉〔註154〕一篇。

〈書序〉百篇不見於《史記》者，凡三十五篇，其中〈太誓〉三篇，〈咸乂〉四篇，《史記》皆未分篇，去其五篇，則為三十篇，此三十篇見引於先秦典籍者，計〈說命〉、〔註155〕〈君陳〉、〔註156〕〈君牙〉、〔註157〕〈蔡仲之命〉〔註158〕等四篇。見於《大傳》者，計〈九共〉、〈成王政〉等二篇。見於漢武以後、晉以前典籍注釋者，計〈臣扈〉〔註159〕一篇。其中〈說命〉三篇，《史記》未分篇，〈九共〉九篇，《大傳》未分篇，而又去其十，其餘〈舜典〉、〈汨作〉、〈槀飫〉、〈大禹謨〉、〈棄稷〉、〈鼇沃〉、〈疑至〉、〈河亶甲〉、〈祖乙〉、〈旅獒〉、〈旅巢命〉、〈將薄姑〉、〈亳姑〉等十三篇，典籍皆所未見。

（四）典籍引〈書序〉百篇外篇目

典籍引《書》多有出於〈書序〉百篇之外者，今列其目如下：

1. 〈大戊〉〔註160〕

江聲曰：「《史記》曰：『巫咸治王家有成，作〈咸艾〉，作〈大戊〉』，然則此當有〈大戊〉篇目也，蓋古文重字不再書，止于字下加二畫而已，下云大戊

〔註145〕《禮記・表記》、〈緇衣〉、〈大學〉、《孟子・公孫丑》上、〈離婁〉上。
〔註146〕《孟子・盡心》下。
〔註147〕鄭注〈禹貢〉引，見《堯典正義》。
〔註148〕《漢書・律歷志》引。
〔註149〕《漢書・王莽傳》引。
〔註150〕《漢書・律歷志》引。
〔註151〕鄭注〈咸有一德〉引，見《堯典正義》。
〔註152〕《禮記・緇衣》引作〈尹吉〉。
〔註153〕《孟子・萬章》上。
〔註154〕鄭注〈典寶〉引，見《堯典正義》、《漢書・律歷志》。
〔註155〕《禮記・學記》、〈緇衣〉作〈兌命〉。
〔註156〕《禮記・坊記》、〈緇衣〉。
〔註157〕《禮記・緇衣》作〈君雅〉。
〔註158〕《左傳》定公四年。
〔註159〕鄭注〈咸有一德〉引，見《堯典正義》。
〔註160〕《史記・殷本紀》。

贊於伊陟，承此敘之下，大戊字下蓋皆有二畫，作重文以兩屬，俗儒疏忽，誤作單文，以專屬下敘，則此遂闕〈大戊〉篇目矣。又《史記》曰：『帝大戊贊伊陟于廟，言弗臣，伊陟讓，作〈原命〉』，然則不應有〈伊陟〉篇目也，蓋俗儒誤闕〈大戊〉一篇，因而曾〈伊陟〉之目以足百篇之數爾。」〔註161〕段玉裁曰：「馬云原臣名，合原以禹湯之道，我所修也，〈原命〉爲二十四逸篇之一，馬實親見而云然。〈原命〉者，命原非命伊陟也。《史記》云：『作〈咸艾〉，作〈大戊〉』。『大戊贊伊陟于廟，言弗臣，伊陟讓，作〈原命〉』。是《史記》脫作〈伊陟〉三字，贅作〈大戊〉三字，字數適相當，實轉寫之譌。不得緣誤立說，凡〈書序〉有佚其序僅存其目者，如作〈伊陟〉句絕，〈原命〉別爲一句，其所以作〈原命〉者未著也。」〔註162〕

　　輝案：〈書序〉起於武昭以後，蓋雜取《大傳》、《史記》、載籍之說爲之。〔註163〕《史記》雖多有轉寫舛譌之處，然〈殷本紀〉言作〈咸艾〉，作〈大戊〉則不誤，作〈咸艾〉上承巫咸治王家有成句，作〈大戊〉則上承帝從伊陟言修德之事。段氏言命原非命伊陟，作〈原命〉當別爲一句，《史記》脫作〈伊陟〉三字，殆或然也，惟墨守〈書序〉百篇之說，因言《史記》贅作〈大戊〉三字，則非是。江氏言〈大戊〉字下疊二畫以兩屬，考《史記》「作〈大戊〉」下，「大戊贊伊陟于廟」上，別有一「帝」字，則其不可疊爲二畫明矣，江氏之說亦未妥。

2.〈揜誥〉〔註164〕

　　陳壽祺曰：「曲阜孔廣林曰：『案百篇無〈揜誥〉，疑揜即奄也，成王既踐奄，作〈成王政〉，〈揜誥〉其即〈成王政〉與』，壽祺案，孔君此說甚善。」〔註165〕

　　宋翔鳳曰：「案揜與奄同音字通，周公伐奄時，得命禾，即陳天命以誥奄民，故〈嘉禾〉亦名〈揜誥〉，否則百篇中無〈揜誥〉之目，益知〈揜誥〉即〈嘉禾〉，猶〈畢命〉即〈豐刑〉矣。」〔註166〕

　　輝案：揜奄同音，聲同屬影紐，韻則揜在第七部，〔註167〕奄在第八部，

〔註161〕見《尚書集注音疏》。
〔註162〕見《古文尚書撰異・書序》第三十二。
〔註163〕說見本書 52 頁。
〔註164〕《尚書大傳》。
〔註165〕見《尚書大傳輯校》卷二。
〔註166〕見《尚書譜》。
〔註167〕本書考論古音，古聲據黃侃《正聲變聲表》所列古聲十九紐；古韻以段玉裁

旁轉相通，陳氏宋氏並以撟爲奄字，是也。惟王應麟《困學紀聞》云：「《大傳》之序有〈嘉禾〉、〈撟誥〉，今本闕焉」，〔註168〕則〈嘉禾〉、〈撟誥〉當爲二篇，宋氏泥於百篇之目，因謂〈嘉禾〉即〈撟誥〉，殆未然也，陳氏之說，則《尚書大傳》今佚，其序是否〈成王政〉、〈撟誥〉分立二篇，抑或即以〈撟誥〉爲〈成王政〉如孔氏言，已無可考知，今暫從陳氏之說。

　　3.〈大戰〉〔註169〕

　　4.〈多政〉〔註170〕

　　5.〈月采〉〔註171〕

　　　　顏師古曰：「月采說月之光采，其書則亡。」〔註172〕

　　　　王應麟曰：「《召誥正義》引《周書·月令》云：『三日粵朏』，《漢律歷志》引古文〈月采〉篇曰：『三日曰朏』，顏師古謂說月之光采，愚以《書正義》考之，采字疑當作令。」〔註173〕

　　　　輝案：顏氏之說蓋望文生義，未可信，朱子亦云月采是月令之誤，〔註174〕王說是也。

　　6.〈豐刑〉〔註175〕

　　　　孟康曰：「逸書篇名。」〔註176〕

　　　　江聲曰：「班氏《漢書》采劉歆〈三統歷〉以爲〈律歷志〉，有云：『康王十二年六月戊辰朔，三日庚午，故〈畢命豐刑〉曰：「惟十有二年六月庚午朏，王命作策〈豐刑〉』』。……案稱〈畢命〉，似即此篇矣，但未審〈豐刑〉者何謂，孟康注《漢書》以爲逸書篇名，然則〈畢命〉〈豐刑〉其一篇與？抑二篇同時作者與？鄭君注此篇敘云：『今其逸篇有冊命霍侯之事，不與此敘相應，非也』，則鄭君及見其文，實爲冊命霍侯，非此敘所云矣。然則〈三統歷〉所

　　　　　古十七部諧聲表爲準。
〔註168〕見卷二。
〔註169〕《尚書大傳》。
〔註170〕《尚書大傳》。
〔註171〕《漢書·律歷志》。
〔註172〕《漢書·律歷志》注。
〔註173〕《困學紀聞》卷二。
〔註174〕朱彝尊《經義考》卷二六〇引。
〔註175〕《漢書·律歷志》。
〔註176〕見《漢書》顏師古注引。

引〈畢命豐刑〉，未可遂以當此〈畢命〉矣。」〔註177〕

　　輝案：乍冊官名，載籍多見，彝器多稱作冊某，或云作冊內史某，或但云內史某，其長云作冊尹，亦曰內史尹，亦單稱尹氏，皆掌冊命臣工之事。〔註178〕乍冊或作作策，〈畢命豐刑〉當係一篇，〈豐刑〉由乍冊畢書之命之，故曰〈畢命〉，或曰〈畢命豐刑〉。其所命之事為分居里，成周郊，其所命之人當係霍侯，故鄭注〈書序〉云：「今其逸篇有冊命霍侯之事」，〈書序〉言之過略，鄭玄審之未詳，故又言：「不與此敘相應，非也」。江氏見鄭注，乃謂〈三統歷〉所引〈畢命豐刑〉不可遂以當《書》之〈畢命〉，失之。朱熹亦不明乍冊為官名，云「作冊二字乃衍文，而闕一公字」，〔註179〕孟康知〈畢命豐刑〉為一，而云「此逸篇名」，失之過略，遂啟後人之疑，故朱熹乃稱「孟康便以〈豐刑〉為逸書篇名，則亦不復本上文自有〈畢命〉矣，此又誤之甚也」。〔註180〕惠棟、王鳴盛皆未明〈豐刑〉何指，故避而不言，但云《漢志·畢命》云。〔註181〕《史記》不知乍冊官名，畢為人名，乃云：「康王命作策畢公分里居，成東郊，而以畢公當之，偽古文遂據以云：「以成周之眾，命畢公保釐東郊」，不知乍冊畢但代王冊命臣工之事，非受命之人，偽古文又不知〈豐刑〉之義，見《漢志·畢命》、〈豐刑〉同出，即用其豐字，傅會以為至于豐。〔註182〕惟近人陳氏謂〈三統歷〉所引作策為作冊畢，〈豐刑〉由作冊畢書之命之，故曰〈畢命豐刑〉，或曰〈畢命〉，〔註183〕說最允當，然未審〈書序〉略言命霍侯之事，乃從孔穎達之說，〔註184〕云鄭玄所見〈畢命〉與劉歆所引不同，劉歆引〈畢命〉與〈書序〉相應，〔註185〕則又白璧之瑕矣。至若此篇〈豐刑〉何指，則以其文已逸，今所見者但為片言殘句，無可考知矣。

〔註177〕見《尚書集注音疏》卷九。

〔註178〕說詳王國維《觀堂集林》卷一，〈洛誥解〉；卷六〈釋史〉。又《觀堂別集》卷一，〈書作冊詩尹氏說〉。

〔註179〕見《朱文公文集》卷六十〈答潘子善書〉。

〔註180〕見《朱文公文集》卷六十〈答潘子善書〉。

〔註181〕見《古文尚書考》，《尚書後案》。

〔註182〕本姚際恒說，見閻若璩《古文尚書疏證》第六十八條下引。

〔註183〕見陳夢家《尚書通論》第九十三葉。

〔註184〕見《尚書畢命正義》。

〔註185〕見《尚書通論》第一百十葉。

7. 〈尹吉〉〔註186〕

　　鄭玄云:「吉當爲告,告古文誥,字之誤也。尹告,伊尹之誥也,〈書序〉以爲〈咸有一德〉,今亡。」〔註187〕

8. 〈伯禽之命〉〔註188〕

　　孔穎達曰:「傳言命以〈伯禽〉,於體例命以〈康誥〉,命以〈唐誥〉,則〈伯禽〉亦似策命篇名。」〔註189〕

9. 〈唐誥〉〔註190〕

　　杜預曰:「〈唐誥〉、誥命篇名。」〔註191〕

　　閻若璩曰:「〈伯禽〉、〈唐誥〉皆逸篇名,並不見於今百篇序中。」〔註192〕

　　輝案:以〈康誥〉爲《尚書》篇名例之,則〈唐誥〉、〈伯禽之命〉亦當爲《尚書》篇名。

10. 〈夏訓〉〔註193〕

　　杜預曰:「〈夏訓〉、《夏書》。」〔註194〕

　　輝案:〈夏訓〉泛稱,猶《夏書》、《周書》之屬,非篇名,訖無異議,惟康有爲以爲篇名,〔註195〕考《韓非子・說疑篇》引《周記》曰,《左傳》文公二年引《周志》有之,並非篇名,康說非是。

11. 〈高宗〉〔註196〕

　　鄭玄曰:「高宗,武丁也,名篇在《尚書》」〔註197〕

　　孔穎達曰:「鄭不見古文,序有〈高宗之訓〉,此經有高宗云,謂是〈高宗之訓〉有此語,故云名篇在《尚書》。」〔註198〕

〔註186〕《禮記・緇衣》。
〔註187〕《禮記・緇衣》注。
〔註188〕《左傳》定公四年。
〔註189〕見《左傳》定公四年正義。
〔註190〕《左傳》定公四年。
〔註191〕《左傳》定公四年注。
〔註192〕《古文尚書疏證》第十五條。
〔註193〕《左傳》襄公四年。
〔註194〕見《左傳》定公四年注。
〔註195〕見《新學僞經考・尚書篇目異同眞僞表》。
〔註196〕《禮記・坊記》。
〔註197〕《禮記・坊記》注。
〔註198〕《禮記・坊記正義》。

輝案：《坊記》所引當是〈高宗之訓〉文，說見本書 16 頁。

12. 〈帝典〉〔註199〕

　　鄭玄曰：「〈帝典〉、〈堯典〉，亦《尚書》篇名也。」〔註200〕

13. 〈大誓〉〔註201〕

　　陳夢家曰：「伐有攸及伐邘之〈太誓〉，乃文王時事」，〔註202〕與〈書序〉云武王伐殷，作〈泰誓〉者非一事，其非一文可知。蓋〈大誓〉乃泛稱，凡大會以誓眾者，皆可稱〈大誓〉，非專屬一篇之名也，說見本書 191 頁。

14. 〈距年〉〔註203〕

　　畢沅曰：「〈距年〉、下篇作〈豎年〉，猶言遠年。」〔註204〕

　　羅根澤曰：「〈距年〉顯為先王之書之篇名」。〔註205〕

　　輝案：《墨子》云：「先王之書〈距年〉之言」，考《墨子》言先王書者，除此之外，尚有十五條：

　　　（1）先王之書，〈呂刑〉道之曰：「皇帝清問下民，有辭有苗，曰群后之肆在下，明明不帝，寡不蓋，德威維威，德明維明，乃名三后，恤功於民，伯夷降典，哲民維刑，禹平水土，主名山川，稷隆播種，農殖嘉穀，三后成功，維假於民。」〔註206〕

　　　（2）於先王之書，〈呂刑〉之書然，王曰：「於，來，有國有土，告女訟刑，在今而安百姓，女何擇言人，何敬不刑，何度不及。」〔註207〕

　　　（3）是以先王之書，〈呂刑〉之道曰：「苗民否用練，折則刑，唯作五殺之刑曰法。」〔註208〕

　　　（4）於先王之書，〈豎年〉之言然，曰：「晞夫聖武知人，以屏輔而身。」〔註209〕

〔註199〕《禮記‧大學》。
〔註200〕《禮記‧大學》注。
〔註201〕《孟子‧滕文公》下。
〔註202〕《尚書通論》第十五葉。
〔註203〕《墨子‧尚賢》中。
〔註204〕見孫詒讓《墨子閒詁》引。
〔註205〕見〈墨子引經考〉，載於《北平圖書館刊》六卷三期。
〔註206〕〈尚賢〉中。
〔註207〕〈尚賢〉下。
〔註208〕〈尚同〉中。
〔註209〕〈尚賢〉下。

（5）是以先王之書，〈周頌〉之道之曰：「載來見辟王，聿求厥章。」
〔註210〕

（6）是以先王之書，〈術令〉之道曰：「唯口出好興戎。」〔註211〕

（7）是以先王之書，〈相年之道〉曰：「夫建國設都，乃作后王君公，否
用泰也，輕大夫師長，否用佚也，維辯使治天均。」〔註212〕

（8）於先王之書也，〈大誓〉之言然，曰：「小人見姦巧，乃聞不言也，
發罪鈞。」〔註213〕

（9）先王之所書〔註214〕〈大雅〉之所道曰：「無言而不讎，無德而不報，
投我以桃，報之以李。」〔註215〕

（10）又以先王之書，〈馴天明不解〉之道也知之，曰：「明哲維天，臨君
下土。」〔註216〕

（11）於先王之書，〈大夏〉之道之然：「帝謂文王，予懷明德，毋大聲以色，
毋長夏以革，不識不知，順帝之則。」〔註217〕

（12）先王之書，〈湯之官刑〉有之曰：「其恒舞于宮，是謂巫風，其刑君
子出絲二衛，小人否，似二伯黃徑。」〔註218〕

（13）於先王之書，〈仲虺之告〉曰：「我聞有夏，人矯天命，布命于下，
帝式是惡，用闕師。」〔註219〕

（14）先王之書，〈大誓〉之言然，曰：「紂夷之居，而不肎事上帝，棄闕
其先神而不祀也，曰：『我民有命，毋僇其務』，天不亦棄縱而不葆。」
〔註220〕

（15）故先王之書，〈亓亦〉有之曰：「亓傲也，出於子不祥。」〔註221〕

綜此十六條觀之，〈呂刑〉、〈周頌〉、〈術令〉（〈說命〉）、〈大誓〉、〈大雅〉、

〔註210〕〈尚同〉中。
〔註211〕〈尚同〉中。
〔註212〕〈尚同〉中。
〔註213〕〈尚同〉下。
〔註214〕孫詒讓曰：「所字疑衍。」
〔註215〕〈兼愛〉下。
〔註216〕〈天志〉中。
〔註217〕〈天志〉下。
〔註218〕〈非樂〉上。
〔註219〕〈非命〉中。
〔註220〕〈非命〉中。
〔註221〕〈公孟〉。

〈仲虺之告〉，皆為篇名，則〈距年〉、〈豎年〉、〈相年〉、〈馴天明不解〉、〈湯之官刑〉、〈子亦〉，當亦係篇名。又此十六條中，〈周頌〉、〈大雅〉（〈大夏〉）則引《詩》文，〈呂刑〉、〈術令〉、〈大誓〉、〈仲虺之告〉，則引《書》文。由是觀之，則《墨子》所稱先王之書，蓋指《書》、《詩》而言。又考〈距年〉、〈豎年〉、〈相年〉、〈馴天明不解〉、〈湯之官刑〉、〈子亦〉，今皆不見於三百篇，其所引文句，皆不叶韻，不類《詩》文，而與《書》之文句相近，則〈距年〉、〈豎年〉、〈相年〉、〈馴天明不解〉、〈湯之官刑〉、〈子亦〉等當亦係《尚書》篇名，今皆不見百篇〈書序〉。畢氏望文生義，說非，羅氏說為先王之書之篇名，近之。

15. 〈豎年〉〔註222〕

　　輝案：豎、距疊韻，古音距在第五部，〔註223〕豎在第四部，旁轉相通。又〈距年〉之言曰：「求聖君哲人，以裨輔而身」，〈豎年〉之言曰：「晞夫聖武知人，以屏輔爾身」，文並相似，〈豎年〉、〈距年〉當係一篇。

16. 〈術令〉〔註224〕

　　孫詒讓曰：「〈術令〉當是〈說命〉之假字，《禮記·緇衣》云：『〈兌命〉曰：「惟口起羞，惟甲冑起兵，惟衣裳在笥，惟干戈省厥躬」』，鄭注云：『兌當為說，謂殷高宗之臣傅說也。作書以命高宗，《尚書》篇名也』，案此文與彼引〈兌命〉辭義相類，術說令命音並相近，必一書也」。〔註225〕

　　輝案：〈術令〉即是〈說命〉，孫說是也，說見前。

17. 〈相年〉〔註226〕

　　畢沅曰：「〈相年〉當為〈距年〉」〔註227〕

　　輝案：距或叚借距為之，距俗作拒〔註228〕拒相形近，故距年譌作相年，畢說是也。

18. 〈馴天明不解〉〔註229〕

〔註222〕《墨子·尚賢下》。
〔註223〕以段玉裁十七部諧聲表為準。
〔註224〕《墨子·尚同》中。
〔註225〕見《墨子閒詁·尚同》中。
〔註226〕《墨子·尚同》中。
〔註227〕見孫詒讓《墨子閒詁》引。
〔註228〕《說文》距字下，段玉裁注云：「距即拒也」。
〔註229〕《墨子·天志》中。

輝案：以〈呂刑〉稱先王之書例之，此亦《尚書》篇名。

19. 〈禹誓〉〔註230〕

畢沅曰：「〈大禹謨〉文，云〈禹誓〉者禹之所誓也」。〔註231〕

孫詒讓曰：「今〈大禹謨〉出僞古文，即采此書爲之。」〔註232〕

輝案：《墨子・禹誓》凡二見，其見於〈兼愛〉下者，今則見於僞古文〈大禹謨〉，〈大禹謨〉逸十六篇之一，其文今亡，且謨誓異類，當非〈大禹謨〉原文，僞古文采此書爲之耳，孫說是也。其見於〈明鬼〉下者，今則見於〈甘誓〉，審諸文義，則禹伐有扈之誓辭；〈兼愛〉下所引〈禹誓〉，則禹征有苗誓師之辭，所誓非一事，其非一文可知。蓋〈禹誓〉乃泛指禹之所誓，猶〈湯誓〉泛指湯之所誓，非專屬一篇之名也。說見本書297頁。

20. 〈湯說〉〔註233〕

輝案：《論語・堯曰》篇〈集解〉引孔安國曰：「《墨子》引〈湯誓〉，其辭若此」，《國語・周語》上引〈湯誓〉，與此下文略同，則〈湯說〉當即〈湯誓〉。審諸文義，《論語》、《墨子》、《國語》所引〈湯誓〉、乃湯禱雨之辭，與〈書序〉所云湯伐桀，作〈湯誓〉者非一事，其非一文可知，蓋〈湯誓〉乃泛稱湯之所誓，伐桀之誓，禱雨之誓，皆可稱〈湯誓〉也。說見本書297頁。

21. 〈禽艾〉〔註234〕

翟灝曰：「《逸周書・世俘解》有禽艾侯之語，當即禽艾。」〔註235〕

蘇輿曰：「〈禽艾〉蓋逸書篇名。」〔註236〕

輝案：《墨子》言某某道之者三見，〈尚賢〉中曰：「〈呂刑〉道之曰」，〈天志〉中曰：「〈大誓〉之道之曰」，〈呂刑〉、〈大誓〉並爲《尚書》篇名，則〈禽艾〉蓋亦爲《尚書》篇名矣。近人或謂禽咸音同，艾即乂字，〈禽艾〉即《尚書》百篇之〈咸乂〉，〔註237〕考《逸周書・世俘》篇云：「乙巳，陳本、新荒、

〔註230〕《墨子・兼愛》下，〈明鬼〉下。
〔註231〕孫詒讓《墨子閒詁・兼愛》下引。
〔註232〕見《墨子閒詁》。
〔註233〕《墨子・兼愛》下。
〔註234〕《墨子・明鬼》下。
〔註235〕孫詒讓《墨子閒詁・明鬼》下引。
〔註236〕見《墨子閒詁・明鬼》下引。
〔註237〕見陳夢家《尚書通論》第九十三葉。

蜀、磨，至告禽霍侯、艾侯，俘佚侯、小臣四十有六」，禽俘對稱，或篇中記禽艾侯之事，故稱〈禽艾〉，《史記》、〈書序〉用其借字，作〈咸艾〉，文獻不足，無可考定矣。

22. 〈湯之官刑〉〔註238〕

　　輝案：以《墨子》引本篇稱先王之書例之，當亦係《尚書》篇名，說詳〈距年〉條下。

23. 〈武觀〉〔註239〕

　　惠棟曰：「〈五子之歌〉，《墨子》述其遺文，《周書》載其逸事，與內外傳所稱無殊」。又曰：「此逸書，敘武觀之事，即〈書序〉之五子也。」〔註240〕

　　輝案：《國語‧楚語》上，《韓非子‧說疑》並云：「啓有五觀」，五觀即〈武觀〉，亦即《離騷》、《逸周書‧嘗麥篇》所稱之五子。清儒輯《尚書》逸文，皆以《墨子》所引〈武觀〉爲〈五子之歌〉逸文，〔註241〕今從之。

24. 〈三代不國〉〔註242〕

　　蘇輿曰：「所引蓋古逸書」。〔註243〕

　　孫詒讓曰：「不疑當作百，三代百國或皆古史記之名」。〔註244〕

　　輝案：《墨子‧非命》中云：「先王之書〈太誓〉之言然，曰……有於〈三代不國〉有之曰」，孫詒讓曰：「上有字當讀爲又」，是先王之書當下貫〈三代不國〉，此亦當係《尚書》篇名。至於「不」字是否如孫氏言，爲百字之譌，文獻不足，無可考定矣。

25. 〈召公之執令〉〔註245〕

　　孫詒讓曰：「疑當作於〈召公之非執命〉亦然，召公即召公奭，亦《周書》佚篇之文」。〔註246〕

　　輝案：《墨子‧非命》中云：「先王之書〈太誓〉之言然，曰……有於〈三

〔註238〕《墨子‧非樂》上。
〔註239〕《墨子‧非樂》上。
〔註240〕見《古文尚書考》。
〔註241〕見孫星衍《尚書今古文注疏》，江聲《尚書集注音疏》，今從之。
〔註242〕《墨子‧非命》中。
〔註243〕孫詒讓《墨子閒詁‧非命》中引。
〔註244〕同前。
〔註245〕《墨子‧非命》中。
〔註246〕見《墨子閒詁‧非命》中。

代不國〉有之曰……於〈召公之執令〉於然且」，於然且當作亦然曰，〔註247〕
上言「又於」，下言「亦然」，則先王之書當下貫〈召公之執令〉，此亦當係《尚
書》篇名。

26.〈禹之總德〉〔註248〕

蘇輿曰：「〈總德〉，蓋逸書篇名」〔註249〕

輝案：似〈仲虺之告〉例之，則篇名當稱〈湯之官刑〉，〔註250〕〈召公
之執令〉，〔註251〕〈禹之總德〉，而非但稱〈官刑〉，〈執令〉、〈總德〉。

27.〈去發〉〔註252〕

孫詒讓曰：「孫星衍云：『或太子發三字之誤』，莊述祖云：『〈去發〉當為
〈太子發〉』，俞云：『古人作書，或合二字為一，此文大子字或合書作弇，其
下闕壞，則似厺字，因讀為去耳。……疑古〈太誓〉三篇，其上篇以太子發
上祭於畢發端，至中下兩篇，則作於得魚瑞之後，無不稱王矣，故學者相承，
稱〈太誓〉上篇為〈太子發〉，以別於中下兩篇，』案孫、莊、俞說近是。陳
喬樅云去疑告之譌、非。」〔註253〕

輝案：《墨子·非命》下云：「〈太誓〉之言也，於〈去發〉曰」，又曰：「昔
紂執有命而行，武王為〈太誓〉〈去發〉以非之」，是〈去發〉為篇名無疑，〈去
發〉當為〈太子發〉，孫、莊、俞三氏之說是也，文以「太子發」發端，故以
名篇，〈太誓〉〈去發〉並稱，猶〈畢命〉或作〈畢命豐刑〉〔註254〕也。

28.〈子亦〉〔註255〕

戴望曰：「〈子亦〉疑當作〈亓子〉，亓古其字，其子即箕子，《周書》有
〈箕子〉篇」。〔註256〕

輝案：以《墨子》引本篇稱先王之書例之，蓋亦《尚書》篇名。

上所徵引凡二十八篇，其中〈揜誥〉，依陳壽祺，孔廣林之說，定為〈成

〔註247〕且當為曰，畢沅亦云然，見《墨子閒詁》引。
〔註248〕《墨子·非命》下。
〔註249〕孫詒讓《墨子閒詁·非命》下引。
〔註250〕〈非樂〉上。
〔註251〕〈非命〉中。
〔註252〕《墨子·非命》下。
〔註253〕見《墨子閒詁·非命》下。
〔註254〕見《漢書·律歷志》。
〔註255〕《墨子·公孟》。
〔註256〕見孫詒讓《墨子閒詁·公孟》引。

王政〉；〈月采〉，依王應麟，朱熹說，爲〈月令〉之誤，則在《逸周書》；〈豐刑〉，依陳夢家說，則與〈畢命〉同篇；〈尹告〉，依鄭玄說，即《書序》之〈咸有一德〉；〈夏訓〉係泛稱，非篇名；〈高宗〉即〈高宗之訓〉；〈帝典〉，依鄭玄說，即〈堯典〉；〈術令〉，依孫詒讓說，即〈說命〉；〈禽艾〉，依陳夢家說，即〈咸艾〉；〈武觀〉，依惠棟說，即〈五子之歌〉；〈去發〉，依俞樾說，則與〈太誓〉同篇。去其十一。又〈豎年〉、〈距年〉、〈相年〉係一篇之異名，再去其二，則典籍引《書》，出於百篇之外者，猶有十五篇之夥，此亦可見漢人《書》百篇說之非矣。

二、逸書十六篇之探討

逸書之說，始見於《史記》，然但言孔氏有古文《尙書》，而安國以今文讀之，因以起其家，逸書得十餘篇，〔註257〕未確言其篇數，確言逸書十六篇，則始於《漢書》。《漢書・楚元王傳》引劉歆《移太常書》云：「魯恭王壞孔子宅，欲以爲宮，而得古文于壞壁之中，逸《禮》三十九篇，《書》十六篇。」《藝文志》亦云：「古文《尙書》者出孔子壁中……，孔安國者，孔子後也，悉得其書，以考二十九篇，得多十六篇。」又《前漢紀》引劉向說亦云：「魯恭王壞孔子宅，以廣其宮，得古文《尙書》，多十六篇。」夫《藝文志》之說，本於劉歆《七略》，其他二說又出於向歆之口，近人因謂十六篇古文說，出自劉歆，〔註258〕史無明證，殆未必然，或劉向父子亦前有所承，向因著百篇之目於《別錄》，〔註259〕史佚其事，無可考知矣。惟逸書十六篇之說，起於史遷之後，盛行於西漢末葉，則可斷言。《漢書》雖確言逸書十六篇，然未列其篇目，《別錄》著百篇之目，其中必有逸十六篇，而其書今已亡逸，所幸者，鄭玄注〈書序〉，依賈氏所奏《別錄》爲次，則鄭注百篇之目，即《別錄》百篇之目，鄭注逸十六篇，蓋亦《別錄》之舊也。孔穎達《堯典正義》載鄭注逸書十六篇〔註260〕之目如次：

1. 〈舜典〉

2. 〈汨作〉

〔註257〕見《史記・儒林傳》。
〔註258〕見陳夢家《尚書通論》第七十九葉。
〔註259〕《堯典・正義》謂鄭注〈書序〉依賈逵所奏《別錄》爲次。
〔註260〕內〈九共〉九篇，合之則二十四篇。

3. 〈九共〉九篇

4. 〈大禹謨〉

5. 〈益稷〉

6. 〈五子之歌〉

7. 〈胤征〉

8. 〈湯誥〉

9. 〈咸有一德〉

10. 〈典寶〉

11. 〈伊訓〉

12. 〈肆命〉

13. 〈原命〉

14. 〈武成〉

15. 〈旅獒〉

16. 〈冏命〉〔註261〕

　　此十六篇見引於先秦典籍者，計〈五子之歌〉、〈胤征〉、〈咸有一德〉、〈伊訓〉、〈武成〉等五篇。〔註262〕見引於《大傳》者，計《九共》一篇。〔註263〕見引於《史記》者，計〈五子之歌〉、〈胤征〉、〈典寶〉、〈湯誥〉、〈咸有一德〉、〈伊訓〉、〈肆命〉、〈原命〉、〈武成〉、〈畢命〉等十篇。〔註264〕見引於漢武以後，東晉以前典籍注釋者，則有〈汩作〉等六篇，今列其目如下：

1. 〈汩作〉

　　〈汩作〉〈書序〉下〈釋文〉云：「唯王注本下更有〈汩作〉、〈九共〉故逸，故亦作古。」

2. 〈九共〉

3. 〈胤征〉

〔註261〕惠棟云當作〈畢命〉，見《古文尚書考》。
〔註262〕參見前條先秦典籍引《書》篇目。
〔註263〕別有〈臩命〉，即〈冏命〉，惠棟謂十六篇逸書中有〈畢命〉，無〈冏命〉，故不計。
〔註264〕參見前條《史記》引《書》篇目。

鄭注〈禹貢〉引〈胤征〉曰：「篚厥玄黃，昭我周王。」〔註265〕

郭璞注《爾雅・釋詁》引《書》云：「釗我周王」，孫星衍以為即〈胤征〉逸文。〔註266〕

4.〈伊訓〉

《漢書・律歷志》引〈伊訓〉篇云：「惟太甲元年十有二月乙丑朔，伊尹祀于先王，誕資有牧方明。」

鄭注〈典寶〉引〈伊訓〉曰：「載孚在亳」，又曰：「征是三朡。」〔註267〕

5.〈武成〉

《漢書・律歷志》引〈武成〉篇曰：「惟一月壬辰，旁死霸，若翌日癸巳，武王乃朝步自周，于征伐紂」，又曰：「粵若來三月，既死霸，粵五日甲子，咸劉商王紂」，又曰：「惟四月既旁死霸，粵六日庚戌，武王燎于周廟，翌日辛亥，祀于天位，粵五日乙卯，乃以庶國祀馘于周廟。」

6.〈畢命〉

《漢書・律歷志》引〈畢命豐刑〉曰：「惟十有二年六月庚午朏，王命作策〈豐刑〉。」鄭玄云：「今其逸篇有冊命霍侯之事，不同，不與此序相應，非也。」〔註268〕

以上所徵引，除其重複，則鄭注逸書十六篇見於偽古文以前典籍注釋者，凡十二篇。其中〈舜典〉則趙歧已云：「亡失其文」，〔註269〕〈咸有一德〉則鄭玄云：「今亡」，〔註270〕〈武成〉則鄭玄曰：「建武之際亡」，〔註271〕是馬融、鄭玄未全見逸十六篇文。雖然，孔氏《堯典正義》云：「劉歆、賈逵、馬融之等，並傳孔學，云十六篇逸」，則逸十六篇雖非盡先秦所傳，然亦必著於劉歆之前。若夫馬融所云十六篇絕無師說，〔註272〕則謂句讀、訓詁無師說，不可以此疑十六篇逸書也。或以逸書二十四篇，張霸所偽作，〔註273〕前人已斥其非。〔註274〕

〔註265〕《堯典正義》引。
〔註266〕見《尚書今古文注疏書序》第三十上。
〔註267〕《堯典正義》引。
〔註268〕阮元《尚書注疏校勘記》云：「與字上宜更有不字」，今據補。鄭玄語見《畢命正義》引。
〔註269〕見《孟子・萬章》上注。
〔註270〕見《禮記・緇衣》注。
〔註271〕《武成正義》引。
〔註272〕《堯典正義》引馬融〈書序〉。
〔註273〕見《堯典正義》。

康有為復以二十八篇為備，〔註275〕而疑逸書古文，劉歆所偽，〔註276〕考先秦典籍引《書》，有出於二十八篇之外者，則二十八篇為備之說，不攻自破，其謂歆偽古文逸書，則近人已斥其虛妄，〔註277〕今徵諸典籍多引逸書，尤信康氏之說非也。

三、孔氏古文五十八篇之探討

孔氏古文之說，始見於《史記》，然但言孔氏有古文《尚書》，安國以今文讀之，因以起其家，逸書得十餘篇，〔註278〕未確言其篇數，確言孔氏古文五十八篇，則始於劉向《別錄》，孔穎達《尚書·堯典正義》云：「故《藝文志》：『劉向《別錄》云：五十八篇』」。〔註279〕《別錄》著百篇之目，則孔氏五十八篇當在其中，《別錄》一書今雖亡逸，然鄭注〈書序〉，依之為次，〔註280〕鄭注孔氏古文五十八篇，蓋亦《別錄》之舊也。鄭氏析伏生二十九篇為三十四，逸書十六篇為二十四，二者相合適為五十八篇之數，此即《漢志》所稱古文《尚書》，亦即《別錄》所云五十八篇也。〔註281〕夫《史記》、《漢書》並言孔氏有古文《尚書》，其事應可置信。至謂孔氏古文五十八篇，則頗有可商榷之處，今考載籍言古文五十八篇者，始見於《別錄》，《別錄》此說當亦前有所承，近人或據成帝求古文之動機，及所用以校張霸百兩篇之偽者，以推定漢成帝之時，中秘尚存五十八篇之數，〔註282〕說至可信，是劉向之時，中秘已存古文五十八篇，康有為乃謂古文劉歆所偽，其誤可知。近人或謂古文五十八篇之說出自劉向，〔註283〕說亦非是。夫五十八篇既合伏生二十九篇，逸書十六篇為之，逸書成於劉歆之前，既如前說，今再就伏

〔註274〕詳見惠棟《古文尚書考》。
〔註275〕以〈顧命〉、〈康王之誥〉為一，復以〈太誓〉後得不計，故為二十八篇。
〔註276〕見《新學偽經考》卷十三。
〔註277〕說詳錢穆先生〈劉向歆父子年譜自序〉，見《兩漢經學今古文平議》。
〔註278〕見《儒林傳》。
〔註279〕今本《漢書·藝文志》未見此言，或孔氏所見與今本異。又孔安國〈尚書序〉稱孔氏古文五十八篇，并序，凡五十九篇，則魏晉人所偽託，不足據。
〔註280〕《堯典正義》謂鄭注〈書序〉百篇依賈氏所奏《別錄》為次。
〔註281〕偽孔本以三十三篇今文，合二十五篇古文為五十八篇，其數雖合，其目則非，前人駁之既詳，茲不贅述。
〔註282〕見吳康先生《尚書大綱》第二章第二節。
〔註283〕見陳夢家《尚書通論》。

生二十九篇作一探討，以決孔氏五十八篇之疑云。

考伏生二十九篇，自來說者紛紜，綜而言之，厥有四說：一則以伏生二十九篇本有〈太誓〉，〈顧命〉、〈康王之誥〉本合爲一，王引之、章太炎主其說。一則以二十九篇無〈太誓〉，〈顧命〉、〈康王之誥〉本分爲二，〈太誓〉後得，乃合〈顧命〉、〈康王之誥〉爲一，王先謙、皮錫瑞、龔自珍主其說。一則以伏生本二十八篇，〈顧命〉、〈康王之誥〉本合爲一，併序一卷，爲二十九，朱彝尊、陳壽祺、陳喬樅主其說。一則以伏生本二十八篇，〈太誓〉後得，合之爲二十九篇，顧炎武、王鳴盛、惠棟、戴震、江聲、孫星衍主其說。〈書序〉後出，〔註284〕《漢書·儒林傳》云：「張霸分析合二十九篇以爲數十，又采《左氏傳》、《書敘》，爲作首尾，凡百二篇」，則班氏數二十九篇，不計〈書序〉可知。又《尚書》孔氏《正義》云：「又伏生二十九卷而序在外」，是孔氏所見〈書序〉亦在二十九篇之外，則二十九篇併〈書序〉數之，其誤甚明。二十八篇之說，始自晉人，〔註285〕實不足據，王引之《經義述聞》已辨之詳矣。然則伏生二十九篇之關鍵，在於〈太誓〉一篇。若〈太誓〉伏生本有，則〈顧命〉、〈康王之誥〉當合爲一，乃符二十九篇之數。若〈太誓〉伏生本無，漢世後得，則〈顧命〉、〈康王之誥〉當分爲二。近人陳氏嘗據《史記》、《漢書》以及漢人著述引〈太誓〉文之稱謂，考定武帝末以前，〈太誓〉只是傳，而非經，故凡引〈太誓〉文者皆不稱《書》曰；武帝末以後，〈太誓〉已充學，列爲二十九篇之一，故武帝末以後人引〈太誓〉，乃稱《書》曰，〔註286〕屈萬里先生復考定與〈太誓〉同出之〈周易〉一篇爲〈雜卦傳〉，乃漢人僞作，託諸河內女子以售其欺者，以證河內本〈太誓〉，亦係漢人雜取《大傳》、《史記》之文，益竄以〈牧誓〉之語，及杜撰之辭所僞作，〔註287〕皆不刊之論，雖然，於茲有說焉：陳氏稱武帝末以前，〈太誓〉只是傳，而非經，故凡引〈太誓〉文者，皆不稱《書》曰，然《漢書·董仲舒傳》載董氏對策引《書》曰：「白魚入于王舟，有火復于王屋，流爲烏」，師古注曰：「今文《尚書·泰誓》之辭也」，陳氏辨曰：「此或班固所改，《春秋繁露》引作《尚書傳》可以爲證」，〔註288〕然安知非後人見《尚書傳》有白魚入于王舟等語，因據以改《春秋繁

〔註284〕說見本書 52 頁。
〔註285〕見《連叢子》，《漢書·劉歆傳》臣瓚注，僞孔安國序。
〔註286〕見陳夢家《尚書通論》第五十五－五十七葉。
〔註287〕見《漢石經尚書殘字集證·泰誓問題》條。
〔註288〕見《尚書通論》第五十六葉，實則並不衝突，《漢書》所引今文〈大誓〉，稱

露》者，此可商榷者一。陳氏又謂武帝末以後，〈太誓〉已充學，故武帝末以後漢人引〈太誓〉，乃稱《書》曰，然武帝末以後人所引〈太誓〉，仍多稱《尚書傳》，《尚書》孔序《正義》云：「書傳有八百諸侯俱至孟津，白魚入舟之事，與〈泰誓〉事同」，是書傳與〈太誓〉有別。又《史記·周本紀》云：「九年，武王上祭于畢，東觀兵，至於盟津……諸侯咸會曰：孳孳無怠，武王乃作〈太誓〉，告于眾庶，今殷王紂，乃用其婦人之言……不可再，不可三」，依《史記》行文觀之，今殷王紂乃用其婦人之言云云，其爲〈太誓〉之文無疑，〔註289〕至於九年武王上祭于畢云云，似可說爲史公述作〈太誓〉之意，可視爲〈書序〉之類，然〈齊世家〉又云：「武王即位九年，欲修文王業，東伐以觀諸侯集否，師行，師尚父左杖黃鉞，右把白旄，以誓曰：『蒼兕、蒼兕、總爾眾庶，與爾舟楫，後至者斬。』，遂至盟津，諸侯不期而會者八百諸侯，諸侯皆曰：『紂可伐也』，武王曰：『未可』，還師，與太公作此〈太誓〉」，則諸侯不期而會者八百，當是〈太誓〉之文，故史公乃稱武王與太公作此〈太誓〉也。然則陳氏謂武帝末以前，〈泰誓〉只是傳，不是經，說有未妥，此可商榷者二。屈萬里先生謂〈泰誓〉乃漢人雜取《大傳》、《史記》之文爲之，分〈太誓〉與《大傳》爲二，說較陳氏合理，然又謂《史記》引述〈泰誓〉之語，蓋亦本乎《大傳》，〔註290〕則有未妥，若《史記》本於《大傳》，其有但見於《史記》而不見於《大傳》者，則猶可謂今本《大傳》，清人所輯，非全本。然又有但見於《大傳》，如「武王喜，諸大夫皆喜，周公曰茂哉茂哉，天之見此以勸之也，恐恃之」，〔註291〕「王升舟入水，鼓鐘惡，觀臺惡，將舟惡，宗廟惡」，〔註292〕「惟丙午，王逮師，前師乃鼓付鼓譟，師乃慆，前歌後舞」，〔註293〕「丕天之大律」，〔註294〕而皆不見於《史記》者，史遷之時，《大傳》未逸，史公不應未見，見之不應不取以著之《史記》，此可商榷者三。後出〈太誓〉，東漢馬融已疑之，〔註295〕然馬融所疑「八百諸侯不召自來，不期同時，不謀同辭」，及「火復於上，至於王屋，流爲雕，至五，以穀俱來」等語，皆見於

「書曰」：《春秋繁露》所引《尚書大傳》。
〔註289〕實則史公據先秦所遺說〈大誓〉之書爲之，目爲〈大誓〉，實非〈大誓〉。
〔註290〕陳氏亦言司馬遷所引〈太誓〉是《大傳》文。
〔註291〕《春秋繁露·同類相動篇》引《尚書傳》，《太平御覽》一百四十六引同。
〔註292〕《周禮·肆師》注引《尚書傳》。
〔註293〕《太平御覽》四百六十七引《尚書大傳》，五百七十四引同。
〔註294〕《唐律疏義》卷一引《尚書大傳》，《翻譯名義集》卷七引同。
〔註295〕見《尚書正義》引馬融〈書序〉。

《大傳》、〔註296〕《史記》。〔註297〕不僅此也，赤烏之，抑且見於先秦典籍，《呂氏春秋・名類篇》云：「及文王之時，天先見火，有赤烏銜丹書集于周社」，又《墨子・非攻》下云：「赤烏銜珪降周之岐社，曰：天命周文王伐殷有國」，陳夢家據此而言漢本〈泰誓〉，先秦已有，〔註298〕陳氏此說雖未必可信，然亦可見後得〈太誓〉，語有所本，馬融亦何疑者，此可商榷者四。且夫先秦典籍多引〈大誓〉，後得〈太誓〉，馬融所及見，乃言《春秋》、《國語》、《孟子》、《孫卿》、《禮記》所引〈泰誓〉、今文〈泰誓〉〔註299〕皆無此語，〔註300〕屈萬里先生亦謂後得〈太誓〉，漢人所僞，然《春秋》等書，漢世所未佚，僞作〈太誓〉者，理應知之，而先秦典籍所引〈太誓〉之文，今文〈太誓〉不一引及，寧非怪事，此可商榷者五。意者，〈太誓〉先秦之所固有，故先秦典籍多徵引之。別有述〈泰誓〉作意若〈書序〉者，或敘其本事如書傳者，先秦典籍間或引之，如赤烏之瑞則《呂氏春秋・名類篇》云：「文王之時，有赤烏銜丹書集於周社」，《墨子・非攻》下云：「赤烏銜珪降周之岐社」，武王數紂爲逋逃主，則《左傳》昭公七年云：「昔武王數紂之罪，以告諸侯曰：紂爲天下逋逃主，萃淵藪」。以其非本經，是以不稱《書》曰，不舉篇名，及秦漢之際，〈太誓〉本經既已佚，其述〈太誓〉之語，或傳而未佚，故伏生見而著之《大傳》，而史遷亦據以著之《史記》，伏生史遷彼此去取不同，是以見於《史記》者，未必見於《大傳》，見於《大傳》者，亦必未見於《史記》也。此先秦所傳述〈太誓〉之語，漢初或盛行一時，故董仲舒、〔註301〕終軍、〔註302〕司馬相如、〔註303〕婁敬，〔註304〕皆能引述其語，至漢武末，又有好事者，取先秦述〈太誓〉之語，益以杜撰之辭，託諸河內女子以售其欺，此即所謂後得〈太誓〉，以其同取先秦述〈太誓〉之語爲之，故或與《史記》，《大傳》所

〔註296〕《太平御覽》一百八十一引《尚書大傳》云：「武王伐紂，觀兵于孟津，有火流于王屋，化爲赤烏，三足」。《尚書・孔序正義》云：「書傳有八百諸侯俱至孟津，白魚入舟之事」。
〔註297〕見〈周本紀〉。
〔註298〕見《尚書通論》第六十一葉。
〔註299〕即河內後得〈太誓〉。
〔註300〕見《尚書正義》引馬融〈書序〉。
〔註301〕見《漢書・董仲舒傳》引對策。
〔註302〕見《漢書・終軍傳》引《白麟奇木對》。
〔註303〕見《漢書・司馬相如傳》引《封禪書》。
〔註304〕見《漢書・婁敬傳》。

引述〈太誓〉語，多相類處，而異於先秦〈太誓〉本經也。〔註305〕章太炎謂後得〈泰誓〉秦以前所藏，其說未允，然又謂蓋當時解釋〈泰誓〉者之言，〈周語〉有〈泰誓故〉，疑伏生所述，即〈泰誓故〉也，不得〈泰誓〉，以〈泰誓故〉補之，〔註306〕說至允當。

夫二十九篇傳自伏生，盤庚析爲三篇，《史記》已然，此皆先秦故物，應無可疑。而後得〈太誓〉出於漢武末，分〈九共〉爲九，始於〈書序〉，然則，孔氏古文五十八篇之說，蓋出於史遷之後，劉向之前，故《史記》但言孔氏有古文《尚書》，而未確言其篇數，劉向之時，〈書序〉已出，五十八篇之說已盛行，故《別錄》乃云古文五十八篇也。

四、亡四十二篇之探討

亡《書》之說，始見於《史記》，《儒林傳》云：「秦時焚書，伏生壁藏之……漢定，伏生求其書，亡數十篇，獨得二十九篇，即以教于齊魯之間」，《漢書·傳林傳》說同，皆未確言亡篇之數，確言《書》亡四十二篇者，始於鄭注〈書序〉，鄭注〈書序〉今已亡佚，清孫星衍嘗輯《尚書》馬鄭注，又有鄭注佚書本《尚書》鄭注，則亡四十二篇之目可知已，僞孔傳亦言《書》亡四十二篇，而異於鄭注，今列表比較如下：

鄭　　注	僞　孔　傳	鄭　　　注	僞　孔　傳
1.〈稾飫〉	1.〈汨作〉	11.〈明居〉	11.〈稾飫〉
2.〈帝告〉	2.〈九共〉九篇（一）	12.〈沮后〉	12.〈帝告〉
3.〈釐沃〉	3.〈九共〉（二）	13.〈太甲〉三篇（上）	13.〈釐沃〉
4.〈湯征〉	4.〈九共〉（三）	14.〈太甲〉（中）	14.〈湯征〉
5.〈汝鳩〉	5.〈九共〉（四）	15.〈太甲〉（下）	15.〈汝鳩〉
6.〈汝方〉	6.〈九共〉（五）	16.〈沃丁〉	16.〈汝方〉
7.〈夏社〉	7.〈九共〉（六）	17.〈咸乂〉（一）	17.〈夏社〉
8.〈疑至〉	8.〈九共〉（七）	18.〈咸乂〉（二）	18.〈疑至〉
9.〈臣扈〉	9.〈九共〉（八）	19.〈咸乂〉（三）	19.〈臣扈〉
10.〈仲虺之誥〉	10.〈九共〉（九）	20.〈咸乂〉（四）	20.〈典寶〉

〔註305〕皮錫瑞云：「後得〈大誓〉，《大傳》載之，似說經之文，而非引經之文」，《經學通論》，其說可信。
〔註306〕說見《經學略說》。

21. 〈伊陟〉	21. 〈明居〉	32. 〈歸禾〉	32. 〈河亶甲〉
22. 〈仲丁〉	22. 〈肆命〉	33. 〈嘉禾〉	33. 〈祖乙〉
23. 〈河亶甲〉	23. 〈徂后〉	34. 〈成王征〉	34. 〈高宗之訓〉
24. 〈祖乙〉	24. 〈沃丁〉	35. 〈將薄姑〉	35. 〈分器〉
25. 〈說命〉三篇（上）	25. 〈咸乂〉四篇（一）	36. 〈周官〉	36. 〈旅巢命〉
26. 〈說命〉（中）	26. 〈咸乂〉（二）	37. 〈賄息慎之命〉	37. 〈歸禾〉
27. 〈說命〉（下）	27. 〈咸乂〉（三）	38. 〈亳姑〉	38. 〈嘉禾〉
28. 〈高宗之訓〉	28. 〈咸乂〉（四）	39. 〈君陳〉	39. 〈成王政〉
29. 〈分器〉	29. 〈伊陟〉	40. 〈君牙〉	40. 〈將蒲姑〉
30. 〈旅巢命〉	30. 〈原命〉	41. 〈冏命〉〔註 307〕	41. 〈賄肅慎之命〉
31. 〈微子之命〉	31. 〈仲丁〉	42. 〈蔡仲之命〉	42. 〈亳姑〉

據上表所列，鄭、孔同注爲篇亡者，計〈稾飫〉、〈帝告〉、〈釐沃〉、〈湯征〉、〈汝鳩〉、〈汝方〉、〈夏社〉、〈疑至〉、〈臣扈〉、〈明居〉、〈徂后〉、〈沃丁〉、〈咸乂〉四篇、〈伊陟〉、〈仲丁〉、〈河亶甲〉、〈祖乙〉、〈高宗之訓〉、〈分器〉、〈旅巢命〉、〈歸禾〉、〈嘉禾〉、〈成王征〉、〔註 308〕〈將薄姑〉、〔註 309〕〈賄息慎之命〉、〔註 310〕〈亳姑〉等二十九篇，此二十九篇見於先秦典籍者僅〈湯征〉、〈咸乂〉、〈高宗之訓〉三篇。其見於《大傳》者，計〈帝告〉、〈嘉禾〉、〈成王征〉等三篇。見於《史記》者，計〈帝告〉、〈湯征〉、〈汝鳩〉、〈汝方〉、〈夏社〉、〈明居〉、〈徂后〉、〈伊陟〉、〔註 311〕〈沃丁〉、〈咸乂〉，〔註 312〕〈仲丁〉、〈高宗之訓、〈分器〉、〔註 313〕〈歸禾〉、〈嘉禾〉、〈賄息慎之命〉等十六篇。見於漢武以後，東晉以前典籍注釋者，計〈嘉禾〉，〔註 314〕〈臣扈〉，〔註 315〕〈伊陟〉等三篇。以上徵引，去其重複，則鄭、孔同注爲篇亡，而見於僞古文以前典籍注釋者，凡十八篇。

〔註 307〕鄭玄稱〈畢命〉逸篇，見《畢命正義》，則逸書二十四篇中〈槑命〉（即〈冏命〉當作〈畢命〉（惠棟說，見《古文尚書考》，而〈冏命〉於鄭書當是亡篇。

〔註 308〕僞孔傳作〈成王政〉。

〔註 309〕僞孔傳作〈將蒲姑〉。

〔註 310〕僞孔傳作〈賄肅慎之命〉。

〔註 311〕據段玉裁說補。

〔註 312〕〈殷本紀〉作〈咸艾〉，未析爲四篇。

〔註 313〕〈周本紀〉作〈分殷之器物〉。

〔註 314〕見《漢書・王莽傳》。

〔註 315〕鄭注〈咸有一德〉云：「〈伊陟〉，〈臣扈〉曰」，見《堯典正義》引。

　　鄭注亡，而僞孔傳見存者，計〈仲虺之誥〉、〈太甲〉三篇、〈說命〉三篇、〈微子之命〉、〈周官〉、〈君陳〉、〈君牙〉、〈冏命〉、〈蔡仲之命〉等十三篇。此十三篇見引於先秦典籍者，計〈仲虺之誥〉、〈太甲〉、〈說命〉、〈君陳〉、〈君牙〉、〈蔡仲之命〉等六篇。〔註316〕其見於《大傳》者，計〈冏命〉〔註317〕一篇。見於《史記》者，計〈仲虺之誥〉、〈太甲〉三篇、〈微子之命〉、〈周官〉、〈冏命〉〔註318〕等七篇。漢武以後，東晉以前典籍注釋，則未見徵引。以上徵引，去其重複，則鄭注亡而僞孔傳見存者十三篇中，其見於僞古文以前典籍注釋者，凡十一篇。

　　鄭注逸，孔注亡者，計〈汩作〉、〈九共〉九篇、〈典寶〉、〈肆命〉、〈原命〉等十三篇。此十三篇皆不見於先秦典籍，其見於《大傳》者，計〈九共〉〔註319〕一篇。見於《史記》者，計〈典寶〉、〈肆命〉、〈原命〉等三篇。見於漢武以後，東晉以前典籍注釋者，計〈汩作〉、〈九共〉等三篇。以上徵引，去其重複，則鄭注逸，孔注亡者十三篇中，其見於僞古文以前典籍注釋者，凡五篇。

　　由上表所列，及典籍引述亡篇情事觀之，則僞孔實未見亡篇，徒以見先秦典籍或引其片言殘句，乃據以僞作古文者，鄭注亡而僞孔傳見存其文者十三篇中，見於僞古文以前典籍注釋者，計十一篇之夥，即其明證。若夫〈湯征〉佚文見存於《史記·殷本紀》，〈嘉禾〉佚文見存於《漢書·王莽傳》，而不據以作〈嘉禾〉、〈湯征〉，注曰亡；〈微子之命〉，〈周官〉，〈冏命〉實亡，而僞作〈微子之命〉，〈冏命〉、〈周官〉；〈汩作〉等十三篇，漢未入學官，然其文漢未全亡，鄭玄或見之，故注曰逸，而僞孔則注云亡，凡此皆作僞者，故示其異於馬鄭，而託諸孔安國，欲售其欺耳。

　　夫四十二篇中，見於先秦典籍者，僅〈湯征〉、〈仲虺之誥〉、〈太甲〉、〈咸乂〉、〈說命〉、〈高宗之訓〉、〈君陳〉、〈君牙〉、〈蔡仲之命〉等九篇，其餘三十三篇，見於武帝末以前典籍者，計〈帝告〉、〈汝鳩〉、〈汝方〉、〈夏社〉、〈明居〉、〈徂后〉、〈沃丁〉、〈伊陟〉、〔註320〕〈仲丁〉、〈分器〉、〈微子之命〉〈歸

〔註316〕內〈太甲〉、〈說命〉、〈書序〉並云三篇，先秦典籍引其文，但言〈太甲〉曰，〈兌命〉曰，並未析爲三篇。
〔註317〕《大傳》作〈臩命〉。
〔註318〕〈周本紀〉作〈臩命〉。
〔註319〕《大傳》有〈九共〉，而未分爲九篇。
〔註320〕段玉裁謂〈原命〉者命原，非命伊陟也，作〈原命〉當別爲一句，《史記》脫

禾〉、〈嘉禾〉、〈成王征〉、〈周官〉、〈賄息愼之命〉、〈冏命〉等十七篇，又《太甲》見於先秦典籍者但爲一篇，《史記》則析爲三篇，二者相較二篇，合之則十九篇。其餘十四篇，蓋武帝以後，好事者或就原有篇目加以分化，如分〈說命〉爲三，〈咸乂〉爲四；或據載籍傳說，妄自增益，如《史記·殷本紀》云：「帝仲丁遷于隞，河亶甲居相，祖乙遷于邢……仲丁書闕不具」，《史記》但言仲丁書闕，而好事者遂增益〈河亶甲〉、〈祖乙〉二篇。合以孔氏古文五十八篇，以成百篇之數，且爲之序，此即百篇小序之所由作也。

然則亡四十二篇，見於先秦典籍者九篇，當爲先秦故物無疑，其餘三十三篇，雖未必盡出於漢世，然亦非盡先秦之遺，則可斷言。鄭注〈書序〉，依《別錄》爲次，〔註321〕劉向之時，〈書序〉已出，〔註322〕則《別錄》百篇之目，或據〈書序〉爲之，而鄭注亡四十二篇，蓋亦本乎〈書序〉，然〈書序〉百篇，是否實有百篇之文，殊有可疑，或但有目無文，亦未可知，鄭玄未見其文，故注曰亡耳。

五、百篇小序之探討

今傳〈書序〉有二，一則孔安國序，是謂大序；一則述百篇作意，馬、鄭總爲一篇，僞孔乃分以冠各篇之首，是謂小序。孔安國序，魏晉人所僞託，前人辨之已詳，〔註323〕不贅述。至於百篇小序，則或謂孔子所作，劉向父子創其說，馬鄭王述其義；或謂起於周秦之間，朱熹、閻若璩主其說；或謂秦漢間解經者所作，陳夢家主其說；〔註324〕或謂劉歆所僞作，康有爲主其說；說皆非是，獨今人吳氏以爲起於漢武昭以後，元成以前，說最允當。〔註325〕

孔子作〈書序〉之說，始見於《漢書》，〈藝文志〉云：「故《書》之所起遠矣，至孔子纂焉，上斷於堯，下訖於秦，凡百篇，而爲之序，言其作意。」前於此，則《史記》言孔子序《書傳》，上紀唐虞之際，下至於秦繆，編次其書，〔註326〕然史遷言孔子序《書傳》，蓋謂編次整理之意，並非言孔子作

作〈伊陟〉三字，說詳《古文尚書撰異·書序》第三十三，今據補。
〔註321〕見《堯典正義》。
〔註322〕〈書序〉起於武昭以後，元成以前，說見本書52頁。
〔註323〕見《朱文公集》卷七十一。
〔註324〕見《尚書通論》第一○二葉。
〔註325〕見吳康先生《尚書大綱》第三章第二節。
〔註326〕見〈孔子世家〉。

〈書序〉也。班氏此說，蓋本於劉歆《七略》，《七略》之說又本於《別錄》，近人或謂孔子作〈書序〉之說，創自劉向父子〔註327〕說或然也。孔子作〈書序〉之說，朱熹已辨其非，〔註328〕不復贅述。謂〈書序〉起周秦之間，秦漢之際，其說皆有未妥之處。司馬遷從孔安國問故，〔註229〕若〈書序〉起於周秦之間，秦漢之際，司馬遷當知之，然《史記》所引《尙書》篇目，僅六十五篇，〔註330〕去百篇之數甚遠，且言孔子編次《書傳》，而不言〈書序〉之作，此可疑者一。說者謂非周秦之間，不能備知百篇之名，〔註331〕是亦不然。考百篇之目見於先秦典籍者僅三十三篇，〔註332〕其餘六十七篇中，〈高宗肜日〉、〈西伯戡黎〉、〈微子〉、〈金縢〉、〈梓材〉、〈召誥〉、〈多士〉、〈立政〉、〈多方〉、〈康王之誥〉、〈費誓〉等十一篇，先秦典籍雖未見引，而傳自伏生，其爲先秦故物，應無可疑。又〈九共〉、〈帝告〉、〈汝鳩〉、〈汝方〉、〈夏社〉、〈典寶〉、〈湯誥〉、〈明居〉、〈肆命〉、〈徂后〉、〈沃丁〉、〈伊陟〉、〔註333〕〈原命〉、〈仲丁〉、〈分器〉、〈微子之命〉、〈歸禾〉、〈嘉禾〉、〈成王征〉、〈周官〉、〈賄息愼之命〉、〈畢命〉、〈冏命〉等二十三篇見引於《大傳》、《史記》。則百篇之目，見引於《史記》以前典籍者六十七篇，其中先秦典籍引〈盤庚〉、〈大甲〉但爲一篇，而《史記》則析爲三篇，二者相較四篇，合之則七十一篇，此外二十九篇，《史記》以前典籍，絕無所見，此可疑者二。說者又謂司馬遷已引〈書序〉，是武帝前已有，〔註334〕是亦不然。夫《史記》但言孔子編次《書傳》，絕未言及〈書序〉之作。《漢書·藝文志》言孔子作〈書序〉，此則言〈書序〉之作最先見於典籍者，然則謂《史記》引〈書序〉，殆有未安，焉知非〈書序〉襲《史記》乎？康有爲嘗謂《史記》所載篇目，乃〈書序〉襲《史記》，非《史記》襲〈書序〉，列七證以明之，其中惟稱〈湯誥〉劉歆所僞，說有未妥，餘則平實可取，〔註335〕此可疑者三。說者又謂〈書

〔註327〕見陳夢家《尚書通論》第一〇一葉。
〔註328〕見《朱子語錄》卷七八，七九。
〔註229〕見《漢書·儒林傳》。
〔註330〕說見本書 26 頁。
〔註331〕閻若璩《古文尚書疏證》第一百五。
〔註332〕說見本書 8 頁。
〔註333〕段玉裁云《史記·殷本紀》脫作〈伊陟〉三字，見《古文尚書撰異·書序》第三十三，今據補。
〔註334〕見陳夢家《尚書通論》第一〇二葉。
〔註335〕見《新學僞經考·書序辨僞》條。

序〉體制不見於先秦，而與太史公〈自序〉敘作一百二十九篇相似，可認爲秦漢之際解經者所作，〔註336〕是亦不然。考先秦典籍引命書，多附述作書當時之歷史背景，與作書原因，《左傳》定公四年曰：「周公相王室以尹天下，於周爲睦，分魯公以大路、大旂……命以〈伯禽〉」，又曰：「分康叔以大路、少帛、綪茷、旃旌、大呂……命以〈康誥〉」，又云：「分康叔以大路……命以〈唐誥〉」，又云：「其子蔡仲，改行帥德，周公舉之，以爲己卿士，見諸王而命之以〈蔡〉，其命書云……」，〈伯禽〉、〈康誥〉、〈唐誥〉、〈蔡仲之命〉皆命書，〈康誥〉、〈蔡仲之命〉今存於《尙書・周書》，此可視爲〈書序〉之濫觴。〔註337〕司馬遷作《史記・自序》，其體制蓋亦依仿此等類似〈書序〉而作，焉可據此而斷言史遷敘作一百二十九篇必依〈書序〉者，此可疑者四。伏生秦博士，若〈書序〉起於秦漢之際，伏生當知之，然《史記・儒林傳》云：「漢定，伏生求其《書》，亡數十篇，獨得二十九篇，即以教于齊魯之間」，但言亡數十，而未能確言其數，是未有〈書序〉以資核校之故，閻若璩謂百篇小序，伏生所未見，〔註338〕此言可信，惟又稱〈書序〉實出周秦之間，則又考之未審，此可疑者五。〈書序〉云：「魯侯伯禽宅曲阜，徐夷並興，東郊不開，作〈費誓〉」，以〈費誓〉爲伯禽伐淮夷徐戎時誓師之辭，近人據金文〈兮甲盤〉文體與〈費誓〉相似，不類周初作品，又文內稱徐戎，不稱徐方，與春秋風尙相合，而定爲魯僖公時作品，〔註339〕其說可信。若謂〈書序〉起於周秦之間，其於本朝史實不應舛誤如此，此可疑者六。說者謂《論衡・正說》篇云：「至孔安國書出，方知有百篇之目」，是知百篇之序出於孔壁，〔註340〕是亦不然。王充與班固同時，然《漢書・藝文志》但言古文《尙書》出於孔子壁中，孔安國悉得其書，以考二十九篇，得多十六篇，則班固之意，孔安國所得《書》，乃古文五十八篇耳，〔註341〕說與王充不同。不僅此也，夫百篇之說，始見於《漢書》，班氏此說本於劉歆《七略》，《七略》之說，則本於《別錄》，向歆父子固在王充之前，其言孔子篹百篇而爲之序，《史記》之所未言，則此說既難置信，王充之說更無論矣。良以王充之時，

〔註336〕見陳夢家《尙書通論》第一○二葉。
〔註337〕說本陳夢家，見《尙書通論》第十八葉，一○二葉。
〔註338〕見《尙書古文疏證》第一百五條。
〔註339〕見余永梁著〈柴誓的時代考〉，載《中山大學語言歷史研究所週刊》一集一號。
〔註340〕見屈萬里先生《尙書釋義・敘論》。
〔註341〕鄭玄析二十九篇爲三十四，逸書十六篇爲二十四，合之則五十八篇。

百篇之說已盛行，其屬以個人傅會之語，亦不足怪異，此可疑者七。總此七端，則〈書序〉非起於周秦之間，秦漢之際，其理甚明。至若謂〈書序〉劉歆所僞，說亦有未妥，夫劉歆未能僞作諸經，又獨能僞〈書序〉乎？近人錢氏已斥其非。〔註342〕

考〈書序〉之作，蓋起於武昭以後，孝成以前，其說有五，《史記》引《書》篇目僅六十五篇，且又未言《書》有百篇之數，則百篇之說起於史遷之後，而〈書序〉之作又當後於百篇之說，此其一。《史記・殷本紀》以帝般庚崩，百姓思般庚，乃作〈般庚〉三篇，而〈書序〉則以〈般庚〉五遷，將治亳、殷民咨胥怨，作〈般庚〉。二說不同。近人據篇中數言盤庚，定其非當時之作，〔註343〕則〈殷本紀〉之說爲近其實，而〈書序〉後出，去古已遠，或據傳言，或出臆測，乃有此舛誤，此其二。〈書序〉以〈費誓〉爲伯禽伐徐戎淮夷時誓師之辭，近人余氏已辨其非，〔註344〕此亦〈書序〉後出，致乖史實之故，此其三。〈書序〉又以高宗祭成湯，有飛雉升鼎耳而雊，祖己訓諸王，作〈高宗肜日〉、〈高宗之訓〉，《史記・殷本紀》則以帝武丁祭成湯，明日有飛雉登鼎耳而呴，帝武丁崩，祖庚立，祖已嘉武丁之以祥雉爲德，立其廟爲高宗，遂作〈高宗肜日〉及〈訓〉，二說乖異。近人或據卜辭文例，「肜日」之前人名乃被祭之先祖，而非主祭者，考定〈高宗肜日〉乃祖庚祭高宗，而非高宗祭成湯。〔註345〕則《史記》之說爲近其實，〈書序〉後起，得之傳聞，故與史實乖違，此其四。《漢書・儒林傳》云：「世所傳百二篇者，出東萊張霸，分析合二十九篇以爲數十，又采《左氏傳》、〈書敍〉爲作首尾，凡百二篇」，《論衡・正說》篇亦云：「東海張霸案百篇之序，空造百兩之篇，獻之成帝，帝出秘百篇以校之，皆不相應，於是下霸之吏」。《論衡》稱張霸案〈書序〉造百兩篇，說與《漢書》同，今人吳氏更據成帝求《書》之動機，及所用以校霸書之僞者，以定成帝時，中秘存百篇〈書序〉，說至可信。〔註346〕是成帝之時已有〈書序〉，此其五。綜上五說，則百篇小序作於武帝之後，成帝之前，應無可疑。

〔註342〕說詳錢穆先生著〈劉向歆父子年譜・自序〉，及永始三年尉氏男子樊並等謀反誅條下。
〔註343〕見屈萬里先生《尚書釋義・盤庚》篇目下。
〔註344〕說見本書51頁。
〔註345〕見王國維著〈高宗肜日說〉，載《學衡》第四十期。
〔註346〕見吳康先生著《尚書大綱》第二章第二節。

六、結 語

　　總上對於百篇、逸書十六篇、孔氏古文五十八篇、亡四十二篇，以及百篇〈書序〉之探討，則《書》之篇目可獲如下之結論：

　　（一）伏生二十九篇，見於先秦典籍者計十八篇，其餘十一篇，雖未見於先秦典籍，而其文見在，自來學者多目為先秦故物，斯則上古可資取信之珍貴史料。

　　（二）〈書序〉百篇，先秦典籍徵引者計三十三篇，《史記》云：「孔子序《書傳》，上紀唐虞之際，下至秦繆，編次其事」，則孔子所編次之《尚書》，雖未能確知其篇數，而此三十三篇應在孔子編次之列。〔註347〕

　　（三）逸書十六篇，鄭玄注〈書序〉時已亡其數篇，〔註348〕然先秦兩漢典籍引其篇目者達十二篇之夥，即鄭注諸經，亦頗引其佚文，則鄭注〈書序〉云二十四篇逸，〔註349〕確然前有所承。《堯典正義》云：「劉歆、賈逵、馬融之等，並傳孔學，云十六篇逸」，則逸十六篇雖未必盡出於先秦，然亦必成於劉歆之前。

　　（四）逸書十六篇，見於先秦典籍者，計〈五子之歌〉、〈胤征〉、〈咸有一德〉、〈伊訓〉、〈武成〉等五篇，見於漢武以前典籍者，計〈五子之歌〉、〈九共〉、〈胤征〉、〈典寶〉、〈湯誥〉、〈咸有一德〉、〈伊訓〉、〈肆命〉、〈原命〉、〈武成〉、〈畢命〉等十一篇，若夫〈舜典〉、〈汨作〉、〈大禹謨〉、〈棄稷〉、〔註350〕〈旅獒〉等五篇，蓋史遷以後，劉歆以前學者所增益，故先秦典籍絕無所見，而《大傳》、《史記》亦未徵引也。惟其史遷之時，逸書未足十六，故《史記》但言孔安國起其家，逸書得十餘篇，而不言逸書十六篇，遷之後乃有十六篇，而當時未立學官，博士之所不取，然其文辭見在，以《別錄》著百篇之目，稱古文五十八篇度之，則稱逸書以別於其他亡篇者，或為劉向，歆承父說，故有逸書十六篇之說也。〔註351〕

　　（五）孔氏古文五十八篇合今文三十四篇，逸書二十四篇為之。三十四篇中，〈太誓〉後得，出於漢武末；逸書二十四篇中，〈舜典〉、〈汨作〉、〈大禹謨〉、〈棄稷〉、〈旅獒〉等五篇出於史遷之後，劉歆之前；分〈九共〉為九

〔註347〕其中有文無篇名者，篇名則後出。
〔註348〕注〈武成〉曰：「建武之際亡」，注〈咸有一德〉曰：「今亡」。
〔註349〕十六篇中，〈九共〉九篇，合之則二十四篇。
〔註350〕偽孔本作〈益稷〉。
〔註351〕見〈移太常博士書〉。

篇則始於〈書序〉,〈書序〉起於武昭之後,成帝之前。然則五十八篇之說,蓋亦起於漢武末以後,成帝之前,劉向承前說,故《別錄》乃稱古文五十八篇也。然史遷之時,固未有五十八篇之說,故《史記》但言孔氏有古文《尙書》,而未確言其篇數也。

（六）百篇者,合孔氏古文五十八篇,亡四十二篇爲之,五十八篇中有漢武後所作,五十八篇之說亦起於漢武以後;亡四十二篇中亦多漢人所增益,則《漢書·藝文志》言孔子纂《書》百篇,且爲之序者,殆未可信。故《史記》但言孔子編次《書傳》,而未言《書》有百篇也。

（七）百篇之說蓋起於史遷之後,觀《史記》引《書》僅六十五篇,及〈書序〉起於武昭以後,可以知之。孫仲愚謂〈書序〉可疑,并百篇之名,亦未可信,〔註352〕說至允當。《堯典正義》言鄭玄依賈逵所奏《別錄》序次百篇,是《別錄》已著百篇之目,則百篇之說,當亦起於劉向之前可度。

（八）書未必百篇,觀典籍引書在百篇之外者,達十五篇之夥,可以知之,則漢人以百篇爲備之說,其謬甚明。

（九）〈書序〉百篇,未必有百篇之文,其中應有徒具篇名而實無文辭者在,故《史記》但列其篇名,其有舊說可循者,則並述其行事作意,而未錄其文。成帝之時,見中秘百篇《書敘》,乃有求《書》之舉,而張霸亦以但見〈書序〉,未見全《書》,乃敢妄造百兩篇。鄭玄亦未見全《書》,故注〈書序〉時,於其未見者,則注曰亡耳。

第三節　述本書之作

夫《書》之起遠矣,至孔子纂焉,上斷於堯,下訖於秦。〔註353〕惟流傳訖今,歷二千餘年,其間離厄非一,〔註354〕是以篇有亡佚,文多改異,自東晉古文出,抑又眞僞雜陳,以此考三代之事制,其不舛謬者鮮矣。故溯《書》之源,還《書》之舊,允爲首要之務。夫典籍之引書,足覘《書》用之宏,可考《書》篇之疑,既如前述,而欲探索《書》之本源,恢復《書》之舊觀,則考辨先秦典籍所引《書》,應爲最客觀可循之途徑。近人有鑒於此,多用力

〔註352〕見顧炎武《日知錄》卷二引。
〔註353〕《漢書·藝文志》語。
〔註354〕段玉裁嘗舉《尚書》所離七厄,詳見《古文尚書撰異》。

於斯，若日人小島祐馬著《左傳引經考證》，〔註355〕以考《左傳》所用諸經文句，與現存經文之異同。近人金兆梓著《今文尚書續論》，〔註356〕就《墨子》、《國語》、《左傳》、《孟子》、《荀子》、《韓非子》、《呂氏春秋》等書引《書》所稱舉之例，以考《書》名義之演變。羅根澤著《墨子引經考》，〔註357〕以考《墨子》所引《詩》、《書》與今傳《詩》、《書》文句之異同，篇目之存亡。方書林著《漢以前的尚書》，〔註358〕就漢以前各書所引《尚書》逸文及《尚書》說，以考漢以前《尚書》與漢所見《尚書》之異同。陳夢家著《尚書通論》，其第一章〈先秦引書篇〉，就先秦典籍所引《書》，以考《書》名義之演變，《書》之編集。凡此種種，皆有助於復《書》之舊。惟小島、羅氏之作，則囿於一書，未能通觀全豹；金氏、方氏、陳氏之作，雖博取群書，而失之簡略。爰取先秦典籍，就其所引《書》，無論明徵、暗引、或櫽括其辭者，皆蒐羅無遺，以先秦各書為經，分類排比，以與兩漢所見書，相互參校，表其同異，正其舛謬，補其亡佚，從而考先秦《尚書》之篇數，篇名，序次，分類，儒墨所授《書》之同異，《書》與《逸周書》之關係，以及偽古文《尚書》之所由出，作《先秦典籍引尚書考》云。

歷代史志著錄先秦典籍，至為浩瀚，惟其書多已亡佚，今存者一百又五種，其中出於漢以後人偽託者，計《子夏易傳》等二十九種，本篇第二十二章錄其引《書》之文以存參。又其書已亡，今存輯佚本者，計《連山》等四十四種，其中所引《書》，固先秦之舊，本篇第二十三章錄其引《書》之文以存參。所餘三十二種，《尚書》，《逸周書》除外，未引《書》者計《周易》等十種，其引《書》者，計《詩》等二十種，今各列一章考其同異。

附今存先秦書目

	書　名	作　者	引　書	備　註
經部	子夏易傳十一卷	舊題卜子夏撰	無	實漢韓嬰所作，今本又出後人偽託（《四庫提要》）、清馬國翰（《玉函山房輯佚書》）、黃奭（《漢學堂叢書》）並有輯本。
	連山一卷		無	馬國翰有輯本，今所見之輯本，乃劉炫所作之殘文（屈萬里先生《古籍導讀》）。

〔註355〕見江俠庵編譯《先秦經籍考》上卷。
〔註356〕見《學林》第五輯。
〔註357〕見《北平圖書館刊》六卷三期。
〔註358〕見《中山語言歷史研究所週刊》六卷六九期。

經　部	歸藏一卷		無	馬國翰有輯本，今所見之輯本，薛貞所作之殘文（《古籍導讀》）
	周　易		無	
	詩		九　條	
	周　禮		無	
	儀　禮		無	
	禮　記		四十三條	漢戴聖所輯孔子弟子及後學者所記論禮之文
	大戴禮十三卷		六　條	漢戴德所輯孔子弟子及後學者所記論禮之文
	左　傳	周左丘明	七十三條	
	公羊傳	舊題公羊高撰	二　條	制作本意出自公羊高，漢公羊壽、胡母子都著之竹帛（《四庫提要》）
	穀梁傳	舊題穀梁赤撰	一　條	制作本意出自穀梁赤，漢初傳其學者始著之竹帛。
	孝　經		四　條	制作本意出自孔子，七十子後學者著之竹帛。
	孝經傳一卷	周魏文侯	無	疑後人所偽託（《古籍導讀》），馬國翰有輯本。
	論　語		九　條	七十子所記孔子應答弟子，時人及弟子相與言而接聞於孔子之語。（《漢書·藝文志》）
	孟　子		三十五條	孟子與弟子公孫丑、萬章之徒所共撰
	尚　書			
史　部	國語二十一卷	周丘左明	三十條	
	戰國策三十三卷		九　條	戰國游士之所作（劉向《戰國策目錄序》）
	竹書紀年二卷		十七條	今本出於明人偽作（《四庫提要》）
	古三墳一卷		無	今本偽中之偽（《四庫提要》）
	晉史乘一卷		無	吾邱衍作《晉文春秋》、《楚史檮杌》二書，特招摭舊事，補二書之闕，傳其書者改《晉文春秋》為《晉史乘》（《四庫提要》）
	楚史檮杌一卷		無	
	逸周書十卷			漢志著《周書》七十一篇。與《尚書》皆周王室檔案之遺，戰國以後又輾轉附益
子　部				
儒　家	荀子二十卷	周荀況	二十七條	
	孔子家語十卷		八　條	《漢志》著錄《孔子家語》二十七卷，師古注曰：「非今所有《家語》。」今本出於王肅偽作（《四庫提要》）

儒　家	晏子春秋八卷	舊題周晏嬰撰	無	非晏嬰所著，其書著於戰國（梁啓超《漢書藝文志・諸子略考釋》）。
	曾子十篇	舊題周曾參撰	無	陳振孫曰：「《曾子》十卷，凡十篇，具《大戴禮》，後人從其中錄出別行」（《書錄解題》），《意林》錄二卷、四條。
	漆雕子一卷	周漆雕氏	無	馬國翰有輯本
	宓子一卷	周宓不齊	無	馬國翰有輯本
	公孫尼子一卷	周公孫尼	無	馬國翰有輯本，《意林》錄《公孫文子》一卷、六條，文當作尼
	子思子一卷	周孔伋	無	《意林》錄《子思子》七卷九條，清黃以周有輯本。《禮記・中庸》、〈表記〉、〈坊記〉、〈緇衣〉四篇皆取《子思子》（《隋書・音樂志》引沈約語），已見於《禮記》，茲不錄。
	景子一卷	周景氏	無	馬國翰有輯本
	世子一卷	周世碩	無	馬國翰有輯本
	魏文侯書一卷	周魏侯斯	無	馬國翰有輯本
	李克書一卷	周李克	無	馬國翰有輯本
	內業一卷	周管夷吾	無	馬國翰有輯本
	李氏春秋一卷	不著撰人姓氏	無	馬國翰有輯本
	讕言一卷	舊題周孔穿撰	二　條	《漢志》著錄〈讕言〉十篇，班氏自注云：「不知作者」，師古曰：「說者引《孔子家語》云：『孔穿所造』，非也。」其書久亡，馬國翰有輯本。
	審子一卷	周審越	無	馬國翰有輯本
	王孫子一卷	周王孫氏	無	馬國翰有輯本，《意林》錄二卷，書闕，但存其目，周廣業依宋刻補一條。
	董子一卷	周董無心	無	馬國翰有輯本
	徐子一卷	周外黃徐氏	無	馬國翰有輯本
	魯連子一卷	周魯仲連	無	馬國翰有輯本，《意林》錄五卷、五條
	虞氏春秋一卷	周虞卿	無	馬國翰有輯本
道　家	老子二卷	舊題周李耳撰	一　條	非李耳自著。成書於戰國之世（《古籍導讀》）
	莊子八卷	舊題周莊周撰	二　條	傳其學者所追記（《四庫提要》）
	陰符經解一卷	舊題黃帝撰	無	
	關尹子一卷	舊題周尹喜撰	無	唐五代間方士解文章者所爲（《四庫提要》）
	列子八卷	舊題周列禦寇撰	三　條	魏晉以來好事者所僞（朱守亮《列子辨僞》）

道　家	文子二卷	舊題辛計然撰	二　條	今本《文子》十二卷、張湛僞作（章炳麟《菿漢微言》）
	亢倉子一卷	舊題周庚桑楚撰	一　條	王士源作（唐韋滔《孟浩然集序》、劉肅《大唐新語》、晁公武《郡齋讀書志》）
	鶡子一卷	舊題周鶡熊撰	無	唐以來好事之流，依仿賈誼所引僞作（《四庫提要》）
	鶡冠子三卷	舊題鶡冠子撰	一　條	僞書，今所傳本即晁公武所刪定之三卷十九篇（《古籍導讀》）
	伊尹書一卷	周伊摯	無	馬國翰有輯本
	田子一卷	周田駢	無	馬國翰有輯本
	辛甲書一卷	周辛甲	無	馬國翰有輯本
	公子牟子一卷	周公子牟	無	馬國翰有輯本
	老萊子一卷	周老萊子	無	馬國翰有輯本
	黔婁子一卷	周黔婁先生	無	馬國翰有輯本
法　家	管子二十四卷	舊題周管仲撰	四　條	非管仲一人自著，有後人附益，戰國時已有此書，篇目未必悉同今本。
	韓非子二十卷	周韓非	十一條	
	商子五卷	舊題秦商鞅撰	無	此書先秦已有（《古籍導讀》），後人所輯集，非鞅自著（蔣伯潛《諸子通考》）
	鄧析子一卷	周鄧析	無	今本似後人掇拾之本（《四庫提要》）《意林》錄一卷，十條
	申子一卷	周申不害	無	馬國翰有輯本、《意林》錄三卷五條
	慎子一卷	周慎到	無	今本明人掊拾殘剩重爲編次，（《四庫提要》）《意林》錄十二卷，十三條
墨　家	墨子十五卷	舊題宋墨翟撰	四十一條	門人之言，非所自著（《四庫提要》）
	史佚書一卷	周太史尹佚	二　條	馬國翰有輯本
	田俅子一卷	周田俅	無	馬國翰有輯本
	隨巢子一卷	周隨巢子	無	馬國翰有輯本，《意林》錄一卷、二條
	胡非子一卷	周胡非子	無	馬國翰有輯本，《意林》錄一卷、一條
	纏子一卷	周纏子	無	馬國翰有輯本，《意林》錄一卷、二條
雜　家	呂氏春秋二十六卷	舊題秦呂不韋撰	二十四條	黃賓客之所集（《四庫提要》）
	子華子二卷	舊題周程本撰	無	熙寧紹聖之間宗子之仵時不仕者所僞作（《四庫提要》）
	尹文子一卷	舊題周尹文撰	無	後人僞作（梁啓超《藝文志諸子略考釋》、姚際恒《古今僞書考》、羅根澤《尹文子探源》、王叔岷、《尹文子襲用莊子舉正》）。
	公孫龍子三卷	周公孫龍	無	《漢志》著錄十四篇，宋時已亡八篇，今存六篇，其中〈跡府〉篇蓋漢以後，南北朝以前人僞作，其餘五篇成於戰國（周駿富《公孫龍子文例》）

第一章　導論

<table>
<tr><td>雜　家</td><td>鬼谷子一卷</td><td>舊題周鬼谷子撰</td><td>無</td><td>六朝人所作（姚際恒《古今偽書考》）</td></tr>
<tr><td></td><td>於陵子一卷</td><td>舊題齊陳仲子撰</td><td>無</td><td>明姚士粦偽作（王士禎《居易錄》、姚際恒《古今偽書考》）</td></tr>
<tr><td></td><td>惠子一卷</td><td>周惠施</td><td>無</td><td>馬國翰有輯本</td></tr>
<tr><td></td><td>蘇子一卷</td><td>周蘇秦</td><td>無</td><td>馬國翰有輯本，周書：「綿綿不絕，蔓蔓若何云云」輯自《戰國策》，故不錄。</td></tr>
<tr><td></td><td>闕子一卷</td><td>周闕氏</td><td>無</td><td>馬國翰有輯本</td></tr>
<tr><td></td><td>由余書一卷</td><td>周由余</td><td>無</td><td>馬國翰有輯本</td></tr>
<tr><td></td><td>尸子二卷</td><td>周尸佼</td><td>五　條</td><td>清汪繼培（《湖海樓叢書》）、孫星衍（《問經堂叢書》）並有輯本，《意林》錄二十卷、十八條</td></tr>
<tr><td>農　家</td><td>野老書一卷</td><td>撰人姓氏闕</td><td>無</td><td>馬國翰有輯本</td></tr>
<tr><td></td><td>苑子計然三卷</td><td>撰人姓氏闕</td><td>無</td><td>馬國翰、王奭並有輯本，《意林》錄《范子》十二卷、四條</td></tr>
<tr><td></td><td>計倪子一卷</td><td>周計然</td><td>無</td><td></td></tr>
<tr><td></td><td>神農書一卷</td><td>舊題神農撰</td><td>無</td><td>後人偽託（蔣伯潛《諸子通考》）馬國翰有輯本</td></tr>
<tr><td>小說家</td><td>山海經十八卷</td><td>相傳夏禹及伯益作</td><td>二　條</td><td>周秦間人所述，而後好事者又附益之（《四庫提要》）</td></tr>
<tr><td></td><td>穆天子傳六卷</td><td>舊傳周穆王史官所記</td><td>無</td><td>漢後人作（姚際恒《古今偽書考》）</td></tr>
<tr><td></td><td>燕丹子三卷</td><td>不著撰人姓氏</td><td>無</td><td>著於應劭，王充後（《四庫提要》）、《意林》錄三卷、四條</td></tr>
<tr><td></td><td>宋子一卷</td><td>周宋鈃</td><td>無</td><td>馬國翰有輯本</td></tr>
<tr><td>兵　家</td><td>孫子十三卷</td><td>周孫武</td><td>無</td><td></td></tr>
<tr><td></td><td>尉繚子二卷</td><td>周尉繚</td><td>無</td><td></td></tr>
<tr><td></td><td>握奇經一卷</td><td>舊題周后撰</td><td>無</td><td>唐以來好事者所偽託（《四庫提要》）</td></tr>
<tr><td></td><td>六韜六卷</td><td>舊題周呂望撰</td><td>無</td><td>戰國秦漢間本有此書，漢人僅有所附益，非純出於偽造（《四庫提要辯證》）</td></tr>
<tr><td></td><td>吳子二卷</td><td>舊題周吳起撰</td><td>無</td><td>六朝人所依託（《古籍導讀》引章炳麟說）</td></tr>
<tr><td></td><td>司馬法三卷</td><td>舊題齊司馬穰苴撰</td><td>無</td><td>齊國諸臣所追輯（《四庫提要》）</td></tr>
<tr><td></td><td>太公金匱一卷</td><td>舊題周呂望撰</td><td>一　條</td><td>清洪頤煊有輯本、《意林》錄二卷五條</td></tr>
<tr><td>醫　家</td><td>黃帝素問二十四卷</td><td>相傳黃帝撰</td><td>無</td><td>大抵西漢以前書（梁啟超《諸子略考釋》附錄）</td></tr>
<tr><td></td><td>靈樞經十二卷</td><td>相傳黃帝撰</td><td>無</td><td>戰國秦漢間人所作（崔述《補上古考信錄》）</td></tr>
</table>

－59－

醫　家	難經五卷	舊題周秦越人撰	無	六朝人所作（姚際恒《古今偽書考》、廖平《難經釋補證》）
	本草經三卷	相傳神農撰	無	東漢末訖宋齊間人所作（梁啟超《古書真偽及其年代》）
天　文算　術	周髀算經一卷	相傳周公撰	無	或出於東漢魏晉間（《古籍導讀》）
	九章算術九卷	相傳周公撰	無	述是書者在西漢中葉校（《四庫提要》），原本已亡，今所傳本輯自《永樂大典》（《古籍導讀》）
集　部	楚辭十七卷	屈原等撰	四　條	取先秦屈宋之作，仍以《楚辭》題篇
總　計	一〇五種		三七九條	《左傳》、《國語》引〈大誓故〉各一條，故與附表四所計總數相去二條

第二章　《詩》引《書》考

　　《詩》、《書》並為我國今存最古之典籍，屈萬里先生謂《詩》三百零五篇，最早約作於民國紀元前三千年左右，最晚亦作於二千五百年左右，亦即西周初年至春秋中葉五百年之間，〔註1〕其說可信。

　　《詩》三百篇凡引《書》九條，其《小雅・小旻》云：「戰戰兢兢，如臨深淵，如履薄冰」，《呂氏春秋・慎大篇》引《周書》曰：「若臨深淵，若履薄冰」，二者文句相同，而《呂氏春秋》引稱《周書》者，蓋古《詩》、《書》可互稱。〔註2〕《墨子・尚同》中引《周頌・載見》文，〈兼愛〉下引《大雅・抑》文，〈天志〉下引《大雅・皇矣》文，並稱《先王之書》，〈明鬼〉下引《大雅・文王》文，而稱《周書》，皆其例。則《呂氏春秋》所稱《周書》蓋謂《周詩》，所引即《小雅・小旻》之文，朱右曾乃以為《逸周書》逸文，〔註3〕失之，今不錄。此九條中，稱舉篇名、《書》曰者，杳無一見。其引《書》文，不稱篇名，不言《書》曰者凡三條，其所引篇名，經考定為〈康誥〉、〈君奭〉、〈顧命〉等三篇。其檃括《書》之文義，不稱篇名，不言《書》曰者凡六條，其所引篇名，經考定為〈皋陶謨〉、〈禹貢〉、〈洪範〉、〈大誥〉、〈康誥〉等五篇。

　　總計《詩》引《書》九條中，凡引《書》七篇，其篇名為〈皋陶謨〉、〈禹貢〉、〈洪範〉、〈大誥〉、〈康誥〉、〈君奭〉、〈顧命〉，皆在伏生二十九篇中。

　　綜考《詩》引《書》九條，可得如下結論：

　　一、《詩》三百篇，其明稱《書》之篇名，稱《書》曰，《虞書》曰、《夏書》

〔註1〕見《詩經釋義》敘論。
〔註2〕孫詒讓《墨子・兼愛下》閒詁：「古詩書亦多互稱。」說見本書315頁。
〔註3〕見《逸周書集訓校釋》。

曰、《商書》曰、《周書》曰者，杳無一見，此蓋以《詩》、《書》各篇著成之時代，殊爲參差，有《詩》早於《書》者，亦有《書》早於《詩》者，故不稱《詩》云，《書》曰，獨《書‧金縢》稱周公作《鴟鴞》以貽成王爲例外。

二、《書》之文辭，起源甚古，至其篇名，若《虞書》、《夏書》、《商書》、《周書》之分，乃後人所爲，故《詩》引《書》文，不稱舉篇名，不言《書》曰，未可以此而疑《書》之晚出，而以此爲《書》引《詩》，非《詩》引《書》也。

三、《詩》引《書》九條，其中《小雅》二條，《大雅》四條，《頌》三條，《國風》則無有。此或《雅》、《頌》廟堂之樂，辭尚典雅，故或徵引《書》之文辭，《國風》則民間歌謠，辭尚淺俗，故未徵引之也。

四、〈大誥〉、〈康誥〉、〈君奭〉、〈顧命〉四篇，自來學者皆以爲周初之作，由《詩》徵引其文觀之，尤信。其〈皋陶謨〉、〈貢禹〉、〈洪範〉三篇，民國以來，學者多疑其後出，今以《詩》徵引其文觀之，則亦周初之作，或更出其前。

以上四點，舉其大端者言，他如敷傳之辨，則歐陽、夏侯之所由分；立粒之別，則今文古文之所從異，詳具各條，不贅述。

第一節　引《書》不舉篇名不稱《書》曰

1. 天難忱斯，不易維王。（《大雅‧大明》）

輝案：此引〈君奭〉文。〈君奭〉云：「天命不易，天難諶」，忱諶古通，忱古音在第七部，〔註4〕諶在第八部，旁轉相通。《說文》言部、《漢書‧貢禹傳》引〈大明〉作「天難諶斯」；《書‧大誥》「天棐忱辭」，《漢書‧孔光傳》引作「天棐諶辭」；《詩‧大雅‧蕩》「天生烝民，其命匪諶」，《說文》心部引作「天命匪忱」，並二字互用之證，〈大明〉引〈君奭〉，增一斯字，斯、語辭，猶〈大誥〉「天棐忱辭」之「辭」，亦語辭，故辭斯古相通用。〔註5〕陳喬樅曰：「諶、古文《尚書》作忱」，〔註6〕皮錫瑞亦云：「今文忱作諶」，〔註7〕今考〈大誥〉「天棐忱辭」，「越天棐忱」，〈康誥〉「天畏棐忱」，〈君奭〉「若天棐忱」，字並作忱，陳氏、皮氏之說是也。疑〈君奭〉「天難諶」，字本作忱，敦煌本作「天難忱」，可證。

〔註4〕以段玉裁古十七部諧聲表爲準，後皆仿此。
〔註5〕說見劉盼遂記〈觀堂學書記〉，《王觀堂先生全集》冊十五。
〔註6〕見《今文尚書經說考‧大誥篇》。
〔註7〕見《今文尚書考證》卷十二。

2. 柔遠能邇，以定我王。(《大雅・民勞》)

　　輝案：此引《書・顧命》文。「柔遠能邇」一語，《尚書》多見，〈堯典〉云：「柔遠能邇，惇德允元」，〔註8〕〈文侯之命〉云：「父往哉，柔遠能邇」，〈顧命〉云：「柔遠能邇，安勸小大庶邦」。彝器亦多見；克鼎云：「惠于萬民㽙遠能犾」，〔註9〕番生毁云：「用諫四方，㽙遠能犾」，〔註10〕孫詒讓曰：「㽙即擾之異，卤乃聲，犾乃𡙹之變，當讀爲𡘧，……「擾遠能𡘧」猶《詩》、《書》言「柔遠能邇」，〔註11〕王國維亦以金文「擾遠能犾」即《詩》《書》言「柔遠能邇」。〔註12〕考〈堯典〉之作，民國以來，說者紛紜，屈萬里先生嘗舉十證，以明〈堯典〉作於孔子之後，孟子之前，〔註13〕最得其實。至於〈文侯之命〉，則《書序》以爲平王錫晉文侯秬鬯圭瓚而作，當係東周初年作品，惟《史記・晉世家》則以此篇爲襄王命晉文公重耳之事，屈萬里先生已辨其非，〔註14〕又考〈詩序〉云：「〈民勞〉，召穆公刺厲王也」，則此篇爲西周末年作品，其著成時代略早於〈堯典〉、〈文侯之命〉，而〈顧命〉則西周初之作，又早於〈民勞〉，故《詩・民勞》、《書・堯典》、〈文侯之命〉，以及周代彝器皆得徵引其語。

3. 明明魯侯，克明其德。(《魯頌・泮水》)

　　輝案：此引〈康誥〉文。〈康誥〉云：「克明德慎罰」，此截引其半，《禮記・大學》引〈康誥〉曰：「克明德」，亦然。《荀子・正論》篇引《書》曰：「克明明德」，此亦引〈康誥〉文，而明字重出，與今本不同者，蓋先秦《尚書》未有定本，是以先秦典籍同引一《書》，文字每有不同，如《墨子・尚同》中引〈呂刑〉「苗民否用練」，《禮記・緇衣》引作「苗民匪用命」，是其例。江聲以爲《荀子》引《書》，重出明字者，當非〈康誥〉「克明德」之文，或《尚書》逸篇別有此文，〔註15〕此則考之未審。《尚書大傳・周傳》引《書》曰：「惟乃丕顯考文王，克明俊德」，〔註16〕此亦引〈康誥〉文，而作「克明

〔註 8〕孔傳本在〈舜典〉。
〔註 9〕《三代吉金文存》四卷四十葉。
〔註10〕《三代吉金文存》九卷三十八葉。
〔註11〕《籀膏述林》七卷十二葉。
〔註12〕〈觀堂古金文考釋・克鼎銘考釋〉，載《王觀堂先生全集》第六冊。
〔註13〕《尚書釋義・堯典》篇目下。
〔註14〕〈文侯之命著成的時代〉。
〔註15〕見《尚書集注音疏》卷十二。
〔註16〕《困學紀聞》卷二。

俊德」，又與《大學》作「克明德」，《荀子》作「克明明德」者不同。段玉裁曰：「俊字當是本作明，此必淺人所改」，〔註17〕皮錫瑞曰：「《大小戴記》與大小夏侯《尚書》，同出自夏侯始昌，而《大學》引〈康誥〉曰：『克明德』，與《大傳》異，蓋《大傳》多俊字，乃歐陽異文」。〔註18〕今考〈泮水〉引〈康誥〉，不重明字，不作「俊德」，《左傳》成公二年引《周書》曰：「明德慎罰」，《荀子・成相》云：「明德慎罰」，並引〈康誥〉文，亦不重明字，不作「俊德」，則先秦《尚書》當以作「克明德慎罰」為正，與今本同。其《荀子》引〈康誥〉重出明字者，先秦他書未見，或《荀子》以《詩》明明魯侯而誤增，此則先秦《尚書》之異本，段氏以《大傳》「俊德」當作「明德」，以《荀子》異本強合古文，恐未必然。皮氏稱《大傳》作「俊德」，蓋歐陽異文，此亦臆測之辭。先秦典籍引〈康誥〉但作「克明德」、「克明明德」，無作「克明俊德」者，疑王應麟所見《大傳》非善本，俊字蓋傳寫者因〈堯典〉「克明俊德」而誤屬，《大傳》本蓋作「克明德」，非歐陽、夏侯有異也。

第二節　檃括《書》文不舉篇名不稱《書》曰

1. 沔彼流水，朝宗于海。（《小雅・沔水》）

　　輝案：此檃括〈禹貢〉文，〈禹貢〉云：「江漢朝宗于海」。〈書序〉云：「禹別九州，隨山濬川，任土作貢」，此以〈禹貢〉為夏世故籍，自漢迄清，皆無異說。民國以來，說者紛紜，綜而言之，厥有七說：

　　（1）〈禹貢〉成於春秋戰國時代。梁啓超、〔註19〕吳其昌、〔註20〕郭沫若、〔註21〕傅斯年〔註22〕主其說。

　　（2）〈禹貢〉成於戰國時代，顧頡剛、〔註23〕張西堂、〔註24〕日人內藤虎次郎、〔註25〕丁文江、〔註26〕鍾道銘、〔註27〕李泰棻、〔註28〕衛聚

〔註17〕　見《古文尚書撰異》。
〔註18〕　見《今文尚書考證》卷十四。
〔註19〕　《古書真偽及其年代》。
〔註20〕　《矢彝考釋》。
〔註21〕　《金文所無考》。
〔註22〕　《中國古代文學史講義稿》，見《傅孟真先生集》中編上。
〔註23〕　〈論禹治水故事書〉、〈論今文尚書著作時代書〉，並見《古史辨》第一冊。
〔註24〕　《尚書引論》。
〔註25〕　〈禹貢製作時代考〉，見江俠庵編譯《先秦經籍考》卷上。

賢、〔註29〕許道齡、〔註30〕馬培棠〔註31〕等主其說。

（3）〈禹貢〉成於秦統一前後，高重源〔註32〕主其說。

（4）〈禹貢〉成於漢代，翁文灝、〔註33〕德人 A. Herrmann〔註34〕等主其說。

（5）〈禹貢〉周初人所作，王國維〔註35〕主其說。

（6）〈禹貢〉春秋之世晉人之作，屈萬里先生〔註36〕主其說。

（7）〈禹貢〉非一人一時之作，呂宗賓、〔註37〕張維華〔註38〕等主其說。〔註39〕

今考〈禹貢〉梁州云：「厥貢璆鐵銀鏤砮磬」，日人梅原末治謂河南衛輝出土之青銅利器，係嵌入鐵以為刃者，其年代當在紀元前一千年代之初期，〔註40〕是西周初年已有鐵器之用，故〈禹貢〉記梁州貢鐵鏤之事，此其一。《左傳》襄公四年載魏絳對晉侯語曰：「昔周辛甲之為大史也，命百官官箴王闕，於〈虞人之箴〉曰：『茫茫禹迹，畫為九州』」，杜注：「辛甲、周武王大史」，則〈虞人之箴〉當係周初之作，而稱禹分九州，與〈禹貢〉之說合。此其二。〈禹貢〉曰：「五百里甸服……，五百里侯服……，五百里綏服……，五百里要服……，五百里荒服」，《國語・周語》上引祭公謀父諫周穆王之語云：「夫先王之制，邦內甸服，邦外侯服，侯衛賓服，蠻夷要服，戎狄荒服」，《禹貢正義》云：「綏者據諸侯安王為名，賓者據王敬諸侯為名，故云先王

〔註26〕〈答顧頡剛論禹治水不可信書〉，見《古史辨》第一冊。

〔註27〕〈中國古代地理學之發展〉，載《中山大學文史學研究所月刊》一卷一期。

〔註28〕《今文尚書證偽》。

〔註29〕〈禹貢的研究〉，見《古史研究》第二冊。

〔註30〕〈從夏禹治水說之不可信談到禹貢之著作時代及其目的〉，載《禹貢半月刊》一卷四期。

〔註31〕〈梁惠王與禹貢〉、〈大梁學術〉、〈禹貢與禹都〉、〈禹貢與紀年〉，載《禹貢半月刊》二卷五、六、八、十期。

〔註32〕〈中國古史上禹治洪水的辯證〉，載《武漢大學文哲季刊》一卷四期。

〔註33〕〈翁氏講演錄〉，載《師大地理月刊》第一冊。

〔註34〕王光緯〈禹貢土壤的探討〉所引姚從吾筆記，載《禹貢半月刊》二卷五期。

〔註35〕〈古史新證〉，載《國學月報》二卷八、九、十期合刊本。

〔註36〕《論禹貢的著成時代》。

〔註37〕〈禹貢非出於一人一時〉，載《北京大學尚書研究講義》丁種三之二。

〔註38〕〈禹貢中之疑竇〉，《北京大學尚書研究講義》丁種三之二。

〔註39〕以上各說略本屈萬里先生《論禹貢的著成時代》。

〔註40〕見徐復觀先生著《陰陽五行觀念之演變及若干有關文獻的成立時代與解釋問題》所引梅原末治著《中國出土的一群銅利器》。

之制,則此服舊有二名」,祭公謀父所云先王之制殆指穆王之前,周初之制而言,乃與〈禹貢〉之說相合,此其三。綜此三端,則王國維以〈禹貢〉周初人作之說爲得其實。〔註 41〕若夫〈沔水〉,則〈詩序〉以爲規宣王之詩,當係西周晚期作品,時代後於〈禹貢〉,故得徵引其語。

2. **國雖靡止,或聖或否;民雖靡膴,或哲或謀,或肅或艾。**(《小雅‧小旻》)

　　鄭箋:「《書》曰:『睿作聖,明作哲,聰作謀,恭作肅,從作乂。』詩人之意,欲王敬用五事,以明天道,故云然。」

　　輝案:此隱括〈洪範〉文。鄭玄之意,〈小旻〉詩人蓋引〈洪範〉五事以刺君,王應麟亦以《詩》或聖或否,或哲或謀,或肅或艾,爲〈洪範〉之學,〔註 42〕其說並是。民國以來,學者多疑〈洪範〉後出,或以爲東周後儒家者流擬作,〔註 43〕或以爲戰國初年作品,〔註 44〕或以爲戰國以後作品,〔註 45〕或以爲秦統一以前,戰國以後作品,其肅、乂、哲、謀、聖五字,蓋本於《詩‧小雅‧小旻》,〔註 46〕說皆未妥。獨近人徐氏以〈洪範〉原有眞實文獻,乃古代王者所積累之政治法典,後經箕子及周室之整理,乃成今傳之〈洪範〉,〔註 47〕說最允當。考〈洪範〉全文可分爲二部份,自「惟十有三祀」訖「天乃錫禹洪範九疇,彝倫攸敍」,則箕子述此篇之緣起,有類後世之〈書序〉;自「初一日五行」至終篇,則分述洪範九疇,此當係夏世所傳原始文獻,但經箕子略加整理而已。今「睿作聖」等語,正在此夏所固有原始文獻之內,時代早於〈小旻〉,當係〈小旻〉隱括〈洪範〉之語,非〈洪範〉五義本於〈小旻〉也。觀〈洪範〉一文,旨在敍述九疇,故以聖、哲、謀、肅、乂五義分屬思、聽、視、言、貌五事,條理分明,而〈小旻〉則旨在刺君之失,故以五義統就國與民而言,然則〈小旻〉襲取〈洪範〉之迹,至爲明顯,近人徐氏乃謂二者不同,無法抄襲,無從發展,〔註 48〕是

〔註41〕程師旨雲曰:「禹貢一篇,其文字或經後來史官所潤色,其史料必出于夏后之世」見〈禹貢地理補義〉,載《師大學報》第二期。

〔註42〕見《困學紀聞》卷二。

〔註43〕見于省吾《尚書新證》。

〔註44〕見屈萬里先生《尚書釋義‧洪範》篇目下。

〔註45〕見陳夢家《尚書通論》第一七〇葉。

〔註46〕見劉節〈洪範疏證〉,載《東方雜誌》二五卷二期。

〔註47〕見徐復觀先生著〈陰陽五行觀念之演變及若干有關文獻的成立時代與解釋的問題〉,載《民主評論》十二卷十九期。

〔註48〕見徐復觀先生著〈陰陽五行觀念之演變及若干有關文獻的成立時代與解釋的

又考之未審。又考《左傳》文公五年引《商書》曰：「沈漸剛克，高明柔克」，今在〈洪範〉篇，且在夏所傳原始文獻中，則春秋之世，〈洪範〉已盛行於世，故甯嬴乃得徵引其文，然則以〈洪範〉爲戰國以後作品，其謬甚明。若夫〈小旻〉引〈洪範〉而不稱《書》曰，不出篇名者，則以〈小旻〉但隱括其義，非直引原文，此其一。先秦典籍，其篇名多係後人整堙時所加，故《詩》三百則以各篇首句名篇，《論語》二十篇，《孟子》七篇亦然。《書・洪範》之名，殆亦後人所加，考先秦典籍引〈洪範〉文，而舉其篇名者，始於《呂氏春秋・貴公篇》、〈君守〉篇，則〈洪範〉之名或起於戰國之世，時人見篇中有「天錫禹洪範九疇」之語，因以〈洪範〉名篇，前乎此，則以其箕子所述。箕子，商人，故稱《商書》，《左傳》三引〈洪範〉，〔註49〕皆稱《商書》曰是也。《荀子》二引〈洪範〉，〔註50〕則但稱《書》曰。《韓非子・有度篇》引〈洪範〉，則稱《先王之法》。若夫《墨子》引〈洪範〉稱《周詩》，〔註51〕則以其箕子爲武王所述者，加以古人《詩》《書》互稱，〔註52〕猶今本《尚書》以〈洪範〉屬《周書》也，此其二。日人竹添光鴻《左氏會箋》云：「今文《尚書》改作《周書》，蓋伏生以其爲武王所說，改爲《周書》耳」，以《墨子》稱《周詩》觀之，竹添之說殆非是，或戰國之世已然。

3. 天生烝民，其命匪諶。(《大雅・蕩》)

　　輝案：此隱括〈大誥〉文。〈大誥〉云：「天棐忱辭，其考我民」，忱、諶古通，說見第一節「天難忱斯」條。棐、匪並从非聲，古音同通用，《漢書・食貨志》：「各因所生遠近賦入貢棐」，《敘傳》上：「實棐諶而相順」，師古注並曰：「棐、讀與匪同」，是其例。孫詒讓曰：「天棐忱，猶《大雅・蕩》云：『天生烝民，其命匪諶』，《說文》心部引《詩》作忱，惟天命無常不可信也」，〔註53〕其說是也。

4. 不侮矜寡，不畏強禦。(《大雅・烝民》)

　　輝案：此隱括〈康誥〉文。〈康誥〉云：「惟乃丕顯考文王，克明德慎罰，不敢侮鰥事」。又〈無逸〉云：「其在祖甲，不義惟王，……，不敢侮鰥寡」，

問題〉。
〔註49〕見文公五年，成公六年，襄公三年。
〔註50〕見〈修身〉、〈天論〉。
〔註51〕見〈兼愛〉下。
〔註52〕見孫詒讓《墨子閒詁・兼愛》下。
〔註53〕見《尚書駢枝》。

與〈康誥〉所引「不敢侮鰥寡」語相同。夫〈康誥〉、〈無逸〉皆作於西周初年，則「不敢侮鰥寡」一語，當為西周初流行之成語，故成王用以追述文王之德，而周公則用以美祖甲也。〈詩序〉云：「〈烝民〉，尹吉甫美宣王也」，則此《詩》作於西周晚期，故得徵引其語。又案諸〈書序〉，〈康誥〉作於伐管叔蔡叔之後，時成王猶未用事。《史記‧周世家》云：「及成王用事，人或譖周公，周公奔楚，⋯⋯周公歸，恐成王壯治有所淫佚，乃作〈多士〉、作〈毋逸〉」，則〈無逸〉作於成王既用事之後，是〈康誥〉先〈無逸〉而作，則〈烝民〉蓋引〈康誥〉文，《左傳》成公八年引《周書》曰：「不敢侮鰥寡」，杜注亦云：「《周書》、〈康誥〉」。《孝經‧孝治章》：「治國者不敢侮於鰥寡」，亦引〈康誥〉文。矜、鰥雙聲，同屬見紐，故相通用。《書‧堯典》「有鰥在下」，《史記‧五帝本紀》作「有矜在民間」，《詩‧鴻鴈》序「至于矜寡」，《釋文》：「本又作鰥」，《詩‧何草不黃》「何人不矜」，《書‧大傳》作「何人不鰥」，《詩‧烝民》「不侮矜寡」，《國策‧秦策》注、《新序雜事》四並作「不侮鰥寡」，斯其證。

5. 思文后稷，克配彼天，立我烝民，莫匪爾極。(《周頌‧思文》)

鄭箋：「立當作粒⋯⋯，昔堯遭洪水，黎民阻飢，后稷播殖百穀，烝民乃粒，萬邦作乂。」

輝案：此隱括〈皋陶謨〉文。〈皋陶謨〉云：「禹曰：予暨稷播奏庶艱食鮮食，懋遷有無化居，烝民乃粒，萬邦作乂」，〔註54〕鄭玄之意，〈思文〉蓋引〈皋陶謨〉文以追述后稷之德，故云：「立當作粒」。考《史記‧夏本紀》引〈皋陶謨〉作「眾民乃定，萬國為治」，以定訓立，陳喬樅、〔註55〕皮錫瑞〔註56〕並稱今文作立，是也。《詩‧思文正義》引鄭玄《尚書》注云：「粒、米也。乂、養也。眾民乃復粒食，万國作相養之禮」，則鄭本《尚書》作「烝民乃粒，萬邦作乂」，故箋《詩》則讀立為粒，此古文《尚書》家說也，偽孔承鄭本之舊，故與之同，又考《詩‧思文》「立我烝民」，毛傳無解，則讀立如字，《左傳》成公十六年引《詩》亦作「立我烝民」，是《詩》古文說仍以立訓定，故王引之，〔註57〕馬瑞辰，〔註58〕並訓立為定，破詩立為粒，

〔註54〕偽孔本在〈益稷〉。
〔註55〕見《今文尚書經說考》。
〔註56〕見《今文尚書考證》。
〔註57〕《經義述聞》。
〔註58〕《毛詩傳箋通釋》。

蓋始於鄭箋。皮錫瑞曰：「《詩‧思文『立我烝民』，即此之『烝民乃立』也》，〔註59〕則今古文《尚書》雖異，而以《詩‧思文》〈皋陶謨〉弔文爲之，皮氏亦云然。《國語‧周語》引此《詩》以爲周文公之頌，韋昭注云：「文公，周公旦之謚」，則〈思文〉周初之作，王國維以〈皋陶謨〉爲周初人所作，〔註60〕觀此《詩》引〈皋陶謨〉文，則王氏之說可信。

6. 洪水芒芒，禹敷下土方。（商頌‧長發）

　　輝案：此檃括〈禹貢〉文。〈禹貢〉云：「禹敷土，隨山刊木，奠高山大川」，《史記‧夏本紀》云：「禹乃遂與益、后稷奉帝命，命諸侯百姓興人徒以傅土」，《集解》曰：「《尚書》傅字作敷，馬融曰：『敷、分也。』」，《集解》所謂《尚書》，蓋即《書‧禹貢》篇，馬融之語，即〈禹貢〉注，則馬本作敷。觀〈長發〉引〈禹貢〉作敷，則先秦《尚書》本作「禹敷土」，與古文《尚書》同。《荀子‧成相》云：「禹傅土，平天下」，亦引〈禹貢〉文，字作傅，異於《詩》所引，則先秦《尚書》一本作傅，此可見先秦《尚書》未有定本也。《大戴禮‧五帝德》云：「使禹敷土」，《漢書‧地理志》云：「禹敷土」。並引〈禹貢〉文，字並作敷，《大戴記》出自夏侯始昌。〔註61〕班氏撰《漢書》，《尚書》用夏侯本，〔註62〕則夏侯《尚書》作敷，與馬本古文《尚書》同，又與《詩‧長發》所引《尚書》同。段玉裁乃曰：「〈地理志〉今本作敷土，蓋淺人所改」，〔註63〕此考之未審。《史記‧夏本紀‧索隱》云：「《大戴禮》作傅土」，是司馬貞所見《大戴禮》作「傅土」，與《史記‧夏本紀》同。司馬遷撰《史記》，《尚書》用歐陽本，〔註64〕則司馬貞所見《大戴禮》，敷字作傅者，蓋後人據歐陽《尚書》所改誤本也。然則，作敷者，馬本夏侯本也，而先秦《尚書》本作敷；作傅者，歐陽本也，而先秦《尚書》一本作傅，陳喬樅曰：「作傅者今文《尚書》，作敷者古文《尚書》也」，〔註65〕未充。《周禮‧大司樂》鄭注云：「禹治水傅土」，此引〈禹貢〉文，而用歐陽《尚書》；《詩‧長發》鄭箋

〔註59〕《今文尚書考證》卷二。
〔註60〕見〈古史新證〉，載《國學月報》二卷八、九、十期合刊。
〔註61〕說見皮錫瑞《今文尚書考證》。
〔註62〕說見皮錫瑞《今文尚書考證》卷三，陳壽祺謂《漢書‧地理志》載〈禹貢〉一篇用古文，見《左海經辨‧漢書地理志載古文禹貢》條，說未可信。
〔註63〕見《古文尚書撰異》。
〔註64〕說見陳壽祺《左海經辨‧史記用今文尚書》條。
〔註65〕《今文尚書經説考》。

云：「禹敷下土正四方」，從〈長發〉文，作敷土，則又用古文《尙書》也。
屈萬里先生以爲〈長發〉宋襄公時作，〔註66〕後於〈禹貢〉，故得隱括其文。
近人衛聚賢釋《詩・長發》「土方」爲國名，謂〈長發〉在前，〈禹貢〉在後，
〈禹貢〉因〈長發〉而省，〔註67〕說未允。

〔註66〕見《論禹貢著成的時代》。
〔註67〕見〈禹貢〉，載《說文月刊》一卷七期。

第三章 《禮記》引《書》考

　　《禮記》者，漢宣帝時戴聖所輯孔子弟子及後學者所記論禮之文也。《禮記正義》引鄭玄《六藝論》云：「今《禮記》行於世者，戴德、戴聖之學也，戴德傳記八十五篇，則《大戴禮》是也，戴聖傳禮四十九篇，則此《禮記》是也」。此但言《禮記》四十九篇，未言其輯錄所自。晉陳邵《周禮論序》云：「戴聖刪《大戴禮》爲四十九篇，是爲《小戴禮》」，《隋書・經籍志》云：「戴聖又刪大戴之書，爲四十六篇，謂之《小戴記》。漢末，馬融遂傳小戴之學，融又足〈月令〉一篇，〈明堂位〉一篇，〈樂記〉一篇，合四十九篇」，並以《禮記》刪自《大戴禮》八十五篇，今大小戴《禮記》篇目具在，〈哀公問〉，〈投壺〉二篇，同見於二書；據《漢書・儒林傳》服虔注、《太平御覽》五百二十九引《五經異義》，《大戴禮》有〈曲禮〉、〈禮器〉等篇，今不見於《大戴禮》八十五篇中，蓋《大戴禮》逸篇，而《小戴禮》有〈曲禮〉、〈禮器〉二篇；《大戴禮・曾子大孝》篇文見於《小戴禮・祭義》，〈諸侯釁廟〉篇文見於《小戴禮・雜記》，〈朝事〉篇文見於《小戴禮・聘義》，〈本命〉篇文見於《小戴禮・喪服四制》；此則二書所同者，其餘各篇，《小戴禮》所見，絕不見於《大戴禮》，《大戴禮》所見，亦絕不見於《小戴禮》，由此可知《小戴禮》當非刪自《大戴禮》，高師仲華已辨之詳矣，〔註1〕蓋二戴各以己意取捨，是以篇目互有同異，而文亦互有詳略也。今考《大戴禮》各篇之文，先秦典籍多引之。〔註2〕《小戴禮・表記》、〈緇衣〉、〈中庸〉諸篇之文，或見於〈子思子〉；〔註3〕〈三年問〉篇文同於《荀子・禮

〔註1〕說見〈禮記概說〉，載《禮學新探》。
〔註2〕說詳第四章《大戴禮引書考》序。
〔註3〕說詳本書85頁，本章第八節序。

論〉；〈樂記〉篇文或見於《公孫尼子》；〔註4〕〈月令〉篇文或見於《逸周書‧時訓篇》、《呂氏春秋》；則二戴記雖晚至漢宣之世始輯錄成書，然所輯各篇，皆淵源甚古，蓋皆七十子及後學者所記論禮之文也。

《禮記》四十九篇中，引《書》者計〈檀弓〉、〈王制〉、〈月令〉、〈文王世子〉、〈郊特牲〉、〈明堂位〉、〈學記〉、〈樂記〉、〈坊記〉、〈中庸〉、〈表記〉、〈緇衣〉、〈大學〉、〈喪服四制〉等十四篇，其中十三篇皆可考定爲先秦之作，獨〈明堂位〉一篇，未能確定其著成時代，疑事毋質，因列於附篇以存參云。

《禮記》一書引《書》凡四十三條，去〈明堂位〉所引《書》一條外，其餘四十二條中，稱舉篇名者三十一條，所稱篇名，計〈堯典〉、〈咸有一德〉、〈大甲〉、〈說命〉、〈高宗之訓〉、〈大誓〉、〈康誥〉、〈君奭〉、〈君陳〉、〈君牙〉、〈甫刑〉、〈秦誓〉等十二篇。其稱《書》云者四條，其中篇名可考者三條，其所引篇名，經考定爲〈無逸〉一篇。其隱括《書》之文義，未舉篇名，不稱《書》曰者八條，其篇名皆可考，其所引篇名，經考定爲〈堯典〉、〈康誥〉等二篇。

總計《禮記》引《書》四十二條中，凡引《書》十三篇，其篇名爲〈堯典〉、〈無逸〉、〈君奭〉、〈甫刑〉、〈咸有一德〉、〈說命〉、〈大甲〉、〈高宗之訓〉、〈大誓〉、〈康誥〉、〈君陳〉、〈君牙〉、〈秦誓〉。其在伏生二十九篇者，計〈堯典〉、〈康誥〉、〈無逸〉、〈甫刑〉、〈君奭〉、〈秦誓〉等六篇。其在鄭注〈書序〉云逸之十六篇者，計〈咸有一德〉一篇。其在鄭注〈書序〉云亡之四十二篇者，計〈說命〉、〈大甲〉、〈高宗之訓〉、〈君牙〉、〈君陳〉等五篇，別有〈大誓〉一篇，不在鄭注亡、逸篇中，其篇蓋亡於戰國。

綜考《禮記》引《書》四十二條，可得如下結論：

一、〈檀弓〉、〈王制〉、〈月令〉、〈郊特牲〉、〈樂記〉、〈大學〉並引〈堯典〉文，其中〈大學〉且稱舉篇名，則〈堯典〉著成時代當在戰國以前，此可見勞榦謂〈堯典〉著於秦，〔註5〕顧頡剛謂〈堯典〉著於漢，〔註6〕其說皆未允。

二、〈緇衣〉引〈咸有一德〉稱〈尹誥〉，〈坊記〉引〈高宗之訓〉稱〈高宗〉，〈緇衣〉引〈君牙〉作〈君雅〉，與今〈書序〉所列百篇之名並異，此可見先秦《尚書》篇名未有定稱。

〔註 4〕 說詳本書 83 頁，本章第七節序。

〔註 5〕 見〈堯典著作時代之討論〉，載《禹貢》二卷九期。

〔註 6〕 見〈從地理上證今本堯典爲漢人作〉，載《禹貢》二卷五期。

三、〈緇衣〉引〈甫刑〉「苗民弗用靈」作「苗民匪用命」，與《墨子・尚同》中引作「苗民否用練」者並異；〈大學〉引〈康誥〉「克明德」，與《荀子・正論》引作「克明明德」者不同；〈中庸〉引〈康誥〉「殪戎殷」作「壹戎衣」，與《逸周書・世俘》篇作「謁戎殷」者有別；此可見先秦《尚書》未有定本，是以先秦典籍同引一書，而文字歧異。

四、《禮記》引《書》四十二條，其中引《書》逸文一條，引鄭注〈書序〉云逸，而今亡者二條，引鄭注〈書序〉云亡者十四條，又引〈大誓〉一條，其文蓋亡於戰國末期。總此十八條，其文今皆不在伏生二十九篇中，此可見《書》多亡逸，其所離之厄，實居群經之首。

五、《禮記》引《書》，稱舉篇名者十二篇，與漢人稱《書》有百篇者，相去甚遠，此可見先秦《尚書》未必有百篇之數。

六、〈坊記〉所引〈大誓〉，與漢世載籍所引〈大誓〉不同，此蓋先秦〈大誓〉亡於戰國末期，是以《呂氏春秋》、《韓非子》等書皆未引〈大誓〉文。漢世所傳〈大誓〉，河內後得，乃漢武末年好事者，取先秦所傳說〈大誓〉本事之書，益以杜撰之辭而成者。

七、〈緇衣〉引〈君奭〉文，作「文王」不誤，而伏生本《尚書》誤作寧王，孔傳本亦誤作寧王，此蓋〈緇衣〉著於戰國，在伏生之前，其所見先秦《尚書・君奭》文，固未誤也。

八、〈大學〉引〈秦誓〉「一个臣」，《公羊傳》文公十二年所引，孔傳本《尚書》，並誤作「一介臣」，此可證馬融所云：「一介、耿介一心端愨者」，並非古義。

以上八點，舉其大端者言，他如今古文《尚書》之異文，偽古文《尚書》之所從出，詳具各條，不贅述。

第一節　〈檀弓〉引《書》

〈檀弓〉上下二篇，蓋著於六國之時，孔穎達《禮記正義》曰：「此〈檀弓〉在六國之時，知者，以仲梁子是六國時人，此篇載仲梁子，故知也。」全篇引《書》凡一條（〈無逸〉），今在伏生二十九篇中。

1. 子張問曰：「《書》云：『高宗三年不言，言乃讙。』有諸？」

　　輝案：此檃括〈無逸〉文。〈無逸〉云：「乃或亮陰，三年不言，其惟不

言，言乃雍」。雍，此引作讙，不同者，今古文《尚書》異文。《尚書正義》
引鄭玄《書》注云：「其不言之時，時有所言，則群臣皆和諧」，《禮記・樂記》
云：「雍、雍和也」，此以和諧訓雍；王肅《家語》注云：「《尚書》作雍」，則
古文《尚書》作「言乃雍」也。《史記・魯世家》云：「乃有亮闇，三年不言，
言乃讙」，此引〈無逸〉文，字作讙，與〈檀弓〉引〈無逸〉文同，蓋今文《尚
書》作「言乃讙」也。鄭注〈檀弓〉云：「讙、喜說也」，而未明言《尚書・
無逸》作雍，然則鄭注《禮記・檀弓》用今文《尚書》，故與《書》注不同。
《史記・魯世家集解》引鄭玄曰：「讙、喜悅也，言乃喜悅，則臣民望其言久
矣」，與〈檀弓〉注同，則《集解》所引鄭玄語，乃〈檀弓〉注，王鳴盛乃謂
《大傳》注者，〔註7〕蓋臆測之詞，非是。今古文《尚書》多有異文，說亦多
不合，《禮記正義》乃云：「雍、讙字相近，義得兩通」，強合今古文爲一，則
鑿矣。又考《史記・魯世家》云：「三年不言，言乃讙」，〈檀弓〉引〈無逸〉
文，與《史記》同，並無「其惟不言」四字，《禮記》與夏侯《尚書》同出夏
侯始昌，〔註8〕則今文《尚書》殆無「其惟不言」句。《尚書正義》引鄭玄《書》
注云：「其不言之時，時有所言，則群臣皆和諧」，「其不言之時」，即「其惟
不言」句注語，則古文《尚書》有「其惟不言」句。陳喬樅云：「僞孔傳本以
其惟不言四字屬入〈毋佚〉篇中」，〔註9〕皮錫瑞亦云：「以文義論，古文《尚
書》亦不當有此句……，蓋作僞古文者據〈坊記〉所作增竄經文，以示異於
史公、鄭君所據之本」，說未允。鄭玄《詩・商頌譜》云：「三年不言，言乃
雍。」《中論・夭壽》篇云：「三年不言，惟言乃雍」，並無「其惟不言」句，
陳喬樅謂《詩譜》、《中論》並引今文《尚書》，字作雍著，並後人據僞孔本所
改，〔註10〕其說可信。又《國語・楚語》上韋注引《書》曰：「高宗諒闇，三
年不言，言乃雍」，此亦用今文《尚書》，字作雍，亦後人所改。

第二節　〈王制〉引《書》

　　《史記・封禪書》云：「文帝使博士諸生，刺六經中作〈王制〉」，《漢書・
郊祀志》說同，《經典釋文敘錄》，《禮記正義》並引盧植云：「漢孝文帝令博

〔註 7〕見《尚書後案》。
〔註 8〕皮瑞錫說，見《今文尚書考證》卷十四。
〔註 9〕見《今文尚書經說考》。
〔註10〕見《今文尚書經說考》。

士諸生作此〈王制〉之書」，此以《禮記・王制》作於漢文之世。今考《史記・封禪書》司馬貞〈索隱〉引阮孝緒《七錄》云：「文帝所造書有〈本制〉，〈兵制〉，〈服制〉篇」，〔註11〕則司馬貞以漢文博士所作〈王制〉，即《七錄》所云〈本制〉、〈兵制〉、〈服制〉等篇，與《禮記・王制》別本。又考鄭玄《駁五經異義》云：「〈王制〉是孔子之後大賢所記先王之事」，又〈答臨碩〉云：「孟子當赧王之際，〈王制〉之作，復在其後」，則〈王制〉之作在孔、孟之後。《禮記・王制正義》云：「〈王制〉之作，蓋在秦漢之際，知者，案下文云：『有正聽之』，鄭云：『漢有正平，承秦所置』，又有『古者以周尺』之言，『今以周尺』之語，則知是周亡之後也」。本師高仲華先生稱《荀子》有〈王制〉篇，述王者制度，《禮記・王制》或即承襲《荀子・王制》而闡發其語者，故亦以「王者之制」發端，與《荀子・王制》篇同，則《禮記・王制》出於《荀子》之後。〔註12〕今案孔氏稱〈王制〉作周亡之後，甚允，然以爲作於秦漢之際，則未妥，觀〈王制〉篇中多言巡狩之事，則〈王制〉之作，蓋在秦初滅六國，天下一統之時。

　　〈王制〉全篇引《書》凡二條，皆在伏生二十九篇中。

1. 天子五年一巡守。

　　輝案：此隱括〈堯典〉文。〈堯典〉云：「五載一巡守，君后四朝」。〔註13〕《史記・五帝本紀》云：「五歲一巡狩，群后四朝」，《集解》引鄭玄曰：「巡狩之年，諸侯見於方嶽之下」，《禮記・王制正義》引鄭玄〈堯典〉注云：「巡守之年，諸侯朝於方岳之下」，與《集解》所引不同，考《禮記正義》又引《白虎通》「所以巡守者何？巡者循也，守者牧也」，今《白虎通・巡狩》篇〔註14〕並作狩，則《正義》所引鄭玄〈堯典〉注及《白虎通》作守，蓋孔氏據僞孔本所改。然則鄭本《尚書》作狩，與《史記》同。《史記・封禪書》引《尚書》曰：「五載一巡狩」，《漢書・郊祀志》引《虞書》同，又云：「古者天子五載一巡狩，用事泰山」，師古注云：「狩、守也，諸侯爲天王守土，故巡行」。又〈王莽傳〉云：「巡狩五嶽，群后四朝」，《白虎通・巡狩》篇引《尚書》曰：「二月東巡狩」，又云：「王者所以巡狩何？巡者循也，狩者牧也，爲天下巡行守牧民也」，《說苑・

〔註11〕王鳴盛《十七史商榷》亦言然。
〔註12〕說詳高師仲華著《禮記概說》。
〔註13〕僞孔本在〈舜典〉。
〔註14〕四部叢刊本。

修文》篇云：「天子五年一巡狩」，《風俗通‧正失》篇引《尚書》云：「天子巡狩，歲二月至于岱宗」，《後漢書‧安帝紀》云：「延光三年春二月丙子，東巡狩」，又〈張純傳〉引《書》曰：「歲二月東巡狩」，字並作狩，則今文《尚書》作狩。皮錫瑞謂夏侯《尚書》作守，又謂《白虎通》狩字當作守，犬旁乃後人所加，又云《漢書‧郊祀志》作守，〔註15〕然同卷又云：「《史記‧封禪書》，《漢書‧郊祀志》皆作五載一巡狩」，前後歧異，其說非是。《大傳》云「五載一巡守」，〔註16〕字作守，與〈王制〉引同，而與《漢書》異，班氏撰《漢書》用夏侯《尚書》，《禮記》與夏侯《尚書》同出夏侯始昌，而彼此歧異者，此蓋大小夏侯異文也。案《孟子‧梁惠王》下云：「天子適諸侯曰巡狩，巡狩者，巡所守也」，《說苑‧修文》篇亦云：「巡狩者巡其所守也」，《儀禮經傳通解》續二十六引《大傳》注云：「巡行也，視所守也，天子以天下為守」，則本字作守，作狩者借字，今文《尚書》多用借字，獨〈王制〉、《大傳》用其本字。

又考《史記‧封禪書》引《尚書》，《漢書‧郊祀志》引《虞書》，並作「五載一巡狩」，則今文《尚書》作「五載」。《史記‧五帝紀》云：「五歲一巡狩」，漢《西嶽華山廟碑》云：「五歲壹巡狩」，則今文《尚書》又作「五歲」，並與〈王制〉所引不同。〈王制〉引作「五年」者，蓋用訓故字，《白虎通‧巡狩》篇云：「三歲一閏，天道小備，五歲再閏，天道大備，故五年一巡狩」，《太平御覽》引〈逸禮〉云：「所以五年一巡守何？五歲再閏、天道大備」，字並作年，皆訓故字也。

2. 歲二月東巡守，至于岱宗，柴而望祀山川，覲諸侯……考時月定日，同律、禮樂制度衣服正之，……五月南巡守，至于南嶽，如東巡守之禮。八月西巡守，至于西嶽，如南巡守之禮。十有一月北巡守，至于北嶽，如西巡守之禮，歸假于祖禰用特。

　　輝案：此隱括〈堯典〉文。〈堯典〉云：「歲二月東巡守，至于宗，柴、望秩于山川，肆覲東后，協時月正日，同律度量衡，修五禮五玉，三帛，三生，一死贄，如五器，卒乃復。五月南巡守，至于南岳，如岱禮。八月西巡守，至于西岳，如初。十有一月朔巡守，至于北岳，如西禮。歸格于藝祖用特」。柴、或作祡，《說文》示部祡字下引《虞書》曰：「至于岱宗祡」，段注：「許自序稱《書》孔氏，知古文《尚書》作祡，不从木作柴也」。漢樊毅《修華嶽碑》云：

〔註15〕說見《今文尚書考證》卷一。
〔註16〕《通鑑前編》帝舜六載、《儀禮經傳通解》續二十六上引。

「故帝舜受堯歷數，親自巡省，設五鼎之奠，柴燎堙埋」，此引〈堯典〉文，字作祡。楊雄〈甘泉賦〉云：「於是欽祡宗祈燎熏皇天」，字亦作祡，皮錫瑞曰：「今文《尚書》一作至于岱宗祡」，〔註17〕是也。又漢《西嶽華山碑》云：「五歲壹巡狩，皆以四時之中月，各省其方，親至其山，柴祭燔燎」，《史記·五帝紀》云：「歲二月東巡狩，至于岱宗柴」，〈封禪書〉引《尚書》、《漢書·郊祀志》引《虞書》並作「柴、望秩于山川」、《公羊傳》隱公八年何注引《尚書》曰：「至于岱宗，柴」，《白虎通·巡守》篇引《尚書》同，《說苑·修文》篇云：「柴而望祀山川」，《後漢書·章帝紀》引元和二年詔云：「柴望山川」，又《張純傳》引《書》曰：「至于岱宗，柴」，字並作柴。則今文《尚書》一作「至于岱宗，柴」。《禮記·郊特牲》云：「天子適四方，先柴」，字亦作柴，同今文《尚書》。柴燎之祭，本字作祡，作柴者借字，〈王制〉，〈郊特牲〉皆作柴，則先秦已然。段玉裁謂〈王制〉、〈郊特牲〉、《白虎通》及僞孔本《尚書》，柴字本皆作祡，作柴者漢以後人所改，〔註18〕蓋臆測之詞，未必然。

「協時月正日」，〈王制〉作「考時月定日」，考者訓詁字，《國語·周語》「考神納賓」注云：「考、合也」，協亦訓合，《史記·五帝紀》引作「合時月正日」是也。正作定者，定從正聲，〔註19〕音同通用。《周禮·天官·宰夫》「歲終則令群吏正歲會」，注云：「正猶定也」。《爾雅·釋天》「營室謂之定」注：「定、正也」，〈堯典〉「以閏月定四時」，《史記·五帝紀》作「以閏月正四時」，此二字互用之證。今古文《尚書》並作「正日」，而〈王制〉引作「定日」，蓋先秦《尚書》作「協時月定日」也。

《史記·五帝紀》云「脩五禮五玉」，《集解》引鄭玄曰：「即五瑞也，執之曰瑞，陳列曰玉」，是鄭本《尚書》作「五玉」，與《史記》同，獨《漢書·郊祀志》引《虞書》作「五樂」為異，孫星衍以為五樂即五玉之異文。〔註20〕今考〈王制〉言「禮樂制度衣服正之」，禮樂並稱，《漢書》用夏侯《尚書》，《禮記》與夏侯《尚書》同出夏侯始昌，則〈王制〉所據本蓋作「修五禮五樂」，與《漢書》同。又考《漢書·郊祀志》師古注云：「五樂尚書作五玉，

〔註17〕《今文尚書考證》卷一。
〔註18〕見《古文尚書撰異》。
〔註19〕見《說文》宀部，舊本作从宀从正，段玉裁依《韻會》本訂作从宀正聲，是也。
〔註20〕見《尚書今古文注疏》。

今志亦有作五玉者」，夫帛所以薦玉，〔註21〕下文有三帛，若依《漢書》作「脩五禮五樂」，無「五玉」，則文義不完，陳喬樅曰：「後人轉寫《史》《漢》，存五樂而去五玉，或存五玉而去五樂，此志所以有作樂作玉之不同耳」〔註22〕殆或然也。今〈廣韻〉入聲陌韻帛字注引《大傳》曰：「舜修五禮五玉三帛」，孫星衍曰：「《大傳》五玉作五樂」，〔註23〕與〈廣韻〉所引不同，皮錫瑞謂〈廣韻〉引《大傳》，存五玉而去五樂，非《大傳》之舊，其說可信。〔註24〕

　　南嶽、西嶽、北嶽，《史記・封禪書》引《尚書》並作岳，與僞孔本同。《漢書・郊祀志》引《虞書》，《公羊傳》隱公八年何注引《尚書》並作嶽，與〈王制〉引同。此蓋歐陽、夏侯《尚書》之異，嶽、岳古今字，並見《說文》山部。

　　格，〈王制〉引作假。《大傳》、〔註25〕《公羊傳》隱公八年何注引《尚書》並作「歸假于禰祖用特」，《白虎通・巡狩篇》作「歸假于祖禰」，則今文《尚書》作假，與〈王制〉引同。至若《白虎通・三軍篇》引作「歸格于藝祖」，段玉裁謂淺人用古文《尚書》改之，是也。《說苑・修文篇》作「歸格於祖禰用特」，格字亦當作假，蓋亦後人所改。《史記・五帝紀》作「歸至於祖禰廟」，「至」乃訓故字。格、假同屬見紐，第五部，古同音通用，《說文》彳部云：「假，至也」、《方言》云：「假、徦、至也」，假、徦其本字，今文《尚書》作假，古文《尚書》作格，皆借字也，《爾雅・釋詁》云：「格、至也」，《詩・雲漢》傳、〈烝民〉箋並云：「假、至也」，皆以叚借義釋之。

　　藝祖，〈王制〉引作祖禰。《史記・五帝紀》、《白虎通・巡狩篇》、《說苑・修文篇》，《後漢書・章帝紀》引元和二年詔，〈安帝紀〉並作「祖禰」，與〈王制〉引同。《大傳》、《公羊傳》隱公八年何注引《尚書》、《白虎通・三軍篇》〔註26〕並作「禰祖」，皆今文《尚書》也。《釋文》引馬融曰：「藝、禰也」，《詩・我將・正義》引鄭玄曰：「藝祖、文祖」，則馬鄭本作藝祖，僞孔本承用之。《說文》無藝、禰字，《釋文》云：「唐人樹埶字作蓺，六埶字作藝」，則埶者本字，藝乃後起字，當從埶聲；禰字大徐《說文新附》云：「從示爾聲」，埶爾同屬第十五部，古疊韻通用。案《公羊傳》隱公八年「入廟稱禰」，《正義》引舊

〔註21〕《史記・五帝紀・集解》引鄭玄語。
〔註22〕《今文尚書經說考》。
〔註23〕見《尚書今古文注疏》。
〔註24〕見《今文尚書考證》卷一。
〔註25〕《儀禮經傳通解》續二十六引。
〔註26〕今作藝祖，乃後人據古文《尚書》改，說見段玉裁《古文尚書撰異》。

說云：「禰字示傍爾，言雖可入廟是神示，猶自最近於己，故曰禰」，字從示，示其爲神祇，从爾聲，邇之叚借也，《說文》辵部云：「邇，近也」，言其最近於己，《周禮‧甸祝》司農注云：「禰，父廟也」，是其本義，〈王制〉作「禰」，用其本字，古文《尚書》作藝，其借字也，馬融曰：「藝、禰也」，以本字釋之，是也。鄭玄云：「藝祖、文祖」，此望文生義，未允。

第三節　〈月令〉引《書》

　　《經典釋文》以〈月令〉係《呂氏春秋》十二紀之首，後人刪合爲此記〔註27〕並引蔡伯喈、王肅云：「周公所作」。鄭玄就篇中官名、時事，多不合周法，已駁王說之非。〔註28〕本師高仲華先生謂〈月令〉夏代已有，周人加以修正，則《逸周書‧月令篇》、〈時訓篇〉是已；呂不韋門客又加以修正，以入《呂氏春秋》；劉安又加以修正，則《淮南子‧時則篇》是已；漢初，禮家又加以修正，此即《禮記‧月令篇》。〔註29〕則〈月令〉之起甚古，《逸周書‧月令篇》今已亡，〈時訓篇〉、《呂氏春秋》、《淮南子‧時則篇》，今皆見在，觀其文與《禮記‧月令》，大同小異，則〈月令〉其書雖代有修正，而所修正者爲數甚微，因仍目爲先秦故籍云。

　　全篇引《書》凡二條，皆在伏生二十九篇中。

1. 仲春之月，……日夜分，則同度量，鈞衡石，角斗甬，正權概。

　　輝案：此隱括〈堯典〉文。〈堯典〉云：「同律度量衡」。《呂氏春秋‧仲春‧二月紀》云：「同度量，鈞衡石，角斗桶，正權槩」，與此文略同。又〈月令〉云：「同度量，平權衡，正鈞石」，《呂氏春秋‧中秋‧八月紀》云：「一度量，平權衡，正鈞石」，並隱括〈堯典〉文。《淮南子‧時則篇》云：「令官市同度量，鈞衡石」，又云：「一度量，平權衡，正鈞石」，《東觀漢記》丁鴻上奏云：「協時月正日，同斗斛權衡，使人不爭」，張衡〈東京賦〉云：「同衡律而一軌量」，蔡邕《明堂月令論》云：「仲春令曰：『日夜分，則同度量，鈞衡石』」，又魏〈封孔羨碑〉云：「鈞衡石，同度量」，魏〈受禪表〉云：「同律量衡」，亦隱括〈堯典〉文。

〔註27〕見〈月令〉篇題下。
〔註28〕見《禮記正義》引鄭玄《三禮目錄》。
〔註29〕說詳高師著《禮記概說》。

《釋文》引王肅云：「同、齊也」，此同之古義，考《東觀漢記》丁鴻上奏曰：「同斗斛權衡」，《白虎通・巡狩篇》曰：「同律歷，叶時日」，張衡《東京賦》云：「同衡律而一軌量」，則漢人皆以同爲齊同之義，《釋文》引馬融曰：「律、法也」，以是度之，馬融亦當以同爲齊同之義。復徵諸《禮記・月令》，《呂氏春秋》引〈堯典〉文，以「同」、「鈞」對稱，「同」、「平」並用，則同字當以齊同爲古義。獨鄭玄云：「同律、陰呂、陽律」爲異，〔註30〕皮錫瑞曰：「鄭君蓋以《周禮・典同》，同是陰律，故取以釋此經。是亦鄭據古《周禮》說以易今《尚書》說之明證也」。〔註31〕案《周禮・春官・典同》注引鄭司農云：「陽律以竹爲管，陰律以銅爲管」，是以同爲銅之省借。魯師實先曰：「六律六同皆爲竹制，則《周禮》所謂六同者，乃取和同爲義、非取赤金之銅爲義也」，又曰：「鄭司農云『以銅爲管』，後鄭云：『皆以銅爲之』，並據漢制而釋《周禮》之六同」。〔註32〕是《周禮・典同》之同，本取和同之義，與王肅《尚書》注齊同之義相近，此亦可見以齊訓同，自爲古義。惟《周禮・典同》以「律」「同」對稱，律爲陽律，則同爲陰律無疑，鄭玄以「同律度量衡」五字平列，皆指律度而言，遂以《周禮・典同》之「同」相訓，與各家之說異，徵之〈月令〉以「同」「均」並用，則其誤甚明，皮氏之說是也。

2. 仲秋之月，……日夜分，則同度量，平權衡，正鈞石，角斗甬。

　　輝案：此亦櫽括〈堯典〉文，說見前條。

第四節　〈文王世子〉引《書》

　　《禮記正義》引鄭《目錄》云：「名曰〈文王世子〉者，以其記文王爲世子時之法。今考〈文王世子〉、〈大學〉、〈學記〉三篇，內容皆以記述大學之事爲主，陳夢家以此三篇，在《禮記》四十九篇中，自成一組，〔註33〕說甚允，則此三篇之著成時代殆亦相近。〈大學〉引〈秦誓〉文，〈秦誓〉著成於春秋之世，則〈大學〉之作又在其後，崔述以〈大學〉作於戰國，〔註34〕其說可信。以是推之，則〈文王世子〉殆亦作於戰國之世。

〔註30〕見《釋文》引。
〔註31〕見《今文尚書考證》卷一。
〔註32〕見〈瀞廎纖議〉，載《大陸雜誌》三十八卷八期。
〔註33〕見《尚書通論》三〇葉。
〔註34〕見《洙泗考信錄・餘錄》。

全篇凡引《書》一條，在鄭注亡四十二篇中。

1. 〈兌命〉曰：「念終始典于學。」

鄭注：「兌當爲說，〈說命〉、《書》篇名，殷高宗之臣傅說之所作。」

輝案：〈書序〉有〈說命〉三篇，《大傳》、《史記》皆未引〈說命〉，〔註35〕則其篇或先秦已亡。鄭注〈書序〉云：「亡」，注《禮記·學記》云：「今亡」，是也。今僞古文有〈說命〉三篇，則魏晉人所僞作，孔穎達以僞古文二十五篇出於孔安國，閻若璩、〔註36〕惠棟〔註37〕已辨其非。《禮記·學記正義》云：「〈書序〉云：『高宗夢得說，作〈說命〉三篇』，……其事具《尚書》。篇見在，鄭云亡者，鄭不見古文《尚書》故也」，此據僞古文爲說，非是。

說从兌聲，〔註38〕兌、說之初文。《書·說命》，《禮記》引作〈兌命〉，猶《書·君牙》，《禮記·緇衣》引作〈君雅〉也。《釋名·釋天》、《易·象下傳》、《廣雅·釋詁》三、《說文》儿部並云：「兌、說也」，並以同音之字爲訓，兼明叚借也。

〈學記〉引〈兌命〉文與此同，僞古文〈說命〉下云：「念終始典于學」，襲取《禮記》所引爲之。

第五節 〈郊特牲〉引《書》

〈郊特牲〉、王夫之疑爲〈禮器〉下篇，〔註39〕孫希旦則疑其與〈禮器〉一人所作，〔註40〕然皆未言其作於何人何時。今考《禮記》以〈禮運〉、〈禮器〉、〈郊特牲〉三篇相次，而〈禮運〉言禮之行於天下，〈禮器〉言禮之備於一身，二篇之義，相爲表裏，〔註41〕〈郊特牲〉所發明皆〈禮器〉所云「時」、「順」、「體」、「宜」、「稱」之五義，〔註42〕則三篇或係出於一人之手。王應

〔註35〕陳壽祺《尚書大傳輯校》無〈說命〉篇，清儒或以《禮記·喪服四制》引《書》曰：「高宗諒闇，三年不言」爲〈說命〉文，而於輯《大傳》逸文之時，即以入〈說命〉篇。案〈喪服四制〉所引，乃《書·無逸》文，陳壽祺列於〈無逸〉篇，是也。

〔註36〕《古文尚書疏證》。

〔註37〕《古文尚書考》。

〔註38〕見《說文》言部。

〔註39〕見《禮記章句》。

〔註40〕見《禮記集解》。

〔註41〕孫希旦《禮記集解》語。

〔註42〕語本王夫之《禮記章句》。

麟《困學紀聞》引胡寅云：「〈禮運〉、子游作」，本師高仲華先生復據此篇稱言偃，而不稱子游，證成胡氏之說，〔註43〕然則〈郊特牲〉蓋亦出於子游之手。

全篇引《書》凡一條，在伏生二十九篇中。

1. 天子適四方，先柴

輝案：此隱括〈堯典〉文。〈堯典〉云：「歲二月東巡守、至于岱宗，柴」，又云：「五月南巡守，至于南岳，如岱禮。八月西巡守，至于西岳，如初。十有一月朔巡守，至于北岳，如西禮」。〔註44〕此云「適四方」，即〈堯典〉巡守至于岱宗，南岳、西岳、北岳之義。字作柴，與〈王制〉引同，則先秦《尚書》作柴，與今文《尚書》同，說見本書76頁，本章第二節第二條。

第六節　〈學記〉引《書》

〈學記〉與〈文王世子〉、〈大學〉皆記述大學之事，而〈學記〉之義與〈大學〉相為表裏，〔註45〕其著成時代殆亦相近。崔述以〈大學〉作於戰國，〔註46〕其說可信，則〈學記〉蓋亦作於戰國之世。

全篇引《書》凡三條，皆引〈說命〉文，在鄭注亡書四十二篇中。

1. 〈兌命〉曰：「念終始典于學。」

鄭注：「兌當為說，字之誤也。高宗夢傅說，求而得之，作〈說命〉三篇，在《尚書》，今亡。」

孔疏：「其事具《尚書》、篇見在，鄭云今亡者，鄭不見古文《尚書》故也。」

輝案：此引《書·說命》文，〈書序〉有〈說命〉三篇，今亡。孔氏據偽古文為說，非是，說見本章第四節。

2. 〈兌命〉曰：「學學半。」

輝案：此引《書·說命》文，兌、說之初文。偽古文〈說命〉下云：「惟斅學半」，襲取〈學記〉所引〈說命〉文為之。改學為斅，《說文》教部云：「斅、

〔註43〕見《禮記概說》。
〔註44〕偽孔本在〈舜典〉。
〔註45〕王夫之《禮記章句》語。
〔註46〕見《洙泗考信錄》。

覺悟也。學、篆文斅省」。偽作古文者，見《說文》以「學」爲篆文，則「斅」當爲古文，因改學爲斅，以見其爲古文可信。考《說文》所載篆文，多與卜辭、金文相合，秦滅六國，統一文字，李斯但取古文中結構簡明者以爲篆文，則篆文亦古文也，而《說文》所載古文，若弍、古文一，〔註47〕弎、古文二，〔註48〕弎、古文三，〔註49〕則係晚周俗體，其字之作反在一、二、三等篆文之後。古文《尚書》文字未必皆與《說文》所載古文合，偽作古文者，拘拘以《說文》古文爲據，其偽作之迹甚明。

3. 〈兌命〉曰：「**敬孫務時敏，厥脩乃來。**」

輝案：此亦引《書・說命》文。偽古文〈說命〉下云：「惟遜志，務時敏，厥脩乃來」，襲取〈學記〉所引〈說命〉文爲之。改敬孫爲遜志。遜從孫聲，〔註50〕孫本字，遜、後起俗字。段玉裁曰：「按六經有孫無遜，……故《穀梁》云：『孫之爲言猶孫也』，《公羊》云：『孫猶孫也』，何休云：『孫猶遁也』，鄭箋云：『孫之言孫遁也』，《釋名》云：『孫、遜也』。遜遁在後生也，古就孫義引伸卑下如兒孫，非別有遜字也。至部𨺇字下云：『從至，至而復孫。孫、遁也』，此亦有孫無遜之證。今《尚書》、左氏經傳、《爾雅・釋言》、淺人改爲遜，許書『遜、遁也』，蓋後人據今本《爾雅》增之，非本有也」。〔註51〕此引作「敬孫」，偽古文改作「遜志」，可證段氏六經無遜之說，至爲允當，亦可見偽古文〈說命〉篇之後出。

第七節　〈樂記〉引《書》

《漢書・藝文志》云：「武帝時，河間獻王好博古，與諸生等共采《周官》及諸子言樂事者，以作〈樂記〉，……其內史丞王定傳之，以授常山王禹，禹、成帝時爲謁者，數言其義，獻二十四卷〈樂記〉，劉向校書，得〈樂記〉二十三篇，與禹不同」。《禮記・樂記正義》云：「今〈樂記〉則斷取十一篇，餘有十二篇，其名猶在」。又云：「至劉向爲《別錄》時，更載所入〈樂記〉十一篇，又載餘十二篇，總爲二十三篇也」。以〈樂記〉二十三篇，武帝時作，其

〔註47〕見《說文》一部。
〔註48〕見《說文》二部。
〔註49〕見《說文》三部。羅振玉有說。見《增訂殷虛書契考釋》卷中。
〔註50〕見《說文》辵部。
〔註51〕見《說文》辵部遜字下注。

前十一篇，即今《禮記》中之〈樂記〉也。《隋書・音樂志》引沈約云：「《禮記・樂記》取〈公孫尼子〉」，《史記・樂書正義》云：「其〈樂記〉者，公孫尼子次撰也」，蓋本沈約之說，與《漢志》說異。今考《初學記》卷十五引〈公孫尼子〉：「樂者，審一以定和，比物以飾節」，《意林》卷二引〈公孫尼子〉：「樂者先王所以飾喜也，軍旅者，先王所以飾怒也」，今皆見於〈樂記〉，則沈約之言可信。《漢志・公孫尼子》二十八篇，班氏自注：「七十子之弟子」，本師高仲華先生以此篇記魏文侯與子夏問答之語，疑是子夏後學所作，〔註52〕則〈樂記〉先秦已有，河間獻王蓋取《周官》、諸子言樂事，校訂舊藉而已。

全篇引《書》凡一條，在伏生二十九篇中。

1. 詩言其志也，歌詠其聲也，舞動其容也。

輝案：此隰括〈堯典〉文。〈堯典〉云：「詩言志，歌永言，聲依永」。〔註53〕《漢書・藝文志》引《書》曰：「《詩》言志，歌詠言」，師古注：「詠者永也，永、長也」。又〈禮樂志〉云：「《詩》言志，歌咏言」，師古注：「咏、古詠字也，在心爲志，發言爲《詩》。咏、永也、長也，歌所以長言之」。班氏用夏侯說，以永爲歌詠之詠，〈禮樂志〉云：「和親之說難形，則發之於詩歌詠言，鐘石筦弦」，是其明證，師古乃並以永長之義解之，非班氏本義。《史記・五帝紀》云：「詩言意，歌長言」，意、長皆訓故字，史遷以長訓永，蓋歐陽《尚書》說，故與班氏不同。陳喬樅曰：「考《尚書・釋文》云：『永、徐音詠、又如字』，今據《史記》以長言爲訓，則字當作永、長也」。〔註54〕陳氏從師古之言，以永作永長義，而謂當從《史記》作永爲正，亦非。今案〈樂記〉云：「歌詠其聲也」，則隰括〈堯典〉「歌永言，聲依永」二句文義，《史記・樂書》云：「歌詠其聲也」，亦然。歌詠之「詠」，即聲依永之「永」。若「歌永言」句，字當作永，訓爲長，〈樂記〉云：「歌之爲言也，長言之也」，是其證。皮錫瑞曰：「《史記》於上句『歌長言』作長，乃以故訓代經，下句『聲依永』，不作長，仍爲永字，上下異文，疑史公所據經文，上下兩永字，其音義必有異」，〔註55〕徵之〈樂記〉，則皮說是也。鄭玄注「聲依永」句云：「聲之曲折又依長言」，〔註56〕與〈樂記〉引〈堯典〉文不合，殆非古義。陳

〔註52〕見《禮記概說》。
〔註53〕僞孔本在〈舜典〉。
〔註54〕見《今文尚書經說考》。
〔註55〕《今文尚書考證》卷一。
〔註56〕《史記・五帝紀・集解》引。

喬樅不明《史記》「聲依永」之「永」，當讀如詠，如〈樂記〉所引，乃云：「依詠亦當從《史記》作永爲正」，〔註57〕失之。馬融曰：「歌所以長言詩之意也」，〔註58〕是馬本《尚書》亦作永，與歐陽《尚書》同。

　　詠从永聲，詠、咏一字，〔註59〕永詠咏音同通用，《詩‧碩鼠》「誰之永號」，鄭箋：「永、歌也」，此謂永乃詠之借字，故《碩鼠‧釋文》云：「咏、本亦作永」，《後漢書‧皇后紀》下「以事問於羽林左監許永」，注：「永或作詠」，此二字互用之證。

　　《國語‧周語》下云：「詩以道之，歌以詠之」，亦檃括〈堯典〉文，歌以詠之句，檃括〈堯典〉「歌永言，聲依永」二句，與此「歌詠其聲」句同。

第八節　〈坊記〉引《書》

　　《禮記》四十九篇，〈坊記〉、〈中庸〉、〈表記〉、〈緇衣〉四篇相次，《隋書‧音樂志》引沈約云：「〈中庸〉、〈表記〉、〈坊記〉、〈緇衣〉皆取〈子思子〉」。《漢書‧藝文志》有〈子思子〉二十三篇，今其書已亡，而散見各書，考《史記‧平津侯列傳》載公孫弘上書云：「臣聞天下之達道五，所以行之者三」，《索隱》曰：「案此語出〈子思子〉，今見於〈中庸〉篇」。《意林》引〈子思子〉十條，其中「君子不以所能者病人，不以人之不能者愧人」一條，今見於〈表記〉；「小人溺于水，君子溺于口也」一條，今見於〈緇衣〉；《後漢書‧朱穆傳》引〈崇厚論〉云：「故率性而行謂之道」，注云：「子思曰：『天命之謂性，率性之謂道，修道之謂教也』」，今見於〈中庸〉；《文選》王子淵〈四子講德論〉注引〈子思子〉曰：「民以君爲心，君以民爲體」，今見於〈緇衣〉；《太平御覽》四〇三引〈子思子〉云：「天下有道則行有枝葉，天下無道則言有枝葉」，今見於〈表記〉，則沈約之言可信。

　　全篇引《書》凡四條。其中稱舉篇名者三條，所稱篇名爲〈君陳〉、〈大誓〉、〈高宗之訓〉，皆不在伏生二十九篇中，篇名無可考者一條。

1. 〈君陳〉曰：「**爾有嘉謀嘉猷，入告爾君于內，女乃順之于外，曰：『此謀此猷惟我君之德，於乎是惟良顯哉』**」。

〔註57〕見《今文尚書經說考》
〔註58〕《史記‧五帝紀‧集解》引。
〔註59〕見《說文》言部。

鄭注：「君陳蓋周公之子，伯禽弟也。名篇在尚書，今亡。」

輝案：此引《書・君陳》文，〈書序〉有〈君陳〉篇，《大傳》、《史記》皆未引〈君陳〉，則其篇或先秦已亡。鄭注〈書序〉云：「亡」，注《禮記・坊記》云：「今亡」，是也。僞古文〈君陳〉云：「爾有嘉謀嘉猷，則入告爾后于內，爾乃順之于外，曰：『斯謀斯猷，惟我后之德，嗚呼，臣人咸若，時惟良顯哉』」，襲取此篇引〈君陳〉文爲之。僞古文改「君」爲「后」者，《爾雅・釋詁》云：「林、烝、天、帝、皇、王、后、辟、公、侯，君也」，《說文》后部云：「后、繼體君也」。

改「女」爲「爾」，女，娘紐，爾、日紐，古音同歸泥紐、雙聲通用，其作指稱詞，皆無本字之叚借。《書・湯誓》「爾無不信」，《史記・殷本紀》作「女無不信」，〈呂刑〉「告爾祥刑」，《墨子・尚賢》下作「告女訟刑」，此二字互用之證。

「於乎」改爲「嗚呼」。於、烏之古文，〔註60〕《說文》無嗚字。考先秦載籍，「嗚呼」字或作「於乎」，《詩・大雅・抑》云：「於乎小子」，《周頌・烈文》云：「於乎、前王不忘」，是也；或作於戲，《禮記・大學》引《詩》云：「於戲，前王不忘」是也；或作烏呼，《左傳》襄公二十五年引大叔文子云：「烏呼，《詩》所謂我躬不說，皇恤我後者」，又三十年引單公子愆期曰：「烏呼，必有此乎」是也。其作「嗚呼」者，蓋後人所改，顏師古《匡謬正俗》云：「今文《尚書》悉爲於戲字，古文《尚書》悉爲烏呼字，而《詩》皆云於乎」，段玉裁曰：「按經傳《漢書》烏呼無有作嗚呼者，唐石經誤爲嗚者十之一耳，近今學者無不加口作嗚，殊乖大雅」。〔註61〕案顏氏云今文《尚書》者，謂漢石經；古文《尚書》者，謂僞孔本；則僞孔本原亦作烏，今作嗚者，乃唐以後人所改。

「是」改爲「時」。是、時同屬禪紐，古歸定紐，雙聲通用。《爾雅・釋詁》下、《詩・駉駟》「奉時辰牡」傳、緜「曰止曰時」箋、《左傳》宣公十二年「鋪時繹思」注、《史記・五帝紀》「時播百穀草木」《集解》引王肅並云：「詩、是也」，此謂時乃是之借字，《書・堯典》「惟時懋哉」《史記・五帝紀》作「維是勉哉」，又〈湯誓〉「時日曷喪」，《史記・殷本紀》作「是日何時喪」，此二字互用之證。

〔註60〕見《說文》烏部。
〔註61〕見《說文》烏字注。

2. 〈大誓〉曰：「予克紂、非予武，惟朕文考無罪；紂克予，非朕文考有
　　罪，惟予小子無良。」

　　鄭注：「〈大誓〉、《尙書》篇名也。……今〈大誓〉無此章，則其篇散亡。」

　　孔疏：「鄭不見古文《尙書》，漢時別有《尙書》逸篇，四月太子發上祭
於畢，以下三篇之事，鄭謂篇中有此經之語，但其事散亡。」

　　輝案：此引《書·大誓》文。〈書序〉有〈大誓〉三篇。考先秦典籍引〈大
誓〉者凡二十四條，其中稱舉〈大誓〉篇名者十八條：

　　（1）〈大誓〉曰：「予克紂，非予武，惟朕文考無罪；紂克予，非朕文考
　　　　　有罪，惟予小子無良。」（《禮記·坊記》）

　　（2）〈大誓〉所謂商兆民離，周十人同者。（《左傳》成公二年）

　　（3）〈大誓〉云：「民之所欲，天必從之。」（襄公三十一年）

　　（4）〈大誓〉云：「民之所欲，天必從之。」（昭公元年）

　　（5）〈大誓〉曰：「紂有億兆夷人，亦有離德；余有亂臣十人，同心同德。」
　　　　　（昭公二十四年）

　　（6）〈大誓〉曰：「我武惟揚，侵于之疆，則取于殘，殺伐用張，于湯有
　　　　　光。」（《孟子·滕文公》下）

　　（7）〈泰誓〉曰：「天視自我民視，天聽自我民聽。」（〈萬章〉上）
　　　　　輝案：當作〈大誓〉，今作〈泰誓〉者，後人所改。

　　（8）於先王之書也，〈大誓〉之言然，曰：「小人見姦巧，乃聞不言也，
　　　　　發罪鈞。」（《墨子·尙同》下）

　　（9）〈泰誓〉曰：「文王若日若月，乍照光于四方，于西土。」（〈兼愛〉下）
　　　　　輝案：當作〈大誓〉，今作〈泰誓〉者，後人所改。

　　（10）〈大誓〉之道曰：「紂越厥夷居，不肎事上帝，棄厥先神祇不祀，乃曰：
　　　　　『吾有命，無廖僇務』，天下，天亦縱棄紂而不葆。」（〈天志〉中）
　　　　　輝案：陳夢家曰：「〈道藏〉本、明吳寬鈔本、唐堯臣本、明刻本，
　　　　　並作〈大明〉，孫詒讓以為明是誓之誤字，非是」，〔註62〕陳說是也。
　　　　　明、盟之初文，〈大盟〉即〈大誓〉。

　　（11）於〈太誓〉曰：「紂夷處，不肎事上帝鬼神，禍厥先神禔不祀，乃曰：
　　　　　『吾民有命，無廖排漏』，天亦縱棄之而弗葆。」（〈非命〉上）
　　　　　輝案：當作〈大誓〉，今作〈太誓〉者，後人所改。

〔註62〕《尚書通論》第九十四葉。

（12）先王之書，〈太誓〉之言然，曰：「紂夷之居，而不肎事上帝，棄闕其先神而不祀也，曰：『我民有命，毋僇其務』，天不亦棄縱而不葆？」（〈非命〉中）

輝案：當作〈大誓〉，今作〈太誓〉者，後人所改。

（13）〈太誓〉之言也，於〈去發〉曰：「惡乎君子、天有顯德，其行甚章，爲鑑不遠，在彼殷王，謂人有命，謂敬不可行，謂祭無益，謂暴無傷，上帝不常，九有以亡，上帝不順，祝降其喪，惟我有同，受之大帝。」（〈非命〉下）

輝案：當作〈大誓〉，今作〈太誓〉者，後人所改。〈去發〉，孫星衍、莊述祖、俞樾並以爲太子發之誤，是也。〈太子發〉即〈大誓〉，說詳本書312頁，第十八章第一節第二十七條。

（14）在〈太誓〉曰：「民之所欲，天必從之。」（《國語·周語》中）

輝案：輝案：當作〈大誓〉，太字後人所改。

（15）吾聞之〈大誓〉故曰：「朕夢協朕卜，襲于休祥，戎商必克。」（〈周語〉下）

（16）〈泰誓〉曰：「民之所欲，天必從之。」（〈鄭語〉）

輝案：當作〈大誓〉，泰字後人所改。

（17）故〈泰誓〉曰：「獨夫紂。」（《荀子·議兵》）

輝案：當作〈大誓〉，泰字後人所改。

（18）〈泰誓〉曰：「紂有臣億萬人，亦有億萬之心；武王有臣三千，而一心。」（《管子·法禁》）

輝案：當作〈大誓〉，泰字後人所改。

其引〈大誓〉而未稱舉篇名者六條：

（19）武王有亂臣十人。（《左傳》襄公二十八年）

（20）聞誅一夫紂矣。（《孟子·梁惠王》下）

（21）昔者文王之治西土，若日若月，乍光于四方，于西土。（《墨子·兼愛》中）

（22）武王曰：「予有亂臣十人。」（《論語·泰伯》）

（23）上帝弗常，九有以亡；上帝弗順，降之百殃，其家必壞喪。（《墨子·非樂》上）

（24）筮襲於夢，武王所用也。（《左傳》昭公七年）

以上所引〈大誓〉二十四條中，其第（3）、（4）、（14）、（16）條同引〈大誓〉「民之所欲，天必從之」文；其第（2）、（19）、（22）條，並櫽括第（5）條所引〈大誓〉之文；其第（20）條，則櫽括第（17）條所引〈大誓〉之文；其第（21）條，則櫽括第（9）條所引〈大誓〉之文；其第（10）、（11）、（12）條，同引〈大誓〉「紂越厥夷處，不肎事上帝，棄厥先神祇不祀，乃曰：『吾有命，無廖僷務』，天下，天亦縱棄紂而不葆」之文，而文字略有不同；其第（18）條，與第（5）條所引，文義相類，當係同引一文；〔註63〕其第（23）條，則櫽括第（13）條所引〈大誓〉之文；去其重複，得十二條。又第（15）條所引乃〈大誓〉故訓，非〈大誓〉本文，〔註64〕其第（24）條，則櫽括第（15）條所引〈大誓〉故訓，再去其二，則先秦典籍凡引〈大誓〉文十條。總此所引十條〈大誓〉之文，除《墨子‧尚同》下所引「小人見姦巧，乃聞不言也，發罪鈞」之文，今不見於偽古文，其餘九條，今皆見於偽古文〈泰誓〉上、中、下三篇中，此可疑者一。

又考漢代載籍，亦每引〈大誓〉之文，然所引〈大誓〉之文，除《漢書‧五行志》引〈太誓〉曰：「民之所欲，天必從之」。〔註65〕與《左傳》襄公三十一年、昭公元年，《國語‧周語》中，〈鄭語〉等所引〈大誓〉之文相同外，其餘各書所引〈大誓〉之文，皆不與先秦典籍所引〈大誓〉之文相同，不惟此也，與偽古文〈泰誓〉三篇之文，亦不相同，此可疑者二。

又考先秦典籍，其引〈大誓〉之文者，若《左傳》、《孟子》、《墨子》、《論語》、《荀子》、《國語》、《禮記‧坊記》、《管子》，皆係戰國末年以前作品，若《呂氏春秋》、《韓非子》等戰國末年作品，皆未引〈大誓〉，此可疑者三。

又考《國語‧周語》下引〈大誓故〉；若夫《左傳》昭公七年櫽括〈大誓故〉之文，多言卜筮占驗之事；《墨子‧非攻》下云：「赤鳥銜珪，降周之歧社，曰：『天命周文王伐殷有國』」，《呂氏春秋‧名類篇》云：「及文王之時，天先見火，赤鳥銜丹書，集于周社」，亦言瑞兆神怪之事；與漢代載籍所引〈大誓〉相類，皆馬融《尚書傳序》所謂子所不語者，〔註66〕此可疑者四。

今案〈大誓〉之篇，先秦之所固有，其先秦典籍徵引其文者，達二十二

〔註63〕說見本書 276 頁，第十七章第一條。
〔註64〕說見本書 221 頁，第十一章第一節第四條。
〔註65〕據先秦〈大誓〉，故顏注但云「大誓，周書」，與他處注云「今文周書泰誓之辭」不同。
〔註66〕見《尚書‧泰誓正義》、《左傳》襄公三十一年《正義》引。

—89—

條之多，是其明證。其書戰國中葉以後已亡，呂不韋門客，韓非皆不及見此書，是以《呂氏春秋》、《韓非子》皆未引〈大誓〉之文。及戰國初，別有說〈大誓〉本事作意，有類後世〈書序〉、傳注之書出，以其受當時陰陽五行說之影響，故多言瑞兆占驗之事，《國語・周語》下所引〈大誓故〉，則其先導也。〔註67〕其後〈大誓〉本經已亡，此等說〈大誓〉之書，於戰國末期，或流行一時，故《墨子》、《呂氏春秋》徵引其說，以其非〈大誓〉本經，故不稱《書》云，不舉篇名。漢興，此等說〈大誓〉之書，或流傳未亡，伏生、史遷皆見之，而各以己意，取以著之《大傳》、《史記》，則《大傳》、《史記》所錄〈大誓〉，實非〈大誓〉本經，以其同取此等說〈大誓〉之書爲之，故文多類似，而彼此詳略不同。董仲舒、婁敬、終軍、司馬相如亦見之，故亦徵引其語。〔註68〕漢武末，別有好事者，取此等說〈大誓〉之書，益以杜撰之辭，託諸河內女子，以售其欺，此即所謂後得〈太誓〉。以其亦取先秦所傳說〈大誓〉之書爲之，故與《大傳》、《史記》所引述〈大誓〉之語相類，而異於先秦典籍所引〈大誓〉也，章太炎謂晚出〈大誓〉，周秦間人所作以釋古〈大誓〉者〔註69〕近之。後得〈大誓〉，漢宣之世已充學，歐陽、大小夏侯亦以入《尚書》，目爲《尚書》本經，遂與先秦〈大誓〉相混。馬融見其書語多淺露，多言神怪之事，且與先秦典籍所引〈大誓〉皆不相類，因疑其書，〔註70〕自爲卓見，惟所疑白魚赤烏之瑞，則前有所本，此馬氏考之未審者。夫先秦〈大誓〉，戰國已亡，故馬融但舉《春秋》、《國語》、《孟子》、《孫卿》、《禮記》所引〈大誓〉爲說；鄭注《禮記》，亦云其書散亡，則馬鄭本《尚書》中之〈大誓〉，非先秦〈大誓〉，乃後得〈大誓〉，以其後得，故鄭注〈書序・大誓〉，不稱逸，亦不稱亡也。後得〈大誓〉，唐初未亡，顏師古注《漢書》、司馬貞著《史記索隱》，孔穎達撰《禮記正義》（〈樂記〉篇），賈公彥撰《周禮疏》（〈伊耆氏〉、〈大祝〉）並稱今文《尚書・大誓》。段玉裁乃曰：「顏師古、司馬貞所見者，則馬鄭本之古文〈大誓〉，而謂之今文〈大誓〉者，謂僞孔〈大誓〉爲古文，則不得不謂眞者爲今文」、〔註71〕失之。陳夢家以後得〈大誓〉與《史

〔註67〕韋注故爲故事，不切，陳夢家謂〈大誓故〉似爲〈大誓〉之詁訓，較爲切當。陳說見《尚書通論》二十一葉。

〔註68〕見《漢書》本傳。

〔註69〕說見〈尚書續說〉，載《制言》一期。

〔註70〕見《尚書・泰誓正義》引馬融〈書序〉。

〔註71〕見《古文尚書撰異》。

記》、《大傳》所引〈大誓〉相類，因謂伏生本〈大誓〉及河內本〈大誓〉，皆戰國晚期作品，〔註72〕亦考之未審。馬融既疑後得〈大誓〉，僞作古文者有鑒於此，乃捨後得〈大誓〉，別取先秦典籍所引〈大誓〉及〈周書〉語，僞作〈泰誓〉三篇，是以僞古文〈泰誓〉，悉與今文〈大誓〉不同，而與先秦典籍所引〈大誓〉相同也。至若《漢書·五行志》所引〈太誓〉，則據《左傳》等書引〈大誓〉文爲之，故師古但云「〈太誓〉、〈周書〉」，與他處注云：「今文〈周書〉〈泰誓〉之辭」者不同。

　　〈大誓〉，載籍引或作〈太誓〉、〈泰誓〉。《僞孔傳》釋〈泰誓〉之義云：「大會以誓眾」，《尚書·泰誓正義》引王肅云：「武王以大道誓眾」，則字本當作大，《墨子·天志》中引〈大誓〉，吳鈔本、《道藏》本作〈大明〉，明者盟之初文，〈大誓〉即〈大盟〉，《僞孔傳》云：「大會以誓眾」爲得其實，王肅以「大道」釋之，不切。先秦典籍所引當本作〈大誓〉，今《孟子·萬章》上、《墨子·兼愛》下、《國語·鄭語》、《荀子·議兵》、《管子·法禁》引作〈泰誓〉者，皆後人所改。《困學紀聞》卷二云：「〈泰誓〉，古文作〈大誓〉，……晁氏曰：『開元間，衛包定今文，始作泰』」，〔註73〕今考《詩·思文正義》引作〈大誓〉、《周禮·太祝疏》引作今文〈大誓〉，則唐初猶作〈大誓〉。〔註74〕顧彪《古文尚書義疏》云：「泰者大之極也，……此會中之大，故稱〈泰誓〉」，〔註75〕彪、隋煬帝時爲祕書學士，其所撰《古文尚書義疏》，或在孔氏撰《五經正義》、賈氏撰《周禮正義》之後，故字已改作泰。然則改〈大誓〉作〈泰誓〉者，當在唐初，孔氏、賈氏之後，顧彪之前。至若晁氏謂泰字衛包所改，其謬不待辨。〔註76〕

　　僞古文〈泰誓〉中云：「予克受，非予武，惟朕文考無罪；受克予，非朕文考有罪，惟予小子無良」，襲取此篇引〈大誓〉文爲之。改「紂」爲「受」。受、紂古音同屬第三部，疊韻通用，作受者本字，作紂者借字。考諸古籍，古人有以生地立號者，故《國語·晉語》四曰：「黃帝以姬水成，炎帝以姜水

〔註72〕見《尚書通論》六十六葉。
〔註73〕晁公武《郡齋讀書志》。
〔註74〕今《詩·大明正義》、《大雅·文王》序《正義》引並作〈太誓〉，《周禮·伊耆氏疏》引作今文〈泰誓〉，《禮記·檀弓》上《正義》引作〈泰誓〉，皆後人所改，字本當作〈大誓〉。
〔註75〕惠棟《九經古義》引。
〔註76〕說略本段玉裁《古文尚書撰異》。

成，成而異德，故黃帝爲姬、炎帝爲姜」，徵之卜辭，殷人亦以生日爲名，因生地立號，湯生於乙日，故名大乙，〔註77〕生於唐方，故號唐〔註78〕受生於辛日，故名辛，〔註79〕生於受方，故號受。卜辭有受方，列舉三條如下：

（1）□□〔卜〕，在受陳，〔貞王〕步，亡災？（後編上15頁9片、合集37820片）

（2）貞：受不其尋？（乙編3809片、合集8912片）

（3）戊午卜，殼貞：弗其及受？（乙編4815片、合集7076片）

銅器有受簋（《殷周金文集成》3031號）、受父己卣（《殷周金文集成》4958號）、受觶（《殷周金文集成》6041號）、受父乙觶（《殷周金文集成》6229號）、受爵（《殷周金文集成》7460號），皆受方所作之器。《書·牧誓》云；「今商王受」，用其本字。受、或作受德，《逸周書·克殷篇》云：「殷末孫受德」，《呂氏春秋·當務篇》云：「紂之同母三人，其長曰微子啓，其次曰中衍，其次曰受德，受德乃紂也」，《書·立政》云：「其受德瞽」。德者得之借字，德、得同音，同屬端紐，第一部。卜辭有得方。得，甲文作尋，或从彳作得，或从㠯作𧴧，條列三條於下：

（1）貞：叀尋令？（前編5卷29頁4片、合集4719片）

輝案：尋从貝从又，又、寸古通，即《說文》彳部得之古文尋，《說文》誤从見。

（2）乎希、先，从東尋。（乙編2220片、合集12051片）

輝案：希、先亦方名。

（3）壬辰卜，亘貞：弗其氏𧴧𢦏？（乙編7385片、合集8987片）

輝案：氏、抵之初文，擊也。𢦏，方名。

復考古人有以葬地立號者，故《左傳》昭公元年云：「葬王于郟，謂之郟敖」，則受或稱受德者，蓋生於受方，葬於得方，故號受得，猶湯生於唐方，葬於成方，故號成唐〔註80〕《尚書·泰誓正義》引鄭玄曰：「紂、帝乙之少子，

〔註77〕《史記·殷本紀》作天乙，卜辭作大乙，天、大古通。

〔註78〕〈殷本紀〉作湯，卜辭作唐，唐、本字，湯、借字，說詳羅振玉《殷虛書契考釋》卷上引王國維語。

〔註79〕見〈殷本紀〉。

〔註80〕《博古圖》載《齊侯鎛鐘銘》曰：「虩虩成唐」，《書·多方》、《史記·殷本紀》作「成湯」。王國維以卜辭之唐乃湯之本字，後或作暢，遂通作湯，說甚允，羅振玉以唐乃大乙之證，則未允。（《增訂殷虛書契考釋》卷上）

名辛，帝乙愛而欲立焉，號曰受德，時人傳聲轉作紂」，以紂得承帝位，故號受德，非是。《書・立政・釋文》引馬融曰：「受德、受所爲德也」，亦非。《書・立政・僞孔傳》、《逸周書・克殷篇》孔晁注、閻若璩皆以受德爲紂字，〔註81〕亦臆測之詞。若夫蔡邕《獨斷》云：「殘義損善曰紂」，《呂氏春秋・功名篇》高誘注云：「賤仁多累曰紂」，以紂爲謚號，尤非。

《尙書・泰誓正義》引馬融〈書序〉云：「《孫卿》引〈泰誓〉曰：『獨夫受』，《禮記》引〈泰誓〉曰：『予克受，非予武，惟朕文考無罪；受克予，非朕文考有罪，惟予小子無良』」，今《荀子・議兵》作「獨夫紂」，《禮記・坊記》作「予克紂」、「紂克予」，與《尙書正義》所引不同。考《左傳正義》亦引馬融《尙書傳序》，所引《孫卿》、《禮記》引〈大誓〉，字並作紂，與《荀子》、《禮記》引作紂者同，則《尙書正義》今作受者，乃後人據僞古文所改，非孔氏之舊。

3. 〈高宗〉云：「三年其惟不言，言乃讙。」

鄭注：「高宗、殷王武丁也，名篇在《尙書》」。

孔疏：「高宗云者，此《尙書・說命》之篇，論高宗之事，故言高宗云，高宗非《書》篇之名。……案『其惟不言』之文在《尙書・說命》之篇，『言乃讙』在〈無逸〉之篇，而鄭云名篇在《尙書》，則是〈高宗篇〉上有此二言，與《書》之文不同者，鄭不見古文《尙書》，序有〈高宗之訓〉、此經有高宗云，謂是〈高宗之訓〉篇有此語，故云名篇在《尙書》」。

輝案：此引《書・高宗之訓》文。《書序》有〈高宗之訓〉，鄭注亡，此則其遺文也。考〈坊記〉多引古書，其引《詩》、《論語》、《魯春秋》，則但稱《詩》云，《論語》曰，未舉篇名；其引《書》，則或稱《書》云，或舉篇名稱〈君陳〉曰、〈大誓〉曰，此〈高宗〉當爲《書》篇名者一也。又考〈坊記〉引古語，則但有稱「子云」一例，此〈高宗〉不當爲人名者二也。又考《書》篇名見於典籍者，固無定稱，若〈盤庚〉則或稱〈盤庚之誥〉；〔註82〕〈仲虺之誥〉則或稱〈仲虺〉、〔註83〕或稱〈仲虺之志〉；〔註84〕〈太甲〉或稱〈太甲訓〉；〔註85〕〈堯典〉或稱〈帝典〉，〔註86〕此〈高宗之訓〉可稱〈高宗〉

〔註81〕閻說見《古文尙書疏證》第六十一條。
〔註82〕見《左傳》哀公十一年、《史記・吳世家》、〈伍子胥列傳〉。
〔註83〕見《左傳》宣公十二年、襄公十四年、《呂氏春秋・驕恣篇》。
〔註84〕見《左傳》襄公三十年。
〔註85〕見《史記・殷本紀》。

者三也。鄭注〈坊記〉云：「名篇在《尚書》」，是也，孔穎達以〈坊記〉所引即〈說命〉之篇，此據僞古文爲說，非是。陳喬樅以〈坊記〉稱〈高宗〉云，當即〈高宗之訓〉，〔註87〕是也，〈檀弓〉引《書》云：「高宗三年不言，言乃讙」，〈喪服四制〉引《書》曰：「高宗諒闇，三年不言」，《呂氏春秋‧重言篇》云：「高宗天子也，即位諒闇，三年不言」，《論語‧憲問》引《書》云：「高宗諒陰，三年不言」，並引〈無逸〉文，而皆述高宗之事，〈高宗之訓〉蓋亦追述高宗之事，故〈坊記〉所引〈高宗之訓〉，文與〈無逸〉相類也。僞作古文者，見〈坊記〉所引稱高宗，而與〈檀弓〉等篇引〈無逸〉文不同，又見《爾雅‧釋天》有「商曰祀、周曰年」等語，因據以僞作〈說命〉篇，云：「王宅憂，亮陰三祀，既免喪，其惟弗言」，夫商祀周年、古可互用，閻氏《古文尚書疏證》已言之詳矣，〔註88〕其僞作之迹甚明。

又案：此引〈高宗之訓〉，與〈檀弓〉引〈無逸〉文並作「言乃讙」，是先秦《尚書》作「讙」，與今文《尚書》同。

4. 《書》云：「厥辟不辟，忝厥祖。」

孔疏：「此《尚書‧太甲》之篇伊尹戒太甲之辭。

輝案：此《尚書》逸文，今僞古文〈太甲〉上云：「祗爾厥辟，辟不辟，忝厥祖」，襲取此篇引《書》逸文爲之。孔氏據僞古文爲說，非是。

第九節 〈中庸〉引《書》

《史記‧孔子世家》云：「伋、字子思，年六十二，嘗困於宋，子思作〈中庸〉」。鄭玄《三禮目錄》云：「孔子之孫子思伋作之，以昭明聖祖之德」，〔註89〕與《史記》說同。其後學者多遵從之。及宋以後，或以文中多稱仲尼，〔註90〕或以語多異於《論語》之旨，〔註91〕或以文中多漢儒雜記文字，〔註92〕而疑〈中庸〉非子思所作。然朱熹固已辨文中稱仲尼之故，〔註93〕翟灝亦已駁歐陽、陳

〔註86〕見《禮記‧大學》。
〔註87〕見《今文尚書經説考》。
〔註88〕見閻書第九十七條。
〔註89〕《禮記‧中庸正義》、《經典釋文》並引。
〔註90〕見朱熹《中庸或問》。
〔註91〕見歐陽修《進士策問》。
〔註92〕見陳善《捫蝨新話》。
〔註93〕見《中庸或問》。

氏之非。〔註94〕《隋書·音樂志》引沈約云：「〈中庸〉、〈表記〉、〈坊記〉、〈緇衣〉皆取〈子思子〉」，徵諸〈意林〉引〈子思子〉十條，今見於〈表記〉者一條，見於〈緇衣〉者一條，《史記·平津侯列傳·索隱》引〈子思子〉，今見於〈中庸〉者一條，《後漢書·朱穆傳》注引〈子思子〉，今見於〈中庸〉者一條，《文選》王子淵《四子講德論》，李善注引〈子思子〉，今見於〈緇衣〉者一條，《太平御覽》四〇三引〈子思子〉，今見於〈表記〉者一條，則沈約之言可信。本師高仲華先生稱《史記》以〈中庸〉子思所作，其說雖未知所據，然其時近古，當必有本，〔註95〕今從《史記》之說。

全篇引《書》凡一條，在伏生二十九篇中。

1. **武王纘大王、王季、文王之緒，壹戎衣而有天下。**

輝案：此櫽括《書·康誥》之文。〈康誥〉云：「天乃大命文王殪戎殷」。殪從壹聲，〔註96〕古音同通用。殷、衣同屬影紐，古雙聲通用。卜辭有衣祭，即《儀禮·士喪禮》、《禮記·喪大記》之殷奠，《公羊》文公二年之殷祭。衣、殷之叚借。列舉三條如下：

（1）丁丑卜，旅貞：王賓自上甲衣至于多毓，亡尤？在正月。（鄴羽初集下 33 頁 6 片、甲骨文合集 22623 片）

（2）甲□〔卜〕，□貞：……彡于祖乙衣，亡卷？（闕西 13 片、合集 22914 片）

（3）辛亥卜，貞：今日不雨？□衣……。（文錄 10 片、合集 24734 片）

王徵君（國維）曰：「衣為祭名、未見古書，惟濰縣陳氏所藏大豐敦云：『王衣祀于不顯考文王』，案衣祀疑即殷祀，殷本身聲，讀與衣同，故《書·康誥》殪戎殷，《中庸》作壹戎衣，鄭注：『齊人言殷聲如衣』，《呂氏春秋·慎大覽》『歃郼如夏』，高注：『郼讀如衣，今兗州人讀殷氏皆曰衣』，然則卜辭與大豐敦之衣，殆皆借為殷字。」〔註97〕于省吾曰：「《大豐敦》、《庚嬴鼎》衣祀即殷祀。《沈子它敦》，克衣即克殷」。〔註98〕《禮記·中庸》注云：「衣讀如殷，聲之誤也，齊人言殷聲如衣，虞夏商周氏者多矣，今姓有衣者，殷之胄與」，漢人讀衣如殷，甲文金文借衣為殷，此二字互用之證。字或作謁，

〔註94〕見《四書考異》。
〔註95〕說詳〈中庸辨〉，載《禮學新探》。
〔註96〕見《說文》壹部。
〔註97〕羅振玉增訂《殷虛書契考釋》卷下，禮制第七引。
〔註98〕見《尚書新證·康誥》「乃文考紹聞衣德言」條。

《逸周書・世俘篇》云：「甲寅謁戎殷于牧野」。謁、殪同屬影紐，第十五部。古同音通用。

〈康誥〉「殪戎殷」，即〈中庸〉「壹戎衣」，戎、當訓大，《爾雅・釋詁》云：「戎、大也」，是也，〈召誥〉云「皇天上帝，改厥元子，茲大國殷之命，惟王受命」，又云：「天既遐終大邦殷之命」，〈多士〉云：「肆予敢求爾于天邑商」。〔註99〕大國殷、大邦殷、大邑商、天邑商、戎殷、戎衣，其義一也，稱大、戎者，所以示尊敬之意，猶〈大誥〉稱小邦周為謙辭也。鄭注〈中庸〉云：「戎、兵也，壹用兵伐殷也」，〈釋文〉云：「謂一用兵伐殷也」，皆望文生義，失之。偽古文〈武成篇〉云：「一戎衣，天下大定」，此襲取〈中庸〉引〈康誥〉文為之，〈偽孔傳〉云：「衣、服也，一著服而滅紂」，亦望文生義。朱熹〈中庸〉注云：「戎衣，甲冑之屬。壹戎衣，〈武成〉文，一著戎衣以伐紂也」，據偽古文為說，尤非。惠棟曰：「《禮記・中庸》曰：『壹戎衣』，壹讀為殪，戎、大也，衣讀為殷，言周殪滅大殷也」，〔註100〕孫星衍曰：「言武王承文王之意，殺伐大殷，大受天命于其國」，〔註101〕說至允當。

又考《說文》歹部云：「殪、死也」，引申有滅殺之義，則〈康誥〉作殪者本字也，〈中庸〉作壹、〈逸周書〉作謁者，皆借字也。

又《左傳》宣公六年引《周書》曰：「殪戎殷」，與〈中庸〉作「壹戎衣」，《逸周書》作「謁戎殷」不同，則先秦《尚書》蓋無定本，《孟子》引〈太甲〉「自作孽，不可活」，〔註102〕《禮記・緇衣》引作「自作孽，不可逭」；〈呂刑〉「苗民弗用靈」，〈緇衣〉引作「苗民匪用命」，《墨子・尚同》中引作「苗民否用練」；又「兆民賴之」，〈緇衣〉、《孝經・天子章》、《荀子・君子篇》、《左傳》襄公十三年引並作「兆民賴之」，《大戴禮・保傅篇》引作「萬民賴之」；〈康誥〉「若保赤子」，《禮記・大學》、《荀子》、〈議兵〉、〈王霸〉，引並作「如保赤子」；又「克明德」，〈大學〉引作「克明德」，《荀子・正論》引作「克明明德」；〈洪範〉「無有作惡」，《荀子・天論》、〈修身〉引並作「無有作惡」，《韓非子・有度》引作「毋或作惡」，《呂氏春秋・貴公》引作「無或作惡」；《呂氏春秋・驕恣》引〈仲虺之誥〉「諸侯之德，能自為取師者王，能自取友者存，其所擇而莫如己

〔註99〕天、大古通，卜辭或作「天邑商」，見《甲編》三六九○片；或作「大邑商」，見《佚存》九八七片。
〔註100〕見《古文尚書考》，〈辨梅氏增多古文之謬〉條。
〔註101〕見《尚書今古文注疏》。
〔註102〕〈公孫丑〉上、〈離婁〉上。

者亡」，《荀子・堯問》引作「諸侯自爲得師者王，得友者霸，得疑者存，自爲謀而莫己若者亡」，文字歧異，此其明驗。今孔傳本作殆，與《左傳》引同，蓋古文《尚書》作殆，〈中庸〉作壹者，皮錫瑞曰：「鄭本作壹，與左氏作殆不同，蓋今文作壹」，〔註103〕《禮記》與夏侯《尚書》同出夏侯始昌，皮說是也。

第十節　〈表記〉引《書》

　　《隋書・音樂志》引沈約云：「〈中庸〉、〈表記〉、〈坊記〉、〈緇衣〉皆取〈子思子〉」，今考典籍引〈子思子〉，今或見於〈表記〉、〈中庸〉、〈緇衣〉，則沈約之言可信。

　　全篇引《書》凡三條，在伏生二十九篇者二條，在鄭注云四十二篇者一條。

1. 〈甫刑〉曰：「敬忌而罔有擇言在躬。」

　　鄭注：「〈甫刑〉、《尚書》篇名。」

　　孔疏：「〈甫刑〉、《尚書》篇名〈呂刑〉也，甫侯爲穆王說刑，故稱〈甫刑〉。」

　　輝案：《禮記・表記》二引，〈緇衣〉三引，《孝經・天子》章引並作〈甫刑〉；《墨子・尚賢》中，〈尚賢〉下，〈尚同〉中引並作〈呂刑〉。則先秦《尚書》非僅無定本，即篇名亦無定稱。〈洪範〉，《呂氏春秋・貴公》引作〈鴻範〉，《墨子・兼愛》下引作〈周詩〉，《韓非子・有度》引作〈先王之法〉；〈仲虺之誥〉，《荀子・堯問》引作〈中蘬之言〉，《呂氏春秋・驕恣》、《左傳》宣公十二年、襄公十四年引並作〈仲虺〉，《左傳》襄公三十年引作〈仲虺之志〉；〈盤庚〉，《左傳》哀公十一年引作〈盤庚之誥〉；〈堯典〉，《禮記・大學》引作〈帝典〉；〈高宗之訓〉，《禮記・坊記》引作〈高宗〉，皆其明驗。

　　考《史記・周本紀》云：「甫侯言於王，作修刑辟，命曰〈甫刑〉」，又〈匈奴傳〉云：「周道衰，荒服不至，穆王於是遂作〈甫刑〉之辟」，《漢書・刑法志》引〈甫刑〉曰：「五刑之屬三千」，又〈蕭望之傳〉云：「〈甫刑〉之罰，小過赦，薄罪贖，有金選之品」，《鹽鐵論・詔聖》云：「故姦萌而〈甫刑〉作」，《論衡・變動》引〈甫刑〉曰：「庶僇旁告無辜于天帝」，又〈譴告〉引〈甫刑〉曰：「報虐用威」，《說苑・君道》引〈甫刑〉曰：「一人有慶，兆民賴之」，

〔註103〕見《今文尚書考證》卷十四。

字並作甫。又王應麟曰:「《大傳》以(註104)〈呂刑〉爲〈甫刑〉」,《困學紀聞》卷二、《小學紺珠》卷四並引〈大傳〉云:「〈甫刑〉可以觀誠」,是《大傳》亦作甫。獨《漢書・古今人表》作「呂侯」,〈匈奴傳〉云:「穆王作〈呂刑〉之辟」,字作呂,蓋後人據孔傳本所改。《尚書・呂刑正義》引鄭玄曰:「呂侯受王命,入爲三公」,則鄭本《尚書》作呂,僞孔本承用之,至若鄭玄箋《詩・大雅・崧高》云:「甫侯相穆王,訓夏贖刑」,字作甫者,此則兼采今文《尚書》說也。然則作〈甫刑〉者今文《尚書》也,作〈呂刑〉者古文《尚書》也。孫星衍曰:「韋昭注〈國語〉云:『謂周穆王之相甫侯所作〈呂刑〉也』,則自漢魏以前,《書》文俱作〈呂刑〉」,說未允。(註105)孔穎達曰:「知後爲甫侯者,以《詩・大雅・崧高》之篇,宣王之詩,云『生甫及申』;〈揚之水〉爲平王之詩,云『不與我戍甫』,明子孫改封爲甫侯」,(註106)皮錫瑞曰:「《詩・崧高》云:『生甫及申』,毛傳云:『於周則有甫有申』,是甫之爲國舊矣,甫其國也,呂其氏也,今文作甫,於義爲長」,(註107)二者之說不同。今考呂、甫同屬第五部,古疊韻通用,《說文》呂部云:「呂、脊骨也、象形。昔大嶽爲禹心呂之臣,故封呂侯」,段注:「呂者國名,以國爲氏,……以心呂之意名其地,而侯之,而氏之。《潛夫論》曰:『宛西三十里有呂』。酈道元、徐廣、司馬貞說皆同。宛城今南陽府治附郭南陽縣是也」。《國語・周語》云:「申呂雖衰,齊許猶在」。又云:「齊、許、申、呂,皆由大姜」,申、呂,《詩・崧高》作申、甫,段說是也。呂其本字,甫則借字,皮氏以甫爲國,以呂爲氏,說非。

今孔傳本云「敬忌罔有擇言在身」,字作身,與此引作躬不同者,蓋今古《尚書》異文。蔡邕《司空楊公碑》曰:「用罔有擇言失行在於其躬」,此引〈呂刑〉文,字作躬,與〈表記〉同,是今文《尚書》作躬,古文《尚書》作身也。

又《楊公碑》以擇言、失行並言,《法言・吾子篇》云:「君子言也無擇,聽也無淫」,以擇、淫對舉,其義必相近,王引之曰:「擇讀爲斁,〈洪範〉彝倫攸斁,鄭注訓斁爲敗。《說文》:斁、敗也。引《商書》曰:『彝倫攸斁』,

---

〔註104〕以字疑衍。
〔註105〕見《尚書今古文注疏》。
〔註106〕《尚書・呂刑正義》。
〔註107〕見《今文尚書考證》卷二十六。

嶧、斁，擇古音竝同。……蔡邕《司空楊公碑》曰：『用罔有擇言失行在於其躬』，擇言與失行竝言，蓋訓擇爲敗也」，〔註108〕說至允當，鄭注〈表記〉云：「言己外敬而心戒愼，則無有可擇之言加於身也」，以擇言爲可擇之言，失之。僞孔傳云：「堯時典獄皆能敬其職，忌其過，故無有可擇之言在於其身」，則又承用鄭注而謬，尤非。

2.〈大甲〉曰：「民非后，無能胥以寧；后非民，無以辟四方。」

鄭注：「大甲，湯孫也，《書》以名篇。」

輝案：此引《書·大甲》文。〈書序〉有〈大甲〉三篇，《大傳》無〈大甲〉篇，《史記·殷本紀》言〈太甲訓〉三篇，而未引其文，則其篇或戰國之世已亡，故伏生不傳，史遷言〈太甲訓〉三篇者，蓋據先秦典籍引〈太甲〉遺文爲說耳。鄭注〈書序〉云：「亡」，是也。僞古文〈太甲〉中云：「民非后、罔克胥匡以生；后非民，罔以辟四方」，襲取此篇引〈大甲〉文，及〈盤庚〉上「無能胥匡以生」之語爲之。易「無能胥匡以生」之語爲之。易「無」爲「罔」。無、罔同屬微紐，古歸明紐，韻則無屬第五部，罔屬第十部，對轉相通。作無者本字，作罔者借字。《書·湯誓》「罔有攸赦」，《史記·殷本紀》作「無有攸赦」；〈西伯戡黎〉「罔敢知吉」，〈殷本紀〉作「無敢知吉」；〈金縢〉「王其罔害」，〈魯世家〉作「王其無害」，是二字互用之證。

易能爲克。《爾雅·釋言》云：「克、能也」。

又案：〈大甲〉，《禮記·表記》引作〈大甲〉，〈緇衣〉二引、〈大學〉、《孟子·公孫丑》上、〈離婁〉上引並作〈太甲〉。考卜辭大甲多見，大甲，殷先王名。甲文作「𡗕」、「十」。列舉三條如下：

（1）□申卜，𣏪……从辛酉……大乙、大丁、大甲、大戊、□庚、□丁、□丁、〔祖〕辛、祖丁率□。（佚存986片、合集32385片）

（2）乙酉貞：又寮于〔上甲〕、大乙、大丁、大甲……。（外編57片、合集32387片）

（3）癸卯卜，王貞：自大乙、大丁、大甲。（續存上1491片、合集22725片）。

又〈緇衣〉、《大學·釋文》並云：「大音泰」，是字本作大，今作太者，蓋後人據僞孔本而改。

〔註108〕見《經義述聞》。

3. 〈甫刑〉曰：「德威惟威，德明惟明。」

輝案：《墨子・尚賢》中引〈呂刑〉作「德威維威，德明維明」，字作威，與〈表記〉引同，而惟作維小異。孔傳本作「德威惟畏」，字作畏，《禮記・表記》鄭注云：「德所威，則人皆畏之」，據此，則鄭本《尚書》蓋作畏，孔傳本承用之。威、畏同屬影紐、十五部、古同音通用。《書・皋陶謨》「天明畏」，《釋文》引馬本作「天明威」；〈洪範〉「威用六極」，《史記・宋世家》、《漢書・五行志》，〈谷永傳〉引並作「畏用六極」；《考工記・弓人》「恒當弓之畏」，注云：「故書畏作威，杜子春云：『當爲畏』」，此二字互用之證。

第十一節　〈緇衣〉引《書》

《隋書・音樂志》引沈約云：「〈中庸〉、〈表記〉、〈坊記〉、〈緇衣〉皆取〈子思子〉」，今考典籍引〈子思子〉，今或見於〈中庸〉、〈表記〉、〈緇衣〉，則沈約之言可信。

全篇引《書》凡十四條，在伏生二十九篇者五條，在鄭注逸十六篇者二條，在鄭注亡四十二篇者七條。

1. 〈甫刑〉曰：「苗民匪用命，制以刑，惟作五虐之刑曰法。」

鄭注：「〈甫刑〉，《尚書》篇名。」

孔疏：「此《尚書・呂刑》之篇也，〈甫侯〉爲穆王說刑，故稱〈甫刑〉。」

輝案：《墨子・尚同》中引作「苗民否用練」，與此篇所引不同，此又先秦《尚書》無定本之一證。孔傳本作「苗民弗用靈」，匪、否、弗同屬非紐，古歸幫紐，否、匪且同屬十五部，則又同音，故相通用。考否從不聲，[註109]不即否之本字，故《說文》即以不訓否。其作匪、弗，皆借字也。《禮記・燕義》、《廣雅・釋詁》四並云：「弗、不也」，《國語・周語》「莫匪爾極」注：「匪，不也」，皆以段借義釋之。《書・堯典》「績用弗成」，《史記・五帝紀》作「功用不成」，此其互用之證。

錢大昕曰：「靈、練聲相近，〈緇衣〉引作匪用命，命當是令之譌，令與靈，古文多通用。令靈皆有善義，鄭康成注《禮》，解爲政令似遠」。[註110]段玉裁曰：「《墨子》云〈呂刑〉，則古文《尚書》也。〈緇衣〉云〈甫刑〉，則

〔註109〕見《說文》不部。
〔註110〕孫詒讓《墨子閒詁》引。

今文《尚書》也。靈作練者雙聲也，依《墨子》上下文觀之，練亦訓善，與孔正同，〈緇衣〉作命者，古靈、令通用，皆訓善，令之爲命，字之歧誤也」。〔註111〕皮錫瑞曰：「蓋今文說以蚩尤、苗民爲一，非如鄭義以爲苗民效蚩尤，然則〈緇衣〉所云：『苗民匪用命』，即《史記》云：『蚩尤不用帝命』也，……蓋謂不用天命，今文作匪用命，其義亦當如是，不必傅合古文靈字以命爲令之誤，如段氏說也。鄭以命爲政令，亦古文說與今文不同」。〔註112〕今案命從令聲，命令同音轉注字，錢氏、段氏並以命爲令之誤，未允。令、靈、練並屬來紐，古雙聲通用。靈本訓巫，〔註113〕巫所以事神求福於民，故引申有美善之義，《詩・定之方中》箋、《廣雅・釋詁》一並云：「靈、善也」。《詩・凱風》「我無令人」箋，《禮記・孔子閒居》「令聞不已」注並云：「令、善也」，此以叚借義釋之，段玉裁曰：「〈盤庚正義〉引〈釋詁〉靈善也，蓋今文《爾雅》作令，非古也。凡令訓善者靈之叚借字也」，〔註114〕說至允當。鄭玄曰：「九黎之君于少昊氏衰而棄善道，上效蚩尤重刑」，〔註115〕此以善訓靈，蓋古文家說如此，其注《禮記・緇衣》云：「命謂政令也」，與《書》注不同，蓋取今文家說爲注，皮氏以鄭注命謂政令爲古文說，未允。錢氏、段氏以令、靈、練訓善，於義爲長。《墨子・尚同》中引〈呂刑〉之文，而釋之曰：「此言善用刑者以治民，不善用刑者以爲五殺」，亦以練訓善，與鄭《書》注同，此蓋古義如此。字作靈者本字也，古文《尚書》用之；作命（令）、練者借字也，《禮記》與夏侯《尚書》同出，蓋今文《尚書》作令。

2.〈甫刑〉曰：「一人有慶、兆民賴之。」

輝案：《左傳》襄公十三年引《書》曰，《荀子・君子》引《傳》曰，《孝經・天子》章引〈甫刑〉並作「一人有慶，兆民賴之」。《大戴禮・保傅》引《書》曰：「一人有慶，萬民賴之」，字作萬，與《左傳》等篇所引不同，此先秦《尚書》無定本之一證。考漢代典籍，《漢書・賈誼傳》引《書》曰、《說苑・君道》引〈甫刑〉、又〈建本〉引〈呂刑〉並作「兆民賴之」，與此篇引同。《漢書・刑法志》、《後漢書・安帝紀》、《淮南子・主術篇》引《書》曰、

〔註111〕《古文尚書撰異》。
〔註112〕《今文尚書考證》卷二十六。
〔註113〕見《說文》玉部。
〔註114〕《說文》卩部令字注。
〔註115〕《禮記・緇衣正義》引鄭注〈呂刑〉。

並作「萬民賴之」，與《大戴禮》引同。陳喬樅疑爲三家《尚書》異文，〔註116〕殆或然也。孔傳本作「兆民賴之」，與此篇引同。

3. 〈尹吉〉曰：「惟尹躬及湯，咸有壹德。」

鄭注：「吉當爲告，告古文誥，字之誤也。〈尹告〉，伊尹之誥也。〈書序〉以爲〈咸有壹德〉，今亡。」

孔疏：「是伊尹誥大甲，故稱〈尹誥〉，則〈咸有一德〉篇是也。」

輝案：此引《書·咸有一德》文，〈書序〉有〈咸有一德〉，鄭注〈書序〉云：「逸」，閻若璩曰：「鄭注《書》，有亡有逸，亡則人間所無，逸則人間雖有而非博士家所讀」，〔註117〕然則，鄭注〈緇衣〉云「〈咸有一德〉，今亡」者，蓋鄭注〈書序〉，本劉向《別錄》，〔註118〕或《別錄》稱逸，故鄭亦云逸，其《書》鄭時實亡，故注〈緇衣〉云：「今亡」，閻氏疑亡字誤，〔註119〕未允。

僞古文〈咸有一德〉云：「惟尹躬暨湯，咸有一德」，襲取此篇所引爲之。易「及」爲「暨」，及、暨同屬群紐，古歸溪紐，雙聲通用，〈緇衣〉作「及」，本字也；僞孔作「暨」，借字也。《禮記·表記》「塗不暨于棺」注、《小爾雅·廣言》、《一切經音義》七引〈字林〉並云：「暨、及也」，此以叚借義釋之。

易「壹」作「一」，壹、一同屬影紐、第一部，古同音通用，其例古書多有。

4. 〈康誥〉曰：「敬明乃罰。」

輝案：孔傳本同，《潛夫論·述赦》引《尚書·康誥》亦作「敬明乃罰」，則今古文《尚書》無異。

5. 〈甫刑〉曰：「播刑之不迪。」

鄭注：「不、衍字耳」。

輝案：孔傳本作「非時伯夷，播刑之迪」，鄭注〈緇衣〉云：「不，衍字」，則鄭本《尚書》無「不」字，孔傳本承用之。皮錫瑞曰：「〈緇衣〉引〈甫刑〉『播刑之不迪』，爲政不行，教不成之證，則今文《尚書》當有不字，非衍文也。今文《尚書》當以『非時伯夷』斷句，『播行之不迪』連下句『其今爾何懲』爲義，謂今爾當何所監視，非是伯夷乎？若播刑之不迪，其今爾將何以

〔註116〕見《今文尚書經説考》。
〔註117〕見《古文尚書疏證》第十六條。
〔註118〕《尚書·堯典正義》云：「鄭依賈氏所奏《別錄》爲次」。
〔註119〕見《古文尚書疏證》第十六條。

懲惡也」。〔註120〕此今古文《尚書》句讀不同，釋義因異，古文家讀「播刑之迪」斷句，連上「非時伯夷」爲義。《禮記》與夏侯《尚書》同出，則今文《尚書》當有不字，與〈緇衣〉引同，皮說是也。王先謙曰：「鄭依古文注，非其恉」，〔註121〕此正鄭注〈緇衣〉之失，甚允。近人或謂〈緇衣〉所引與漢世三家今文不同，〔註122〕說非。

6. 〈君陳〉曰：「未見聖，若己弗克見；既見聖，亦不克由聖。」

輝案：此引《書·君陳》文，〈書序〉有〈君陳〉，《大傳》、《史記》皆未引〈君陳〉，則其篇或戰國之世已亡。鄭注〈書序〉云：「亡」，是也。僞古文〈君陳〉曰：「凡人未見聖，若不克見，既見聖，亦不克由聖」，襲取此篇所引爲之。易「弗」爲「不」，二字同屬幫紐，古雙聲通用，說見本節第一條。

7. 〈太甲〉曰：「毋越厥命以自覆也，若虞機張，往省括于厥度則釋。」

輝案：此引《書·大甲》文。〈書序〉有〈太甲〉三篇，戰國之世已亡。僞古文〈太甲〉上云：「無越厥命以自覆，愼乃儉德，惟懷永圖，若虞機張，往省括于度則釋」，襲取此篇所引爲之。

又案：《釋文》云：「大音泰」，則本作〈大甲〉，今作〈太甲〉者，蓋後人據僞孔本所改，〈表記〉引作〈大甲〉，卜辭字作〈大甲〉可證，參見第十節第二條。

《易》「毋」爲「無」，毋、無同屬微紐，古歸明紐，韻則同在第五部，古同音通用。作無者借字，作毋者本字。《書·洪範》「無有作好」，《史記·宋世家》作「毋有作好」，《書·無逸》，《史記·魯世家》作毋逸，此二字互用之證。

8. 〈兌命〉曰：「惟口起羞，惟甲冑起兵，惟衣裳在笥，惟干戈省厥躬。」

鄭注：「兌當爲說，謂殷高宗之臣傅說也，作《書》以命高宗，《尚書》篇名也。」

輝案：此引《書·說命》文，〈書序〉有〈說命〉三篇，戰國之世已亡。僞古文〈說命〉中云：「惟口起羞，惟甲冑起戎，惟衣裳在笥，惟干戈省厥躬」，襲取此篇所引爲之。易「兵」爲「戎」者，《說文》戈部云：「戎、兵也。」

〔註120〕見《今文尚書考證》卷二十六。王先謙《尚書孔傳參正》卷三十一說同。
〔註121〕見《尚書孔傳參正》卷三十一。
〔註122〕見陳夢家《尚書通論》二八葉。

9. 〈太甲〉曰:「天作孽,可違也;自作孽,不可以逭。」

　　輝案:此引《書·大甲》文。《孟子·公孫丑》上、〈離婁〉上並引〈太甲〉曰:「天作孽,猶可違;自作孽,不可活」,文句與此所引微異,此可見先秦《尚書》未有定本,是以同引一《書》,而文字歧異如此。

　　《釋文》云:「大音泰」,則〈太甲〉本作〈大甲〉。此及《孟子》引作〈太甲〉者,蓋後人所改。

　　〈大甲〉之文蓋亡於戰國之世,《說苑·敬慎》篇引〈太甲〉曰:「天作孽,猶可違;自作孽,不可逭」,蓋據《禮記》引〈大甲〉為說,文句當與〈緇衣〉引同,後人據偽古文〈太甲〉中改之,故與〈緇衣〉微異耳。

　　偽古文〈太甲〉中云:「天作孽,猶可違;自作孽,不可逭」,襲取〈緇衣〉、《孟子》所引〈大甲〉文為之。《釋文》云:「不可以踤,本又作逭」,從足、從辵,皆示行動,義可兩通。《說文》迁,或從足作踤,〔註123〕是其例。

10. 〈尹吉〉曰:「惟尹躬天見于西邑夏,自周有終,相亦惟終。」

　　鄭注:「〈尹吉〉亦〈尹誥〉也。天當為先,字之誤。」

　　孔疏:「鄭君不見古文《尚書》,故云伊尹之先祖,據《尚書》是〈太甲〉之篇,言尹之往先見夏之先君,是身之往先見,非謂尹之先祖也。」

　　輝案:此引《書·咸有一德》文。偽古文〈太甲〉上云:「惟尹躬先見于西邑夏,自周有終,相亦惟終」,襲取此篇所引〈尹吉〉文為之。鄭注〈緇衣〉云:「天當為先,字之誤」,偽古文因改作「先見于西邑夏」,此則襲取鄭注以改經文,設偽古文果出孔安國之手,則鄭玄不容不見,既見之,則其注〈緇衣〉當云:「《書·太甲》作先」,不當但云:「天當為先」也,則偽古文後出之迹甚明。孔穎達據偽古文為說,非是。

11. 〈君雅〉曰:「夏日暑雨,小民惟曰怨。資冬祈寒,小民亦惟曰怨。」

　　鄭注:「雅、〈書序〉作牙,叚借字也。君雅、周穆王司徒,作《尚書》篇名也。資當為至,齊魯之語,聲之誤也。」

　　孔疏:「案《尚書》云:『小民惟曰怨咨』,今此本作資字,鄭又讀資為至,以鄭不見古文《尚書》也。」

　　輝案:此引《書·君雅》文。〈書序〉有〈君牙〉,《大傳》、《史記》皆未引〈君牙〉,則其篇或戰國之世已亡,鄭注〈書序〉云:「亡」,是也。《漢書·

〔註123〕見辵部。

古今人表》作〈君牙〉，與〈書序〉同，師古曰：「穆王司徒也」，鄭玄以〈緇衣〉作雅爲本字，〈書序〉作牙爲假借字，未知何據。雅从牙聲，〈緇衣〉作雅，〈書序〉作牙，猶說从兌聲，〈書序・說命〉、〈緇衣〉、〈學記〉作兌之比。僞古文〈君牙〉篇云：「夏暑雨，小民惟曰怨咨，冬祁寒，小民亦惟曰怨咨」，襲取此篇所引〈君雅〉文爲之。阮元《尚書校勘記》云：「古本曰作日，下同」，徵諸〈緇衣〉引作日，則古本日誤作日也。

〈緇衣〉引作「夏日暑雨」，則下文「資多祈寒」亦當是四字句，資屬下讀爲長，鄭注：「資當爲至」，是也。僞古文上句既去日字，作「夏暑雨」三字句，故下文「多祁寒」亦三字句，資改爲咨，屬上「怨咨」連讀，下文「小民亦惟曰怨」下，遂增一咨字，以求對稱，此則故示異於古籍者，作僞之迹甚明。孔穎達據僞古文爲說，非是。

資改爲咨，資、咨並从次聲，古音同通用。咨，俗又从言作諮，《易・蒙》注「不諮于閩」，《釋文》：「諮、本作資」，是其互用之證。

祈改爲祁，祈、祁並屬群紐，古歸溪紐，雙聲通用。〈緇衣〉作祈，本字也，僞古文作祁，借字也。

12. 〈君陳〉曰：「出入自爾師虞，庶言同。」

輝案：此引《書・君陳》文，〈書序〉有〈君陳〉，戰國之時已亡。僞古文〈君陳〉曰：「出入自爾師虞，庶言同則繹」，襲取〈緇衣〉所引爲之。依〈緇衣〉所引，當讀同字斷句，僞古文屬入「則繹」二字。

13. 〈君奭〉曰：「昔在上帝，周田觀文王之德，其集大命于厥躬。」

鄭注：「奭、召公名也，作《尚書》篇名也。古文周田觀文王之德，爲割申勸寧王之德，今博士讀爲厥亂勸寧王之德，三者皆異，古文似近之。」

輝案：此引《書・君奭》文。今孔傳本作「在昔上帝」，與〈緇衣〉引異，此蓋今古文《尚書》異文，《禮記》昔在，一本作在昔，〔註124〕蓋後人據古文《尚書》改。

依鄭注，則馬鄭古文《尚書》作「割申勸寧王之德」，孔傳本承用之，歐陽夏侯《尚書》則作「厥亂勸寧王之德」。段玉裁曰：「古文割害通用，害與周體略似，此古文作割，《記・緇衣》作周之理也」。〔註125〕皮錫瑞曰：「割申

〔註124〕阮元《禮記校勘記》云：「惠棟校宋本、宋監本、石經岳本、嘉靖本同，《考文》引古足利本同，閩監毛本昔在二字倒，衛氏《集說》同」。
〔註125〕見《古文尚書撰異》。

勸三字之義殊不可通，鄭君讀割爲蓋，而《尚書》二十九篇無用蓋字爲語辭
者，則鄭說亦未可據，當從今博士讀爲厥亂勸，厥亂二字與上文厥亂明我新
造邦義同，王引之云：『率、詞也，字通作亂，〈梓材〉厥亂爲民，《論衡・效
力篇》引作厥率化民』，亂者率之借字也，厥亂勸寧王德者，厥率勸寧王德也」，
〔註126〕于省吾曰：「按勸作觀，寧作文，皆以形似而譌，《禮記》所引是也，
惟割申作周田則非。周即害之譌，亦作割，〈格伯段〉，周作咢，〈師害段〉，
害作咢，形似易渾。……申一作田，實乃由之譌，……害讀曷，由、以也，……
言在昔上帝，曷以觀文王之德，乃集大命于其躬」。〔註127〕屈萬里先生曰：「申
田，觀勸，皆形近易訛，割本作害，……勸當爲觀，言上帝蓋重複觀察文王
之德也」。〔註128〕考先秦典籍引《書》，其文字所以歧異者，厥有四端：一則
音同借用，〈緇衣〉引〈甫刑〉「苗民弗用靈」作「苗民匪用命」，《墨子・尚
同》中作「苗民否用練」，命（令）、靈、練，匪、弗、否（不）並音同通用。
一則義近互用，〈緇衣〉引〈甫刑〉「兆民賴之」，《大戴禮・保傅》作「萬民
賴之」，萬、兆義近，故或互用。一則形近而譌，《禮記・大學》引〈秦誓〉「如
有一介臣」作「若有一个臣」，《公羊傳》文公十二年引作「惟一介斷斷焉無
他技」，个、正字，介、譌字。一則增減文字，〈康誥〉「克明德」，《荀子・正
論》引作「克明明德」，疊用明字，〈大學〉引作「克明德」，不疊明字。〈緇
衣〉引〈君奭〉「周田觀文王之德」，古文《尚書》作「割申勸寧王之德」，割
從害聲，形聲字多以聲母爲初文，割、古即以害爲之，猶〈說命〉，〈學記〉、
〈緇衣〉作〈兌命〉也。害、周形近，故相譌用，猶〈秦誓〉个譌爲介也。
田與申，觀與勸，亦形近而譌，孔穎達所謂字體相涉，古今錯亂是也。若夫
博士讀爲「厥亂勸寧王之德」，周與厥，亂與田，形體、聲韻皆相去甚遠，無
由通借，亦無從譌亂。蓋漢初轉寫之際，涉上文「厥亂我新造邦」而誤，博
士因依譌本爲說，皮氏從今文，故以博士所讀爲是，終有未安。至若鄭讀割
爲蓋，則《尚書》二十九篇無用蓋爲語辭之例，亦有未妥。且夫周、害、田、
申，觀、勸形並相近，孰正孰譌，實難遽定，王國維云：「於《書》所不能解
者殆十之五。」，〔註129〕然則《書》義之不可解者，闕疑可也。

〔註126〕《今文尚書考證》卷二十一。
〔註127〕見《尚書新證》。
〔註128〕見《尚書釋義・君奭篇》。
〔註129〕〈與友人論《詩》、《書》成語書〉。

〈緇衣〉引作「文王」，古文《尚書》、博士所讀，並作「寧王」。吳大澂謂金文「文」字作🅰、🅱等形，與寧字形相近，《書·大誥》「寧王」之「寧」，皆文字之訛，寧王即文王，〔註130〕則〈緇衣〉引作「文王」，其正字也；今文、古文《尚書》作「寧王」，其譌字也。漢時今文皆傳伏生二十九篇，伏生誤文王爲寧王，而〈緇衣〉所引不誤，則〈緇衣〉所據《尚書》猶在伏生本之前，然則〈緇衣〉成於先秦，此又一證。

14. 〈兌命〉曰：「**爵無及惡德，民立而正，事純而祭祀，是爲不敬，事煩則亂，事神則難。**」

輝案：此引《書·說命》之文。僞古文〈說命〉中云：「爵罔及惡德，惟其賢，……黷于祭祀，時謂弗欽，禮煩則亂，事神則難」，襲取此篇所引爲之。改「無」爲「罔」。無、罔同屬微紐，古歸明紐，韻則無在第五部，罔在第十部，對轉相通。說見本章第十節第二條。

改「純」爲「黷」，純屬禪紐，黷屬定紐，禪古歸定，二字古雙聲通用。鄭注云：「純或爲煩」，下文「事煩則亂」，與此相應，或本爲長。

改「是」爲「時」，二字同屬禪紐，古歸定紐，雙聲通用，說見第八節第一條。

改「不敬」爲「弗欽」，不弗古音同屬幫紐，雙聲通用，說見第十一節第一條，敬作欽者，《爾雅·釋詁》云：「欽、敬也」。

第十二節　〈大學〉引《書》

朱熹《大學章句》云：「經一章，蓋孔子之言，而曾子述之，其傳十章，則曾子之意，而門人記之也」，《大學或問》又云：「正經辭約而理備，言近而旨遠，非聖人不能及也，然以他無左驗，且意其或出於古先民之言也，故疑之而不敢質，至於傳文，或引曾子之言，而又多與《中庸》、《孟子》者合，則知成於曾氏門人之手而子思以授孟子無疑也」。自朱熹發爲此言，其後學者或以《大學》孔子所作，許謙《四書叢說》主其說；或以此書出於曾子，成於曾子門人之手，黎立武《大學發微》、何異孫《十一經問答》、翟灝《四書考異》主其說；或以《大學》子思所作，鄭曉《大學源流》、鄒德溥《大學宗釋》、周彥雲《大學義》、劉宗周《大學古記》主其說。然皆無左驗，說欠允當，其以此書出於子思，尤

〔註130〕說見《字說》。

屬臆測之詞，前人辨之詳矣。〔註131〕今考〈文王世子〉、〈大學〉、〈學記〉三篇，皆以記述《大學》之事爲主，而〈學記〉之義，尤與《大學》相爲表裏，其著成時代當亦相近。〈學記〉又與《荀子・勸學篇》多相輔相成之處，本師高仲華先生以此篇爲荀子一派儒者所記，其著成時代去荀子之世不遠，〔註132〕然則崔述以《大學》作於戰國，〔註133〕其說可信。

全篇引《書》凡七條，其在伏生二十九篇者六條，在鄭注亡四十二篇者一條。

1. 〈康誥〉曰：「克明德。」

輝案：《荀子・正論》引作「克明明德」，多一明字，與此不同，此可見先秦《尚書》未有定本。孔傳本作「克明德」，與此同。《禮記》與夏侯《尚書》同出，則今、古文《尚書》無異。至若《困學紀聞》卷二引《大傳》云：「《書》曰：『惟乃丕顯考文王，克明俊德』」，多一俊字，段玉裁曰：「俊字當是本作明，此必淺人所改」，〔註134〕今考《書・堯典》云：「克明俊德」，此蓋傳寫者涉〈堯典〉文而誤增俊字，《大傳》當本作「克明德」，與〈大學〉引同。此猶〈盤庚〉「惟予一人有佚罰」，《爾雅・釋言》郭注引《書》曰：「汝則有逸罰」，此涉〈費誓〉「汝則有常刑」句而誤。〔註135〕

2. 〈太甲〉曰：「顧諟天之明命。」

輝案：此引《書・大甲》文。其篇蓋亡於戰國之世。僞古文〈太甲〉上云：「先王顧諟天之明命」，襲取此篇所引爲之。鄭注云：「諟或爲題」，諟、題並爲睼之借字，諟、題、睼並从是聲，襲取此篇所引爲之。鄭注云：「諟或爲題」，諟、題並爲睼之借字，諟、題、睼並从是聲，古音同通用。睼訓迎視，〔註136〕與顧訓還視，〔註137〕其義相近。《詩・小宛》「題彼脊令」傳、《小爾雅・廣言》並云：「題、視也」，此謂題爲睼之叚借。顧，睼本訓還視，迎視，引伸則有顧念之意，則顧諟（題）當連讀，二字同義，謂當顧念天之明命也。《僞孔傳》云：「諟、是也」，鄭注〈大學〉云：「諟，正也」，皆未允。

〔註131〕說詳本師高仲華先生著《大學辨》。
〔註132〕見《禮記概説》。
〔註133〕見《洙泗考信錄》。
〔註134〕見《古文尚書撰異》。
〔註135〕說見本書218頁，第十一章第一節第二條。
〔註136〕見《説文》目部。
〔註137〕見《説文》頁部。

又案：《釋文》云：「大音泰」，則本當作〈大甲〉，今作〈太甲〉者，蓋後人所改。

3. 〈帝典〉曰：「克明峻德」。

鄭注：「〈帝典〉、〈堯典〉，亦《尚書》篇名也。」

輝案：此引《書・堯典》文。今孔傳本作「克明俊德」，鄭玄曰：「俊德，賢才兼人者」，〔註138〕則鄭本《尚書》作俊，孔傳本承用之。《漢書・平當傳》引作「克明俊德」，當習歐陽《尚書》，〔註139〕惟《平當傳》所引當係班氏所改，班氏撰《漢書》用夏侯《尚書》，《禮記》與夏侯同出，故《漢書》作峻，與《大學》所引合，皮錫瑞以《平當傳》作峻，因謂歐陽《尚書》作峻，〔註140〕說未允，《論衡・程材》云：「堯以俊德致黎民雍」，字作俊，王充習歐陽《尚書》，〔註141〕則歐陽《尚書》作俊，皮氏稱歐陽別本作俊，說亦未允。漢《郙閣頌》作「克明俊德」，與歐陽《尚書》同。《史記・五帝紀》作「能明馴德」，《集解》引徐廣曰：「馴古訓字」，《索隱》曰：「《史記》馴字，徐廣皆讀訓，訓、順也，言聖德能順人也」。馴、訓、順並从川聲，古音同通用，徐廣之意，順為本字，訓、馴皆借字也。史遷撰《史記》，用歐陽《尚書》，則歐陽《尚書》一本作馴，段玉裁謂〈堯典〉在歐陽夏侯當作克明訓德，〔註142〕近之。

又案：馴、邪紐，古歸心紐，韻在第十三部；峻，心紐，韻在第十四部，馴、峻古音同通用。又峻、俊並从夋聲，古音同通用。字當以峻為本字，鄭注《大學》云：「峻、大也」，謂堯能自明其大德也。其作俊、馴者，皆借字也，徐廣訓馴為順，鄭注〈堯典〉以俊德為賢才兼人者，皆非其怡。

4. 〈康誥〉曰：「作新民」。

輝案：孔傳本亦作「作新民」，與此同。

5. 〈康誥〉曰：「如保赤子」。

輝案：《孟子・滕文公》上云：「古之人若保赤子」，此亦引〈康誥〉文，與孔傳本同。《荀子・王霸》、〈議兵〉並作「如保赤子」，與〈大學〉引同。先秦《尚書》無定本，此又一證。

〔註138〕《尚書・堯典正義》引。
〔註139〕見《儒林傳》。
〔註140〕見《今文尚書考證》卷一。
〔註141〕皮錫瑞說，見《今文尚書考證》卷一。
〔註142〕見《古文尚書撰異》。

　　若、如同屬日紐，第五部，古音同通用，《左傳》文公十八年「如鷹鸇之逐鳥雀」，《漢書・翟方進傳》引作「若鷹鸇之逐鳥爵」；《書・微子》「若之何其」，《史記・宋世家》作「如之何其」，此二字互用之證。

6.〈康誥〉曰：「惟命不于常。」

　　輝案：《左傳》成公十六年引《周書》曰、襄公二十三年引《書》曰，《史記・三王世家》、孔傳本並作「惟命不于常」，獨《國策・魏策》三引《周書》作「維命不于常」為異，此亦先秦《尚書》無定本之一證。

7.〈秦誓〉曰：「若有一个臣，斷斷兮無他技，其心休休焉，其如有容焉。人之有技，若已有之；人之彥聖，其心好之；不啻若自其口出，寔能容之，以能保我子孫黎民，尚亦有利哉。人之有技，娼嫉以惡之；人之彥聖，而違之，俾不通；寔不能容，以不能保我子孫黎民，亦曰殆哉。」

　　輝案：此引《書・秦誓》文，孔傳本作「如有一介臣」，若、如同音通用，說見本節第五條。个、介形近而誤，个，正字，介、誤字，《廣雅・釋詁》云：「斷斷，誠也」，此以斷斷狀其心之誠愨，若以介讀如砎，訓端愨如馬融說，〔註143〕則其義重出，此其一。《國語・吳語》「一介嫡女」注：「一介、一人」，《左傳》襄公八年「亦不使一介行李」注：「一介、獨使也」，皆不以介作端愨之義，此其二。然則「一介」之義，當如〈吳語〉注，訓為一人，字當以〈大學〉所引，作个為正字。《公羊傳》文公十二年云：「惟一介斷斷焉無他技，其心休休能有容」，此檃括〈秦誓〉文，字亦作介，與孔傳本同，皆譌字也。何休注云：「一介猶一槩」，馬融云：「一介、耿介一心端愨者」，皆非古義。王鳴盛乃以《說文》無个字，《後漢書・杜詩傳》李賢注引《書》作介，《公羊傳》亦引作介，而云作个者非，〔註144〕殊有未當，考古字見於載籍而說文未收者，其例多有，若《周禮》有虣字，音薄報反，即虣亂之本字，〔註145〕而《說文》未收，此即一例。自未可以《說文》所無而疑其字，且个字見於《六書故》所引唐本《說文》，段玉裁據以補入《說文》竹部，以為箇之重文，是也。至若李賢唐人，其所引《尚書》據孔傳本、故字作介，自未可據以正〈大學〉作个之非。又段玉裁云：「《尚書・釋文》：

〔註143〕見《釋文》引。
〔註144〕見《尚書後案》。
〔註145〕見《地官・司市》、〈司虣〉。

『介、馬本作介』，此不可通，當是馬本作砎」，〔註146〕案馬本作介無誤，其釋介爲耿介端慤，則是讀介如砎，此明叚借之理，《釋文》本當作「馬云」，後人屬入「本作介」三字，遂不可通，段氏云當作砎，亦臆測之詞，非是。

孔傳本作「斷斷猗」。兮、匣紐，猗、影紐，同屬喉音；於韻則兮在第十六部，猗在第十七部，旁轉相通。《莊子・大宗師》「而我猶爲人猗」，《釋文》引崔注：「猗、辭也」，猗本訓犗犬，〔註147〕此作語詞，乃兮之叚借。《詩・伐檀》「河水清且漣猗」，漢石經作「河水清且漣兮」，此二字互用之證。《說文》斤部引《周書》「䚵䚵猗」，字作猗，與孔傳本同。《公羊傳》文公十二年作「斷斷焉」，焉、猗同屬影紐。焉、兮同屬喉音，古相通用，兮、本字，猗、焉，皆借字也。

斷斷、《說文》斤部引《周書》作䚵䚵，䚵，古文斷。䚵从𠧢聲，𠧢古文重。〔註148〕斷、端紐，𠧢、照紐，古歸端紐，於韻則同屬第十四部，古同音通用。𧮫从斷聲，重文从專聲作劏，〔註149〕此二字互用之證。《東觀漢記》建武元年韶曰：「故密令卓茂，束身自修，執節惇固，斷斷無他，其心休休焉」，《後漢書・卓茂傳》論云：「卓茂斷斷小宰，無他庸能」，又《謝弼傳》弼上封事曰：「今之四公，惟司空劉寵斷斷首善」，漢《冀州從事郭君碑》云：「斷斷休缺」，並引〈秦誓〉文，字並作斷，則今文《尚書》作斷，與古文《尚書》同。

孔傳本技作伎，《釋文》云：「技，其綺反，本亦作伎」，案孔傳本下文「人之有技」二句並作技，則此亦當作技爲正，或本作伎，借字也。技、伎並从支聲，古同音通用。

寔、孔傳本作是，寔从是聲，古同音通用。寔本訓止，〔註150〕《爾雅・釋詁》云：「寔、是也」，此以叚借義釋之。

《論衡・刺孟》引《尚書》曰：「黎民尙亦有利哉」，以黎民下屬，則今文《尚書》句讀如此。孔傳云；「安我子孫眾人」，則以子孫黎民連讀，與今文《尚書》異。尙異，孔傳本作亦職，王引之曰：「《大學》引〈秦誓〉曰：『尙亦有利哉』，尙亦當爲亦尙，今〈秦誓〉作亦職，職、尙皆主也，與亦尙一人之尙正同義」。〔註151〕今考《廣雅・釋詁》三、《史記・呂后紀》「尙符命」，《集

〔註146〕見《古文尚書撰異》。
〔註147〕見《說文》犬部。
〔註148〕見《說文》斤部。
〔註149〕見《說文》首部。
〔註150〕見《說文》宀部。
〔註151〕見《經義述聞》。

－111－

解》引張晏、《淮南子・覽冥》「位賤尙薬」注並云：「尙、主也」,《爾雅・釋
詁》、《詩・十月之交》「職競由人」傳、〈大東〉「職勞不來」箋並云：「職、
主也」。職、主同屬照紐,古歸端紐,尙屬邪紐,古歸定紐,同屬舌音,古相
通用,主、本字,尙、職皆借字,王說是也。《論衡・刺孟》引作「尙亦」,
亦當作「亦尙」,蓋漢人轉寫既誤倒〈大學〉「亦尙」作「尙亦」,王充據之,
故亦作「尙亦」。

　　媢嫉,孔傳本作冒疾,《禮記・釋文》云：「媢,《尙書》作冒」,未言嫉
作疾,則〈大學〉所引本作疾,與孔傳本同,《說文》媢字下段注引〈大學〉
曰：「媢疾以惡之」可證。今作嫉者,蓋傳寫者涉上文媢从女而誤。媢从冒聲,
《說文》女部云：「媢、夫妬婦也」,引申爲一切妬恨之意,孔傳本省借作冒。

　　俾不通,孔傳本作俾不達。通、透紐,達、定紐,同屬舌音,古相通用。
達本訓行不相遇,〔註152〕《孟子・盡心》上「達之天下」注,《廣雅・釋詁》
一並云：「達,通也」,此以叚借義釋之。《書・禹貢》「達于河」,《史記・夏
本紀》、《漢書・地理志》並作「通于河」,此二字互用之證。

　　鄭注〈大學〉云：「彥或作盤」,段玉裁曰：「盤與般同,大也」,〔註153〕
案盤、彥同屬第十四部,古疊韻通用。

第十三節　〈喪服四制〉引《書》

　　此篇向來說禮者皆未言其出於何人,作於何時。今考篇中言「資於事父
以事君而敬同」,引《孝經》語,《孝經》作於戰國,則此篇殆亦作於戰國之
世。

　　全篇引《書》凡二條,皆在伏生二十九篇中。

1. 《書》曰：「高宗諒闇,三年不言。」

　　輝案：此引《書・無逸》文。〈無逸〉云：「乃或亮陰,三年不言」。陰、闇
同屬影紐,第七部,古同音通用,《說文》自部、《廣雅・釋言》並云；「陰、闇
也」,即以同音之字相訓。《呂氏春秋・重言》云：「高宗天子也,即位諒闇,三
年不言」,字作諒闇,與〈喪服四制〉引同。又《漢書・元后傳》云：「思慕諒
闇」,又云：「諒闇已畢」,又〈師丹傳〉云：「諒闇不言」,〈王吉傳〉云：「臣聞

〔註152〕見《說文》辵部。
〔註153〕見《古文尚書撰異》。

高宗諒闇，三年不言」，《白虎通·爵》篇引《尚書》曰：「高宗諒闇三年」，〈四時篇〉引《尚書》曰：「諒闇三年」，《春秋繁露·竹林篇》引《書》云：「高宗諒闇、三年不言」，鄭玄《詩·商頌譜》云：「乃或諒闇、三年不言」，字並作諒闇，班氏習夏侯《尚書》，《禮記》與夏侯《尚書》同出夏侯始昌，故《漢書》、《白虎通》並作諒闇，與〈喪服四制〉同。若鄭玄《詩譜》，則用今文《尚書》，說見本章第一節第一條。又《後漢書·張禹傳》引禹上書云：「方諒闇密靜之時，不宜依常有事於苑囿」，此亦引〈無逸〉文，《東觀漢記》云：「禹好學，習歐陽《尚書》」，則歐陽《尚書》亦作諒闇，與夏侯《尚書》同。

　　諒闇，或作亮闇，《史記·魯世家》云：「作其即位，乃有亮闇，三年不言」，史遷撰《史記》用歐陽《尚書》，則歐陽《尚書》一本作亮闇。亮、諒同屬來紐，第十部，古同音通用，《詩·大明·正義》云：「亮諒義同」，《詩·柏舟》「不亮人只」《釋文》：「亮本作諒」，此二字互用之證。

　　諒闇、或作諒陰，《論語·憲問》引《書》云：「高宗諒陰，三年不言」，《集解》引孔安國云：「諒、信，陰猶默也」，則古文《尚書》作「諒陰」，《呂氏春秋·重言》注引《論語》、《漢書·師丹傳》注引《論語》並作「諒闇」，《公羊傳》文公九年注云：「子張曰：『《書》云：高宗諒闇』」，此亦引《論語》文，字作諒闇，〔註154〕《後漢書·張禹傳》注引鄭玄《論語》注曰：「諒闇謂凶廬也」，字作諒闇，皆與今本《論語》作諒陰者不同，蓋《古論》、《魯論》之異文。又《論衡·儒增》云：「高宗諒陰三年」，《後漢書·魯恭傳》云：「諒陰三年」，王充習歐陽《尚書》，〔註155〕則歐陽《尚書》一本又作諒陰，與古文《尚書》同。

　　諒闇，或作涼陰，《漢書·五行志》云：「高宗承敝而起，盡涼陰之哀」，師古曰：「涼、讀曰諒，一說涼陰謂居喪之廬」，則夏侯《尚書》一本作涼陰。諒、涼並從京聲，古音同通用。《詩大明》「涼彼武王」《釋文》：「本亦作諒」，《詩·柏舟》「不諒人只」，《太平御覽》四三九引作「不涼人只」，此二字互用之證。

　　諒闇，或作亮陰，王先謙曰：「《魯世家·集解》引馬云：『亮、信也，陰、默也。爲聽於冢宰、信默而不言』」〔註156〕則馬本《尚書》作亮陰，與孔安國

<hr>

〔註154〕今十三經注疏本，《公羊傳》注作涼闇，皮錫瑞《漢碑引經考》、《今文尚書考證》引並作諒闇，今據之。

〔註155〕皮錫瑞說，見《今文尚書考證》卷一。

〔註156〕《尚書孔傳參正》卷二十四。今《史記·魯世家·集解》未見此語，或王氏別有所據。孫星衍《尚書今古文注疏》則謂馬注見《春秋·左氏》隱元年疏，

古文《尚書》作諒陰者不同，僞孔本作亮陰，則據馬本。

諒闇，或作梁闇，《大傳》引《書》曰：「高宗梁闇，三年不言」，又云：「高宗居倚廬，三年不言」，又云：「高宗居倚廬，三年不言，百官總已以聽於冢宰而莫之違，此之謂梁闇」，〔註157〕字作梁闇。《詩商頌譜·正義》引鄭玄《書·無逸》注云：「諒闇轉作梁闇，楣謂之梁，闇、廬也。小乙崩，武丁立，憂喪三年之禮，居倚廬柱楣，不言政事」，〈喪服四制〉注云：「諒、古作梁，楣謂之梁，闇讀如鶉鷃之鷃，謂廬也」，並從《大傳》說。今考《爾雅·釋宮》云：「楣謂之梁」，《儀禮·喪服傳》曰：「居倚廬，寢苫枕塊」，又云：「既虞翦屛柱楣」，又《既夕禮》云：「居倚廬，寢苫枕塊，不說絰帶」，《左傳》襄公十七年曰：「齊晏桓子卒，晏嬰麤縗斬，苴絰帶，杖菅屨，食鬻，居倚廬，寢苫枕草」，則古制如此，《大傳》以居倚廬釋梁闇之義，蓋古義也。《白虎通·喪服》云：「所以必居倚廬何？孝子哀，不欲聞人之聲，又不欲居故處，居中門之外，倚木爲廬，質反古也」，惠棟《禮說》引葛洪曰：「橫一木長梁于東墉下著地，以草被之，既葬，則翦去草以短柱拉起，長梁謂之柱楣，楣亦名梁，既葬泥之，障以蔽風」，則以楣釋梁，以廬訓闇，漢人舊說如此。然則《大傳》作梁闇，用其本字，〈喪服四制〉、《呂氏春秋·重言》、〈古論〉作諒闇者，諒、梁之借字也。《魯論》作諒陰者，陰亦闇之借字也。若乎漢儒作亮陰、涼陰，皆借字也。王先謙曰：「梁闇者倚廬而柱楣者也，父母之喪，無貴賤一也。蓋天子至士，喪禮皆同其制，漢人舊說皆以梁闇爲居喪，馬解爲信默，則認叚借之字爲本字矣」，〔註158〕說至允當。

諒闇，或作梁陰，王儉，《褚淵碑文》云：「梁陰載缺。」〔註159〕

2. 《書》云：「高宗諒闇，三年不言」，此之謂也。

輝案：此引《書·無逸》文，說見上條。

第十四節　附篇——〈明堂位〉引《書》

〈明堂位〉，向來學者皆未論及其著成時代，蓋亦先秦舊籍，以他無左驗，因列附篇以存參云。

今《左傳》隱公元年疏但言《尚書傳》云，則孫氏以此爲馬融《尚書傳》也。
〔註157〕《儀禮經傳通解》續十五〈喪禮義〉引。
〔註158〕《尚書孔傳參正》卷二十四。皮錫瑞《今文尚書考證》說同。
〔註159〕《文選》卷五十八。

全篇引《書》凡一條，在伏生二十九篇中。

1. 拊搏、玉磬、揩擊、大琴、大瑟、中琴、小瑟，四代之樂器也。

輝案：此隱括〈皋陶謨〉文。〈皋陶謨〉云：「戛擊鳴球，搏拊琴瑟以詠」。〔註160〕孔傳本「戛擊」，此引作「揩擊」。戛、見紐，揩、溪紐，同屬牙音，於韻同屬第十五部，音同通用。段玉裁曰：「〈皋陶暮〉戛擊鳴球，〈明堂位〉作揩擊，〈揚雄賦〉作拮隔，此謂戛同扴，皆六書中之叚借」，〔註161〕案《說文》手部有扴字，許慎解爲刮，《廣韻》入聲黠韻云：「扴、揩扴物也」，是扴揩意同。扴从介聲，揩从皆聲，同屬第十五部，扴、揩轉注字，扴、本字，揩、後起字。《爾雅・釋詁》云：「戛、常也」，此謂戛爲揩之叚借，此二字互用之證。古文《尚書》作戛，《後漢書・馬融傳》引《廣成頌》曰：「戛擊鳴球」是也，孔傳本承用之。《白虎通・禮樂篇》引《書》曰：「戛擊鳴球」，是今文《尚書》作戛，與古文《尚書》同。《漢書・揚雄傳》引《長楊賦》曰：「拮隔鳴球」，是今文《尚書》或作拮隔。拮、戛同屬見紐，古雙聲通用，隔擊同屬見紐，第十六部，古同音通用。然則本字當作扴，〈明堂位〉作揩，其後起字，其作戛、拮者，皆借字也。鄭注〈明堂位〉云：「拊搏以韋爲之，充之以穅，形如小鼓。揩擊謂枳敔，皆所以節樂者也」，案搏、拊同意，皆訓擊，〔註162〕搏拊之器，拍擊以節音，故即以搏拊名器，猶枳敔、戛擊以節音，即以戛擊名其物也。搏拊同義，故或稱拊搏，〈明堂位〉作拊搏是也。或單稱拊，《周禮・大師》云：「擊拊」，注云：「拊形如鼓，以韋爲之，著之以穅」，是也。

〔註160〕孔傳本在〈益稷〉。
〔註161〕《說文》戈部戛字注。
〔註162〕見《廣雅・釋詁》三，〈堯典〉「擊石拊石」傳。

第四章 《大戴禮》引《書》考

　　《大戴禮》者，漢宣帝時戴德所輯孔子弟子及後學者所記論禮之文也。《禮記正義》引鄭玄《六藝論》云；「今《禮記》行於世者，戴德、戴聖之學也，戴德傳記八十五篇，則《大戴禮》是也；戴聖傳禮四十九篇，則此《禮記》是也」，此但言《大戴禮》八十五篇，而未言其輯錄所自。《經典釋文·敘錄》引劉向《別錄》云：「古文記二百四篇」，《漢書·藝文志》禮家著錄記百三十一篇，亦本諸《別錄》，即二百四篇者，蓋包百三十一篇而言。晉陳邵《周禮論序》云：「戴德刪古禮二百四篇為八十五篇，謂之《大戴禮》」，《隋書·經籍志》云：「漢初，河間獻王又得仲尼弟子及後學者所記一百三十一篇獻之，時亦無傳之者。至劉向考校經籍，檢得一百三十篇，向因第而敘之。而又得〈明堂陰陽〉三十三篇，〈孔子三朝記〉七篇、〈王氏史氏記〉二十一篇、〈樂記〉二十三篇，凡五種，合二百十四篇，戴德刪其煩重，合而記之，為八十五篇，謂之《大戴記》」，此以《大戴禮》刪自古文記二百四篇，《隋志》云二百十四篇，與《別錄》云二百四篇異者，蓋各篇分合，容有不同，以此致異，二百四篇與二百十四篇皆古文記也。徐堅《初學記》云：「至漢宣帝世，東海后蒼善說禮，於曲臺殿撰禮一百八十篇，號曰《后氏曲臺記》。后蒼傳於梁國戴德及德從子聖，乃刪《后氏記》為八十五篇，名《大戴禮》」，此以《大戴禮》刪自《后氏曲臺記》。今考《漢書·儒林傳》但言倉說禮數萬言，號曰《后氏曲臺記》，而未言其篇名，《漢書·藝文志》著錄《曲臺后倉》九篇，與徐氏所言一百八十篇，相去甚遠，則徐說不可信。又考《漢書·藝文志》禮家著錄記百三十一篇，〈明堂陰陽〉三十三篇，〈王史氏〉二十一篇，樂家著錄〈樂記〉二十三篇，《論語》家著錄〈孔子三朝〉

七篇，此即《隋志》所稱二百十四篇也，而《漢志》未言戴德刪此以爲八十五篇，漢人各書亦未見言及，則陳邵、《隋志》之說蓋亦臆測之辭，未可據信。又考〈小辨〉篇文或同於《荀子‧堯問》，〈虞戴德〉篇文或同於《荀子‧大略》；〈四代〉篇文或同於《左傳》宣公二年、十五年、成公十二年、昭公九年、十年、哀公十六年之文；〈哀公問五儀〉文同於《荀子‧哀公問》；〈禮三本〉文同於《荀子‧禮論》；〈勸學篇〉文同於《荀子‧勸學》；〈夏小正〉文同於《逸周書‧周月》；〈文王官人〉文同於《逸周書‧官人》。又《史記‧五帝本紀》云：「孔子所傳宰予問〈五帝德〉、〈帝繫姓〉，儒者或不傳」，又〈夏本紀〉云：「孔子正夏時，學者多傳〈夏小正〉」。今〈小辨〉、〈虞戴德〉、〈四代〉、〈禮三本〉、〈哀公問五儀〉、〈勸學〉、〈夏小正〉、〈五帝德〉、〈文王官人〉、〈帝繫〉等篇皆在《大戴禮》，則《大戴禮》八十五篇雖未必刪自古文記二百四篇如陳邵言，然其書輯錄七十子及後學者所記論禮之文，則可斷言。其文先秦典籍既多引之，其篇雖晚至漢宣之世始輯錄成書，然亦淵源甚古，未可目爲漢世之作也。

《大戴禮》八十五篇，今存者三十九篇，其中引《書》者，計〈保傅〉、〈五帝德〉、〈少閒〉等三篇，〈五帝德〉、〈少閒〉二篇，其爲先秦舊籍無疑，獨〈保傅〉一篇，未能確定其著成時代，疑事毋質，因列於附篇以存參云。

《大戴禮》一書，凡引《書》六條，去〈保傅〉所引《書》一條外，其餘五條中，稱《書》篇名，或明言《書》曰者杳無一見，其徵引《書》之文句，不舉篇名，不稱《書》曰者一條，其篇名經考定爲〈禹貢〉一篇。其隱括《書》之文義，不舉篇名，不稱《書》曰者四條，其所引篇名，經考定爲〈堯典〉、〈呂刑〉二篇。總計《大戴禮》所引《書》五條，凡引《書》三篇，皆在伏生二十九篇中。

綜考《大戴禮》引《書》五條，可得如下結論：

一、〈保傅〉引〈呂刑〉「兆民賴之」作「萬民賴之」，與今傳《尚書》不同，與《左傳》、《墨子》、《荀子》、《孝經》等先秦典籍所引作「兆民賴之」者亦有異，此可見先秦《尚書》未有定本，或作兆，或作萬。而漢世所傳《尚書》，無論孔氏古文，三家今文，皆傳自先秦，故《漢書‧賈誼傳》引《書》曰，《說苑‧君道》引〈甫刑〉，又〈建本〉引〈呂刑〉，並作「兆民賴之」，與《左傳》等所引相同；而《淮南子‧主術篇》，《漢書‧刑法志》、《後漢書‧安帝紀》引《書》曰，並作「萬民賴之」，與《大戴禮》所引同也。

二、戴德、戴聖皆從后蒼學禮，而德所輯《大戴禮》八十五篇引《書》僅五條，聖所輯《小戴記》四十九篇引《書》多達四十三條，二者相去甚遠，此或《大戴禮》八十五篇，今有亡闕之故，然亦不應相去如此懸殊。聖與兩夏侯同時，疑聖從后蒼治《禮》之外，別從夏侯習《書》，是以所輯《小戴記》四十九篇，多引《書》文，而德專攻《禮》，是以所輯《大戴記》八十五篇，少引《書》文。《論語·述而》曰：「子所雅言，《詩》、《書》執《禮》，皆雅言也」，是孔門詩書禮並重，七十子及後學者所記論禮之文，當有援《書》說《禮》之處，聖所輯四十九篇，沿襲其舊，而德所輯八十五篇，或刪其援《書》說《禮》之文歟，是以二戴同師，而所輯《禮記》乃歧異如此也。

三、陳邵《周禮論序》謂戴聖刪《大戴禮》為四十九篇，〈隋志〉頗沿其說。今觀二戴記引書」，多寡相異如此，則陳氏之說未可據信，阮元曰：「大戴與小戴同受業於后倉，各取孔壁古文記，非小戴刪大戴」，〔註1〕其以二戴記取自古文記二百四篇，雖未可信，然謂二戴各有去取，非小戴刪大戴，其說甚允。

第一節　〈五帝德〉引《書》

《史記·五帝本紀》曰：「孔子所傳，宰予問〈五帝德〉及〈帝繫姓〉，儒者或不傳」，則〈五帝德〉、〈帝繫姓〉皆先秦固有，至漢宣之世，戴德乃取以入《大戴禮》，今在《大戴禮》第六十二。

〈五帝德〉凡引《書》四條，所引篇名，經考定為〈堯典〉、〈禹貢〉、〈呂刑〉三篇，皆在伏生二十九篇中。

1. 流共工于幽州，以變北狄；放驩兜于崇山，以變南蠻；殺三苗于三危，以變西戎；殛鯀于羽山，以變東夷。

輝案：此隱括《書·堯典》文。〈堯典〉云：「流共工于幽州，放驩兜于崇山，竄三苗于三危，殛鯀于羽山」。〔註2〕殺、孔傳本作竄。考共工言流，驩兜言放，鯀言殛，皆誅責之義，並非死罪。又《史記·五帝本紀》作「遷三苗於三危」，亦但云遷逐，未言誅殺。則此作殺者當非本字，《孟子·萬章》上引亦作殺，與此同。段玉裁曰：「〈堯典〉竄三苗于三危，與言流、言放、

〔註1〕王聘珍《大戴禮記解詁》敘錄引。
〔註2〕孔傳本在〈舜典〉。見《說文解字》穴部竄字注。

言極一例，謂放之令自匿，故《孟子》作殺三苗，即《左傳》竄蔡叔之竄，竄爲正字，竄、殺爲同音叚借」，〔註3〕考《左傳》昭公元年云：「周公殺管叔而蔡蔡叔」，杜注云：「蔡、放也」，《釋文》云：「上蔡字音素葛反，《說文》作竄」，《說文》米部云：「竄、糂竄散之也」，引伸之凡放散皆曰竄，竄，蔡同在第十五部，《左傳》作蔡者借字耳，杜注蔡爲放，是也。竄、或省作殺，《大戴禮》、《孟子》云「殺三苗」者，即竄三苗也，竄、流、放、殛義並相類。孔傳本作竄者，亦借字也，竄、竄同在第十五部，古疊韻通用，《釋名・釋喪服制》曰：「罪人曰殺，殺、竄也」，竄从殺聲，竄之通竄，猶殺之通竄也。段氏謂竄爲正字。殺、竄者借字，是也。段氏又言放之令自匿，似竄亦本字者，則未允。

又《說文》宀部敻字云：「讀若《虞書》曰：『敻三苗』之敻，段玉裁改作「竄三苗之竄」，云：「《說文》者說字之書，凡云讀若，例不用本字，倘《尚書》作敻，又不當言讀若也」，案段說是，孔廣森乃曰：「殺、敻字之誤，古文《尚書》曰：『敻三苗』，敻之言竄也」，〔註4〕據誤本爲說，非是。

2. 使禹敷土

輝案：此引〈禹貢〉文，〈禹貢〉云：「禹敷土，隨山刊木，奠高山大川」。《詩・長發》曰：「禹敷下土方」，此櫽括〈禹貢〉文，字作敷，與此引同。《荀子・成相》曰：「禹傅土，平天下」，此亦引〈禹貢〉文，字作傅，不同者，作敷、馬本，夏侯本，此同於〈長發〉，〈大戴禮〉所引：作傅、歐陽本，此同於《荀子》所引；由此可見先秦《尚書》未有定本，而漢世所傳《尚書》，因與先秦《尚書》互有同異，說見本書 69 頁，第二章第二節第六條。

3. 使禹……，主名山川，以利於民，使后稷播種，務勤嘉穀，以作飲食。

輝案：此櫽括〈呂刑〉文。〈呂刑〉云：「禹平水土，主名山川；稷降播種，農殖嘉穀」。

4. 舜之少也，惡頓勞苦，二十以孝聞乎天下，三十在位，嗣帝所五十乃死，葬于蒼梧之野。

輝案：此櫽括〈堯典〉文。〈堯典〉云：「舜生三十徵庸，三十在位，五十載陟方乃死」。《史記・五帝本紀》曰：「舜年二十以孝聞，年三十堯舉之，

〔註3〕見《說文解字》穴部竄字注。
〔註4〕《大戴禮記補注》。

年五十攝行天子事，年五十八堯崩，年六十一代堯踐帝位，踐帝位三十九年南巡狩，崩于蒼梧之野」，與此說合，此言三十在位者，合《史記》三十堯舉，五十攝位言之。自三十徵庸至代堯踐帝位，適爲三十年，此即《大戴》所謂三十在位也。

又案〈堯典〉「三十在位」，古文家之說也，今文《尚書》作「二十在位」，段玉裁曰：「三十在位，今文《尚書》作二十，鄭君用今文注古文，讀三十爲二十，可考而知也。〈五帝本紀〉曰：『舜年三十堯舉之』，此生三十而徵庸也。『年五十攝行天子事』，此徵庸二十而在位也。『年五十八堯崩』，此所謂二十有八載，放勛乃殂落也。『年六十一代堯踐帝位』，此三年闋密之後乃踐帝位也。『踐帝位三十九年南巡狩，崩於蒼梧之野』，此在位五十載陟方乃死也。司馬子長據今文《尚書》爲《史記》，此今文《尚書》之一證也」，又曰：「《大戴禮·五帝德》云：『二十以孝聞乎天下，三十在位，嗣帝所五十乃死』，與今文《尚書》合，此鄭所以讀從今文也。二十以孝聞，之後又十年堯舉之，又二十年乃攝行天子事，是爲《大戴禮》之三十在位。《大戴》之三十在位，合上文二十言之，今文《尚書》之二十在位，合上文舜生三十言之，皆是五十歲，合下文五十乃死，則皆百歲也，故曰大戴與今文《尚書》合」。〔註 5〕《僞孔傳》云：「三十徵庸，三十在位，服喪三年，其一在三十之數，爲天子五十年，凡壽百一十二歲」，《經典釋文敘錄》云：「相承云梅賾上孔氏傳古文《尚書》，亡〈舜典〉一篇，時以王肅注頗類孔氏，故取王注從愼微五典以下爲〈舜典〉，以續孔傳」，然則孔傳所云，馬、王古文家之說也。《尚書正義》引鄭玄讀此經曰：「舜生三十，謂生三十年也，登庸二十，謂歷試二十年，在位五十載陟方乃死，謂攝位至死爲五十年，舜年一百歲也」，此用今文注古文，說與《史記》合，與馬、王異。今考《大戴禮》引〈堯典〉文，說與《史記》，鄭讀合，則今文家說爲長。

第二節　〈少閒〉引《書》

王應麟《困學紀聞》卷五云：「〈孔子三朝〉七篇，《大戴記》：〈千乘〉、〈四代〉、〈虞戴德〉、〈誥志〉、〈小辨〉、〈用兵〉、〈少閒〉，凡七篇」，則〈少閒〉本爲〈孔子三朝〉七篇之一，《漢書·藝文志》論語家著錄〈孔子三朝〉七篇，

〔註 5〕《古文尚書撰異》。

本在古文記二百四篇中，漢宣之世，戴德乃取以入《大戴禮》，今在《大戴禮》第七十六。日人武內義雄曰：「此七篇者，當是出於《孟子》以後，《荀子》以前，曾子後學之手而成，蓋在劉向所謂古文禮記二百四篇中，經戴德摘出，而入於《大戴禮》中者也」。〔註6〕今考《荀子·大略》、〈堯問〉等篇，文頗與〈虞戴德〉、〈小辨〉同，則武內謂〈孔子三朝〉七篇出於《荀子》以前，說可信，惟《左傳》宣公二年、十五年，成公十二年，昭公九年、十年、哀公十六年文，亦頗與〈虞戴德〉、〈四代〉等篇相同，此皆孔子之言，而左氏襲之，〔註7〕則其書且在左氏之前，武內謂出於《孟子》之後，說未允。《荀子》、《左傳》既多引〈孔子三朝〉七篇之文，則〈少閒〉爲先秦古籍，斷無可疑。

〈少閒〉引《書》凡一條，所引篇名，經考定爲〈堯典〉，今在伏生二十九篇中。

1. **朔方幽都來服，南撫交趾，出入日月，莫不率俾。**

輝案：此櫽括〈堯典〉文，〈堯典〉曰：「分命羲仲，宅嵎夷曰暘谷，寅賓出日」，又云：「申命羲叔，宅南交」，又云：「分命和仲，宅西曰昧谷，寅餞納日」，又云：「申命和叔，宅朔方曰幽都」，此約取此四句之文爲之。《墨子·節用》中云：「古者堯治天下，南撫交趾，北降幽都，東西至日所出入，莫不賓服」，亦櫽括〈堯典〉文，與此文句相類。

趾、或作阯，《韓非子·十過》云：「其地南至交趾」，《荀子·王霸篇》楊注引《尸子》曰：「堯南撫交趾」，《淮南子·脩務篇》云：「南道交趾」，字並作趾，與此引同。《大戴禮·五帝德》云：「南至于交阯」，《大傳》云：「堯南撫交阯」，〔註8〕《墨子·節用》中云：「南撫交阯」，《說苑·反質》云：「其地南至交阯」，《新書·脩政語》上云：「堯撫交阯」，字並作阯。趾、阯並從止聲，古音同通用，《爾雅·釋木》注：「出交阯」，《釋文》：「阯、本作趾」，《後漢書·光武紀》上注云：「阯與趾同，古字通」，此其證。《禮記·王制》云：「南方曰蠻，雕題交趾」，鄭注：「交趾，足相鄉然」，蓋其民交趾，因名其地交趾，《書》稱交者，省詞耳。然則作趾者本字，作阯者借字也。

〔註6〕〈兩戴記考〉，載江俠庵編譯《先秦經籍考》上。
〔註7〕以上略本阮廷卓《孔子三朝記解詁纂疏》序。
〔註8〕《水經注》引。

第三節　附篇——〈保傅〉引《書》

　　〈保傅篇〉亦或引《書》，班氏《白虎通》引〈保傅篇〉語，稱《禮·保傅》曰，不稱《大戴記》，則此篇本在古文記二百四篇中，戴德取以入《大戴禮》，今在《大戴禮》第四十八。王聘珍曰：「蓋楚漢間人所爲，其人亦七十子後學之流。漢初，並在古文二百四篇中」，〔註9〕則以其篇著於秦亡之後，漢興之前，此亦臆測之辭，其書當亦先秦舊籍，惟以別無左驗，因列附篇以存參云。

　　〈保傅篇〉凡引《書》一條，所引篇名，經考定爲〈呂刑〉，今在伏生二十九篇中。

1. 《書》曰：「一人有慶，萬民賴之。」

　　輝案：此引《書·呂刑》文。孔傳本作「兆民賴之」，《禮記·緇衣》、《孝經·天子章》引〈甫刑〉，《左傳》襄公十三年引《書》曰，《荀子·君子》引《傳》曰並作「兆民賴之」，此引作「萬民賴之」，不同者，此蓋先秦《尚書》未有定本，故篇名、文字每多歧異也。《淮南子·主術篇》、《漢書·刑法志》、《後漢書·安帝紀》引並作「萬民賴之」，與此引同。

〔註9〕《大戴禮記解詁目錄》。

第五章　《左傳》引《書》考

　　《春秋》一書，凡有五傳，其鄒氏無師，夾氏未有書，今所傳者，左氏、公羊、穀梁三傳而已。〔註1〕其《左氏傳》，昔以爲周左丘明傳，《漢志》云：「丘明恐弟子各安其意，以失其眞，故論本事而作傳，明夫子不以空言說經也」。自康有爲《新學僞經考》出，力主前漢古文諸經，盡出劉歆僞造，學者或從其說，而疑《左傳》後出，非先秦故有。錢穆先生因撰《劉向歆父子年譜》，力斥此說之非，並列舉劉歆僞經說不可通者二十八端，〔註2〕誠爲卓見，則《左傳》先秦舊籍，斷無可疑。

　　《左傳》引《書》凡七十二條，其文公二年引《周志》，襄公十一年、二十五年引《書》曰者三條，今見於《逸周書》，不在本文考論之內，故列於附篇以存參，又昭公七年云：「筮襲於夢，正王所用也」，此隱括《國語》引〈大誓〉故之文，非〈大誓〉本文，去其四條，得六十八條。此六十八條中，稱舉篇名者十五條，其中但舉篇名而未引其文者四條。所稱篇名，計〈康誥〉、〈仲虺之誥〉、〈大誓〉、〈蔡仲之命〉、〈盤庚〉、〈湯刑〉、〈伯禽〉、〈唐誥〉等八篇。其稱《虞書》者一條，其所引篇名，經考定爲〈堯典〉一篇。其稱《夏書》者十六條，〔註3〕其篇名可考者一條，所引篇名，經考定爲〈皋陶謨〉一篇。其稱《商書》者五條，其篇名皆可考，其所引篇名，經考定爲〈盤庚〉、〈洪範〉二篇。其稱《周書》者十四條，〔註4〕其篇名可考者九條，其所引篇

〔註1〕見《漢書・藝文志・六藝略・春秋家》。
〔註2〕見〈自序〉。
〔註3〕其中一條稱〈夏訓〉。
〔註4〕其中一條稱〈周文王之法〉，二條傳文奪周字，但稱《書》曰，依杜注《左傳》

名，經考定爲〈康誥〉、〈呂刑〉二篇。其稱《書》曰者三條，〔註5〕杜注皆云逸書，其篇名無可考。其引《書》文而未稱舉篇名者六條，其中篇名可考者四條，其所引篇名，經考定爲〈堯典〉一篇。其檃括《書》之文意而未舉篇名，未稱《書》曰者八條，其中篇名可考者七條，所引篇名，經考定爲〈禹貢〉、〈堯典〉、〈文侯之命〉、〈大誓〉等四篇。

總計《左傳》引《書》六十八條中，凡引《書》十四篇，其篇名爲：〈堯典〉、〈皋陶謨〉、〈禹貢〉、〈盤庚〉、〈仲虺之誥〉、〈大誓〉、〈洪範〉、〈康誥〉、〈蔡仲之命〉、〈文侯之命〉、〈呂刑〉、〈湯刑〉、〈伯禽〉、〈唐誥〉。其在伏生二十九篇者，計〈堯典〉、〈皋陶謨〉、〈禹貢〉、〈盤庚〉、〈洪範〉、〈康誥〉、〈文侯之命〉、〈呂刑〉等八篇。其在鄭注〈書序〉云亡之四十二篇者，計〈蔡仲之命〉、〈仲虺之誥〉二篇。其在百篇之外者，計〈湯刑〉、〈伯禽〉、〈唐誥〉三篇。別有〈大誓〉一篇，不在鄭注亡、逸篇中，其篇蓋亡於戰國之世。

綜考《左傳》引《書》六十八條，可得如下結論：

一、所引《書》六十八條中，計〈康誥〉逸文二條，〈盤庚〉逸文二條，杜注云逸書二十六條，鄭注〈書序〉云亡者四條，別有〈大誓〉五條，其文蓋亡於戰國末期。總此三十九條，其文今皆不見於伏生二十九篇，此可見《書》之亡逸，遠在先秦其他典籍之上。

二、所引《書》六十八條中，杜注云逸書者二十六條，其《書》在當時是否亡逸，《左傳》所引但爲片言殘句，今已無可考知，然其篇在當時未有篇名，則可斷言，其《書》或經孔子初步整理，分爲虞、夏、商、周四類，是以左氏徵引其文，但稱《虞書》、《夏書》、《商書》、《周書》，或統稱《書》曰。而未能舉其篇名。

三、《左傳》引《書》稱《虞書》、《夏書》、《商書》、《周書》，以《虞書》、《夏書》分列，與馬鄭本《尚書》稱《虞夏書》，〔註6〕以虞夏同科者不同，與《墨子》分《書》爲《夏書》、《商書》、《周書》三類者亦有別，此可見先秦《尚書》未有定本。亦可見馬鄭以虞夏同科，非《書》之舊制。

四、昭公六年引〈湯刑〉，《墨子‧非宗上》引稱〈湯之官刑〉；宣公十二

例補周字。

〔註5〕《左傳》引《書》曰者五條，其中二條，傳文奪周字，依杜注《左傳》例補周字，當係《周書》文，去其二，得三條。

〔註6〕《尚書‧堯典正義》引。

年、襄公十四年引〈仲虺之誥〉，稱〈仲虺〉有言，襄公三十年則稱〈仲虺之志〉；哀公十一年引〈盤庚〉，稱〈盤庚之誥〉；定公四年引〈蔡仲之命〉，稱〈蔡〉，此可見先秦《尚書》篇名未有定稱。

五、文公二年引《周志》云：「勇則害上，不登於明堂」，今在《逸周書·大匡篇》；襄公十一年引《書》曰：「居安思危」，今在《逸周書·程典篇》；襄公二十五年引《書》曰：「慎始而敬終，終以不困」，今在《逸周書·常訓篇》；由此可知《逸周書》中若干篇，春秋之時實已存在，與今《尚書》各篇無異，皆周王室檔案之遺，是以《左傳》統稱《書》曰。後世冠以逸字，非先秦之舊。

六、定公四年引〈伯禽〉、〈康誥〉、〈唐誥〉、〈蔡仲之命〉，皆先述其策命之事，此即後世〈書序〉之所由仿，可見〈書序〉體制前有所本，亦可見〈書序〉之後出。

七、杜注《左傳》云逸書者二十六條，其中見於偽古文者二十條，此可知偽古文二十五篇，多襲取先秦典籍所引逸書為之，梅鷟、閻若璩、惠棟決其為偽作，誠為卓見。

八、《左傳》引〈康誥〉、〈盤庚〉，而今文不見於〈康誥〉、〈盤庚〉；引〈康誥〉文，而或稱〈康誥〉、或稱《周書》；引〈湯刑〉、〈伯禽〉、〈唐誥〉，而今不在百篇之中；引《書》曰、《周志》，而今或在《逸周書》；引〈盤庚〉稱〈盤庚之誥〉，引〈仲虺之誥〉稱〈仲虺〉、〈仲虺之志〉，引〈蔡仲之命〉稱〈蔡〉，皆與今《尚書》篇名不同；引〈洪範〉稱《商書》，而今《尚書·洪範》屬《周書》；引《虞書》、《夏書》，而不稱《虞夏書》，與馬鄭本《尚書》稱《虞夏書》者不同；引《書》稱舉篇名者凡十四篇，與漢人稱《書》有百篇者相去懸殊；凡此種種，可知春秋之時，《書》雖經孔子初步整理，然其篇數，篇名，各篇之分類，篇內之文辭，皆與今傳《尚書》頗有歧異之處，與漢代歐陽、大小夏侯三家《尚書》，亦有不同。然則先秦《尚書》未必有百篇之數，亦未必以今〈書序〉所列百篇之目為備，《漢志》言孔子纂《書》百篇，而為之序，其說之誤，從可知矣。

以上八點，舉其大端者言，他如今古文《尚書》之異文，孔疏《左傳》之失，詳具各條，不贅述。

第一節 引《書》稱舉篇名

1. 〈康誥〉曰:「父不慈,子不祗,兄不友,弟不共,不相及也。」(僖公三十三年)

　　杜注:「〈康誥〉、《周書》。」

　　孔疏:「雖言〈康誥〉曰,直引〈康誥〉之意耳,非〈康誥〉之全文也。」

　　輝案:此引〈康誥〉逸文。江聲、[註7] 王鳴盛,[註8] 日人小島祐馬[註9] 並以此為〈康誥〉逸文,是也。《左傳》引《書》以直引原文者為正例,檃括文義者,其例少見,此不可以為引〈康誥〉之意者一也。〈康誥〉云:「子弗祗服厥父事,大傷厥考心,于父不能字厥子,乃疾厥子,于弟弗念天顯,乃弗克恭厥兄,兄亦不念鞠子哀,大不友于弟」,其以「父不慈,子不祗,兄不友,弟不共」為檃括其義,說猶可通,然《左傳》引〈康誥〉,尚有「不相及也」四字,與〈康誥〉云:「惟弔茲,不于我政人得罪」,義不相涉,此不可以為引〈康誥〉之意者二也。陳夢家曰:「《左傳》昭二十年曰:『在〈康誥〉曰:「父子兄弟罪不相及」』,漢本無之。〈秦本紀〉文公二十年:『法初有三族之罪』,《集解》曰:『張晏曰:「父母兄弟妻子也」』。又〈秦本紀〉武公三年:『誅三父等而夷三族』,賈誼〈過秦論〉曰:『秦俗多忌諱之禁』,《左傳》引〈康誥〉語,與秦法抵觸,故去之。」[註10] 此以昭公二十年〈康誥〉文,與秦法抵觸而刪去,說至可信,惟昭公二十年所引〈康誥〉,乃檃括僖公三十三年所引〈康誥〉為之,此不可以為引〈康誥〉之意者三也。孔穎達以此直引〈康誥〉之意,非〈康誥〉全文,說未允。阮元曰:「《左傳》之語,乃古人括〈康誥〉之大義而說經也,《左傳》中引《詩》、《書》而為說者甚多,或疑《左傳》為〈康誥〉逸文,非也」,[註11] 說亦非是。又考《左傳》、《荀子》引〈康誥〉文,或稱〈康誥〉,[註12] 或稱《周書》、《書》云,[註13] 蓋《荀子》之前,今〈康誥〉文,或分見於〈康誥〉,及《周書》

〔註7〕《尚書集注音疏》。

〔註8〕《尚書後案》。

〔註9〕〈左傳引經考證〉,載江俠庵編譯《先秦經籍考》上。

〔註10〕《尚書通論》第一四四葉。

〔註11〕見《揅經室續集·左傳引康誥解》條。

〔註12〕《左傳》僖公三十三年、昭公二十年,《荀子·富國篇》。

〔註13〕《左傳》僖公二十三年、宣公六年、十五年、成公二年、成公八年、十六年、昭公八年,《荀子·富國》、〈君道〉、〈致士〉、〈宥坐〉。

別篇，秦時，刪其與秦法抵觸者，因整理而合爲一篇，是以《左傳》引〈康誥〉而今不在〈康誥〉，今在〈康誥〉而《左傳》、《荀子》稱《周書》、《書》云，參見本章第二節第七條。

2. 〈仲虺〉有言曰：「取亂侮亡。」（宣公十二年）

　　孔疏：「取亂侮亡，《尚書‧仲虺之誥》文也。」

　　輝案：襄公十四年引〈仲虺〉云：「亡者侮之，亂者取之」，襄公三十年引〈仲虺之志〉云：「亂者取之，亡者侮之」，此隱括彼所引〈仲虺之誥〉文。〈書序〉有〈仲虺之誥〉，《大傳》未引其篇，《史記‧殷本紀》引作〈中𡡓之誥〉，未引其文，則其篇蓋先秦已亡，鄭注〈書序〉云：「亡」，是也。僞古文〈仲虺之誥〉云：「取亂侮亡」，襲取此隱括之文爲之。

　　又案：〈仲虺之誥〉，先秦典籍多引其文，或稱〈仲虺〉有言，〔註14〕或稱〈仲虺之志〉，〔註15〕或稱〈中𧱣之言〉，〔註16〕或稱〈仲虺之告〉，名稱不一。〔註17〕蓋先秦《尚書》無定本，非僅文字歧異，即篇名亦不一，漢世今古文《尚書》文辭每多歧異，經義亦各有別，而先秦實已開其先河。仲从中聲，仲中古音同通用，《書‧堯典》「以殷仲春」，《史記‧五帝紀》作「以殷中春」，是其例。虺、𧱣同屬第十五部，古疊韻通用。〈殷本紀〉作𡡓，《索隱》曰：「𡡓作壘，音如字」，古音亦在第十五部。《漢書‧古今人表》引仲虺，師古曰：「湯左相」，蓋本字作虺，作𧱣、𡡓者借字也。

3. 〈大誓〉所謂商兆民離，周十人同者。（成公二年）

　　杜注：「〈大誓〉、《周書》。」

　　孔疏：「〈泰誓〉：『受有億兆夷人，離心離德；予有亂臣十人，同心同德』，此言〈大誓〉所謂者，引其意，非本文也。」

　　輝案：昭公二十四年引〈大誓〉曰：「紂有億兆夷人，亦有離德；余有亂臣十人，同心同德。」此則隱括彼所引〈大誓〉之文。說詳本書 132 頁，本節第九條。

4. 〈仲虺〉有言曰：「亡者侮之，亂者取之。」推亡固存，國之道也。（襄公十四年）

〔註14〕《左傳》宣公十二年、襄公十四年，《呂氏春秋‧驕恣》。
〔註15〕《左傳》襄公三十年。
〔註16〕《荀子‧堯問》。
〔註17〕《墨子‧非命》上、中、下。

　　孔疏：「《尚書・仲虺之誥》云：『兼弱攻昧，取亂侮亡，推亡固存，邦乃其昌』。孔安國云：『弱則兼之，闇則攻之，亂則取之，有亡形則侮之，有亡道則推而亡之，有存道則輔而固之，王者如此，國乃昌盛』，此傳取彼之意，而改爲之辭，其言非本文也。」

　　輝案：此引〈仲虺之誥〉文，〈書序〉有〈仲虺之誥〉其篇先秦已亡，鄭注〈書序〉云：「亡」，是也。僞古文〈仲虺之誥〉云：「取亂侮亡」，襲取宣公十二年約取此所引〈仲虺之誥〉文爲之。「推亡固存，國之道也」乃中行獻子釋〈仲虺之誥〉之語，僞作古文者，取以入〈仲虺之誥〉，而略更易其次序，其僞作之迹至爲明顯，說詳閻若璩《古文尚書疏證》第一二一條。

　　又考成公二年引〈大誓〉所謂商兆民離，周十人同，此約取昭公二十四年引〈大誓〉「紂有億兆夷人，亦有離德；余有亂臣十人，同心同德」之文，故此略彼詳。昭公二十年所引〈康誥〉「父子兄弟，罪不相及」，此約取僖公三十三年引〈康誥〉「父不慈，子不祗，兄不友，弟不共，不相及也」之文，故此略彼詳。然則，宣公十二年引〈仲虺之誥〉云：「取亂侮亡」，文義簡略，襄公十四引〈仲虺之誥〉云：「亡者侮亡，亂者取之」，三十年引〈仲虺之誥〉云：「亂者取之，亡者侮之」，文較詳備，當是前者約取後者之文爲之，《僞孔傳》云：「亂則取之，有亡形則侮之」，此襲取襄公十四、三十年所引〈仲虺之誥〉文，孔穎達乃云「傳取彼之意，而改爲之辭」，本末倒置，非是。閻若璩亦云「孔疏謂取彼之意而改爲之辭，其言非本文，是也」，考之未審。

5. 〈仲虺之志〉云：「**亂者取之，亡者侮之**」，推亡固存，國之利也。（襄公三十年）

　　輝案：此引〈仲虺之誥〉文。襄公十四年引〈仲虺之誥〉曰：「亡者侮之，亂者取之」，與此所引同是一文，而二句前後互異。以宣公十二年纍括此文作「取亂侮亡」推之，則此處所引係《書》之原文，襄公十四年所引，或係左氏易其二句次第。〈仲虺之誥〉，此稱〈仲虺之志〉，與宣公十二年，襄公十四年稱〈仲虺〉者不同，此可見先秦《尚書》未有定本，說見本節第二條。

6. 〈大誓〉云：「**民之所欲，天必從之。**」（襄公三十一年）

　　杜注：「今《尚書・大誓》亦無此文，故諸儒疑之。」

　　孔疏：「杜氏在晉之初，亦未見眞本，及江東晉元帝時，其豫章內史梅賾始獻孔安國所注古文《尚書》，其內有〈泰誓〉三篇，記傳所引〈大誓〉，其文悉皆有之。」

輝案：此引《書·大誓》文。昭公元年，《國語·周語》中，〈鄭語〉並引此文，〈周語〉中作〈太誓〉，〈鄭語〉作〈泰誓〉，字本當作〈大誓〉，與《左傳》引同，今作太、泰者，後人所改，說見本書 91 頁，第三章第八節第二條。

又考《左傳》引〈大誓〉者凡六條：

（1）〈大誓〉所謂商兆民離，周十人同者。（成公二年）
　　　杜注：「〈大誓〉、《周書》。」

（2）武王有亂十人。（襄公二十八年）

（3）〈大誓〉云：「民之所欲，天必從之。」（襄公三十一年）
　　　杜注：「今《尚書·大誓》亦無此文，故諸儒疑之。」

（4）〈大誓〉曰：「民之所欲，天必從之。」（昭公元年）
　　　杜注：「逸書。」

（5）筮襲於夢，武王所用也。（昭公七年）
　　　杜注：「外傳云：『〈大誓〉云：朕夢協朕卜，襲於休祥，戎商必克。』」

（6）〈大誓〉曰：「紂有億兆夷人，亦有離德；余有亂十人，同心同德。」
　　　（昭公二十四年）
　　　杜注：「今〈大誓〉無此語。」

其明稱〈大誓〉者四條，其隱括〈大誓〉文，信而有徵者二條。杜注或云逸書，或云今文〈大誓〉無此語，則杜氏所見者河內後得〈大誓〉，東晉初，先秦〈大誓〉已亡逸。《國語·周語》中引〈大誓〉「民之所欲，天必從之」，韋昭注云：「今《周書·太誓》無此言，其散亡乎」，是韋昭所見亦後得〈大誓〉，魏晉之際，先秦〈大誓〉已亡逸。《禮記·坊記》引〈大誓〉「予克紂，非予武云云」，鄭玄注云：「今〈大誓〉無此章，則其篇散亡」，則鄭玄所見亦後得〈大誓〉，東漢末，先秦〈大誓〉已亡逸。夫先秦〈大誓〉，東晉所未見，段玉裁乃謂唐初顏師古，司馬貞得見之，[註18]亦考之未審矣。至若孔穎達以偽古文〈泰誓〉為眞本，尤非，閻氏已辨之詳矣。[註19]

偽古文〈泰誓〉上云：「民之所欲，天必從之」，襲取此引〈大誓〉文為之。《漢書·五行志》引〈太誓〉曰：「民之所欲，天必從之」，此先秦〈大誓〉僅見於漢世載籍者。

[註18] 見《古文尚書撰異》。
[註19] 見《古文尚書疏證》第七條。

7. 〈大誓〉曰:「民之所欲,天必從之。」（昭公元年）

　　杜注:「逸書。」

　　輝案:此引《書·大誓》文。其篇蓋亡於戰國之世,〔註20〕杜注云逸書,是也。襄公三十一年引此文同。

8. 商有亂政,而作〈湯刑〉。（昭公六年）

　　輝案:《墨子·非樂上》引〈湯之宮刑〉,陳夢家曰:「〈湯刑〉似是《墨子》所引〈湯之官刑〉。〔註21〕〈湯刑〉或稱〈湯之官刑〉者,先秦《尚書》固未有定稱也。〔註22〕

9. 在〈康誥〉曰:「父子兄弟,罪不相及。」（昭公二十年）

　　杜注:「《尚書·康誥》。」

　　孔疏:「此非〈康誥〉之全文,引其意而言之。」

　　輝案:「僖公三十三年引〈康誥〉曰:「父不慈,子不祇,兄不友,弟不共,不相及也」,此則隱括彼所引〈康誥〉逸文。孔穎達以此引〈康誥〉「子弗祇服厥父事,大傷厥考心;于父不能字厥子,乃疾厥子;于弟弗念天顯,乃弗克恭厥兄,兄亦不念鞠子哀,大不友于弟,惟弔茲,不于我政人得罪」等文之意,非引其全文,說非是,說見本節第一條。

10. 〈大誓〉曰:「紂有億兆夷人,亦有離德;余有亂臣十人,同心同德。」
　　　（昭公二十四年）

　　杜注:「今〈大誓〉無此語。」

　　阮元曰:「石經初刻十誤臣,後改正,與襄廿八年傳合,妄人於亂字旁復加臣字,諸本遂仍其誤。」〔註23〕

　　輝案:此引《書·大誓》文。〈書序〉有〈大誓〉三篇,蓋亡於戰國之世,其文則散見先秦典籍。偽古文〈泰誓〉中云:「受有億兆夷人,離心離德;予有亂臣十人,同心同德」,襲取此引〈大誓〉文爲之。改紂爲受,二字同屬第三部,古相通用,本字爲受,作紂者借字也,說見第三章第八節第二條。

　　改余爲予,余、予同屬喻紐,古歸影紐,韻則同在第五部,古音同通用,《禮記·曲禮》下「予一人」注:「予余古今字」,此其例。又《左傳》襄公

〔註20〕說見本書90頁,第三章第八節第二條。
〔註21〕《尚書通論》第九十三葉。
〔註22〕參見本書308頁,第十八章第一節第十八條。
〔註23〕《左傳校勘記》。

二十三年「晉魏舒」，《史記‧魏世家‧索隱》引〈世本〉作荼，舒從予聲，荼從余聲，予之通余，猶舒之通荼。

又案：《論語‧泰伯》云：「武王曰：『予有亂臣十人』」，亦引〈大誓〉文，字作予，僞古文蓋據《論語》改余爲予，故示異於《左傳》所引。《管子‧法禁》引〈泰誓〉曰：「紂有臣億萬人，亦有億萬之心；武王有臣三千而一心」，與此所引〈大誓〉，蓋同爲一文，而文字略異，其義則同，說見本書 276 頁，第十七章第一條。

11. 昔武王克商，成王定之，選建明德，以藩屏周，故周公相王室以尹天下，於周爲睦，分魯公以大路，大旂，夏后氏之璜，封父之繁弱，殷民六族：條氏、徐氏、蕭氏、索氏、長勺氏、尾勺氏，使帥其宗氏，輯其分族，將其類醜，以法則周公，用即命于周，是使之職事于魯，以昭周公之明德，分之土田陪敦，祝宗卜史，備物典策，官司彝器，因商奄之民，命以〈伯禽〉，而封於少皡之虛。（定公四年）

孔疏：「《傳》言命以〈伯禽〉，於體例命以〈康誥〉，命以〈唐誥〉，則〈伯禽〉亦似策命篇名，今杜云唯遣伯禽之國，故皆以付伯禽，則伯禽非是誥誓篇名，若必是誥誓，當云命以〈魯誥〉，既爲國君，不得與君牙，伯冏同類也。」

輝案：下文云：「命以〈康誥〉」，「命以〈唐誥〉」，〈康誥〉、〈唐誥〉皆誥誓篇名，則此〈伯禽〉亦當爲篇名，劉炫云：「〈伯禽〉猶下命以〈康誥〉，是「〈伯禽〉爲命書，似〈書序〉穆王命君牙爲周大司徒，作〈君牙〉，即以〈君牙〉爲篇，與此同也」，〔註24〕其說甚允。孔穎達以伯禽爲國君，當云命以〈魯誥〉，不得與君牙，伯冏同類。蓋謂命以伯禽，當係人名，非篇名，是亦不然。《禮記‧曲禮》云：「君前臣名」，伯禽、康叔、唐叔皆周臣，若伯禽以名稱，則下文當云命以封，命以虞，此不可者一。下文云：「命以〈康誥〉，而封於殷虛」，「命以〈唐誥〉，而封於夏虛」，與此云：「命以〈伯禽〉，而封於少皡之虛」同，此皆分封諸侯，以藩屏周者，康叔徙封衛，〔註25〕而不稱〈衛誥〉，唐叔封唐，〔註26〕而稱〈唐誥〉，是誥誓名篇固無定例，此不可者二。盤庚告殷民遷殷之辭，即以〈盤庚〉名篇，此與穆王命君牙爲周大司徒之辭，即以

〔註24〕　《左傳正義》引。
〔註25〕　《史記‧衛康叔世家‧索隱》引宋忠曰：「康叔從康徙封衛，衛即殷墟定昌之地」。
〔註26〕　《史記‧晉世家‧索隱》曰：「唐本堯後，封在夏墟而都於鄂」。

〈君牙〉名篇同例，是君臣並可稱名，皆可以名命篇，此不可者三。良以上古禮質，君臣之關係未若後世嚴明，用於君之禮，亦可施於大臣，然則〈伯禽〉以名命篇，於理至當。

〈書序〉有〈康誥〉，而無〈伯禽〉、〈唐誥〉，然以《周書》有〈康誥〉例之，則〈伯禽〉、〈唐誥〉亦當在《周書》之列。且典籍引《書》，而不在〈書序〉百篇之中者達十五篇之夥，〔註27〕則《書》未必百篇，漢人以百篇爲備之說，未可信。

又案：〈書序〉云：「武王既勝殷，邦諸侯，班宗彝，作〈分器〉」，《史記·周本紀》亦云：「封諸侯，班賜宗彝，作〈分殷之器物〉」。考此云：「分魯公以大路、大旂、夏后氏之璜，封父之繁弱」，下文云：「分康叔以大路，少帛，綪茷，旃旌，大呂」，「分唐叔以大路，密須之鼓，闕鞏、沽洗」，殆即〈書序〉所謂「班宗彝」者。且子魚於述分封三叔後，總結其言曰：「三者皆叔也，而有令德，故昭之以分物」，則子魚所述蓋有所本，陳夢家曰：「似祝鮀所述，乃本諸〈分器〉之文」，〔註28〕然〈書序〉後出，其說或即約取子魚之語爲之，且先秦他書未見引〈分器〉之文，疑事毋質，因不以爲〈分器〉之文。

又案：此云「命以〈伯禽〉」，下文云：「命以〈康誥〉」，「命以〈唐誥〉」，與〈書序〉云「作某篇」相類，上文所述分錫之事，所以說明策命之緣由，與〈文侯之命〉序云：「平王錫晉文侯秬鬯圭瓚，作〈文侯之命〉」同，凡此皆後世〈書序〉之所本，陳夢家以此爲類似〈書序〉，視爲〈書序〉之濫觴，〔註29〕說亦甚允。

12. 分康叔以大路，少帛、綪茷、旃旌、大呂、殷民七族：陶氏、施氏、繁氏、錡氏、樊氏、饑氏、終葵氏，封畛土，略自武父以南，及圃田之北竟，取於有閻之土，以共王職。取於相土之東都，以會王之東蒐，聃季授土，陶叔授民，命以〈康誥〉，而封於殷虛，皆啓以商政，疆以周索。（定公四年）

　　杜注：「〈康誥〉、《周書》。」

　　輝案：此稱引《書·康誥》，而未引其文。〈書序〉云：「成王既伐管叔、蔡叔，以殷餘民封康叔作〈康誥〉」，約取此所述封康叔之事爲之，序所云「以

〔註27〕說見第一章第二節。
〔註28〕《尚書通論》第十九葉。
〔註29〕《尚書通論》第十八葉。

殷餘民封康叔」，即此所云：「分康叔以殷民七族」，此可見〈書序〉後出，而其體制則濫觴於先秦。

　　又案：《史記・衛康叔世家》索隱：「康，畿內國名。宋忠曰：『康叔從康徙封衛，衛即殷墟定昌之地』。」康爲畿內國名，其地當近鎬京。衛地近殷墟，則此所謂命以〈康誥〉者，乃康叔徙封衛之命辭，以〈衛世家〉之文度之，實乃酒誥，封康叔之命辭，又作〈康誥〉，〈酒誥〉而泛稱〈康誥〉。此可見先秦《尚書》，篇名未有定稱也。

13. 分唐叔以大路，密須之鼓，闕鞏、沽洗、懷姓九宗，職官于正，命以
　　〈唐誥〉，而封於夏虛，啟以夏政，疆以戎索。（定公四年）

　　杜注：「〈唐誥〉、誥命篇名也。」

　　輝案：〈書序〉無〈唐誥〉，以〈康誥〉在《周書》例之，則〈唐誥〉亦當在《周書》之列，此可見《書》百篇未必備，說見本書 39 頁，第一章第二節。

14. 管蔡啟商，惎間王室，王於是乎殺管叔而蔡蔡叔，以車七乘，徒七十
　　人，其子蔡仲改行帥德，周公舉之以為己卿士，見諸王而命之以〈蔡〉，
　　其命書云：「王曰：『胡、無若爾考之違王命也』」。

　　孔疏：「《傳》之此言，皆述《書》意而爲之辭，唯增言徒七十人耳。」

　　輝案：此引《書・蔡仲之命》文。〈書序〉云：「蔡叔既沒，王命蔡仲踐諸侯位，作〈蔡仲之命〉」，此云王蔡蔡叔，周公舉蔡仲爲卿士等事，所以說明策命蔡仲之緣由，與上文云分魯公以大路、大旂、分康叔以大路、少帛，分唐叔大路、密須之鼓相類，皆可視爲類似〈書序〉，後世〈書序〉之作，即取材於此。〈蔡仲之命〉序，即約取此所述命蔡仲之事爲之。〈蔡仲之命〉蓋亡於先秦，是以《大傳》，《史記》皆未引其文，鄭注〈書序〉云：「亡」，是也。僞古文〈蔡仲之命〉云：「囚蔡叔于郭鄰，以車七乘」，則襲取此述策命蔡仲之事爲之；又云：「無若爾考之違王命」，則襲取此引〈蔡仲之命〉文爲之，孔穎達據僞古文爲說，非是。

　　又案：上文命以〈伯禽〉，命以〈康誥〉、命以〈唐誥〉。〈伯禽〉、〈康誥〉、〈唐誥〉皆係篇名，以是例之，此云命之以〈蔡〉、〈蔡〉亦係篇名，下文引其文，故又云「其命書曰」。先秦《尚書》篇名無定稱，〈書序〉稱〈蔡仲之命〉，此省稱〈蔡〉，猶《左傳》稱〈盤庚之誥〉，《國語》省稱〈盤庚〉也。

15.〈盤庚之誥〉曰：「其有顛越不共，則劓殄，無遺育，無俾易種于茲邑。」
（哀公十一年）

杜注：「〈盤庚〉、《商書》也」。

孔疏：「此《傳》字少於彼，引之略也」。

輝案：此櫽括〈盤庚〉文。孔傳本〈盤庚〉中云：「乃有不吉不迪，顛越不恭，暫遇姦宄，我乃劓殄滅之，無遺育，無俾易種于茲新邑」，二乃字，《左傳》引一作其，一作則，無不吉不迪，暫遇姦宄，我，滅之，新十二字，江聲以今本《尚書》皆偽孔所妄增，據《左傳》引〈盤庚之誥〉文刪之。〔註30〕段玉裁曰：「偽孔於衛賈馬鄭之本，初無大異，……偽孔方欲將偽造之廿五篇，令天下信其眞，安敢將卅三篇啓天下疑其偽也？大爲乖異，則天下疑其偽，而偽造之廿五篇不能依附以行矣，……況《釋文》序錄曰：『馬鄭所有同異，今亦附之音後』，〈正義〉亦往往舉馬鄭王異孔之處，是凡有異者梗槩略具於《釋文‧正義》中，正不得有如《盤庚‧康誥》此等大異而《釋文‧正義》略之也」，〔註31〕其說至爲允當，然則〈釋文〉、〈正義〉未言馬鄭異於孔，此處孔傳本當與馬鄭本同，江聲據《左傳》刪之，殆非。又考《史記‧伍子胥列傳》引〈盤庚之誥〉曰：「有顛越不恭，劓殄滅之，俾無遺育，無使易種于茲邑」，此亦櫽括〈盤庚〉文，而有「滅之」二字，此可見《孔傳》本〈盤庚〉此處未嘗妄增，而《左傳》乃櫽括〈盤庚〉之文，與〈伍子胥傳〉同例。

共，《孔傳》本作恭，〈伍子胥傳〉引〈盤庚之誥〉，《說苑‧正諫》引〈盤庚〉，並作恭，是今古文《尚書》本作恭，《左傳正義》引〈盤庚〉，字亦作恭，此在衛包未改之前，段玉裁以共作恭爲衛包所改，且謂《左傳正義》所據《尚書》作恭，非善本，說未允。恭從共聲，二字古音同通用。《書‧皋陶謨》「愿而恭」，《史記‧夏本紀》作「愿而共」；〈甘誓〉「今予惟恭行天之罰」，〈夏本紀〉作「今予惟共行天之罰」，《詩‧小明》「靖共爾位」，《禮記‧表記》引作「靖恭爾位」，此二字互用之證。

又案：書〈盤庚〉，《左傳》引作〈盤庚之誥〉，〔註32〕《國語‧周語》上引作〈盤庚〉，此可見先秦《尚書》無定本，是以篇名未有定稱，說見本書129頁，本節第二條。

〔註30〕見《尚書集注音疏》。
〔註31〕見《古文尚書撰異》。
〔註32〕《史記‧吳世家》、〈伍子胥傳〉引亦作〈盤庚之誥〉。

第二節　引《書》稱《書》曰

1. 《商書》曰：「惡之易也，如火之燎于原，不可鄉邇，其猶可撲滅？」（隱
　公六年）

　　　杜注：「《商書‧盤庚》言惡易長，如火焚原野，不可鄉近。」

　　　輝案：此引《書‧盤庚》文。莊公十四年引君子曰：「《商書》所謂惡之
易也，如火之燎于原，不可鄉邇，其猶可撲滅者」，與此同。今孔傳本作「若
火之燎于原，不可嚮邇，其猶可撲滅」，無「惡之易也」句，段玉裁曰：「惡
之易也四字檃括上文汝不和吉言以下七十餘字，蓋以其詞繁而約結之」〔註33〕
今考隱公六年引《商書》，所以證成上文「善不可失、惡不可長」之義；莊公
十四年引《商書》，旨在說明蔡之滅於楚，乃咎由自取，亦所以誡人惡不可長。
然則二引《商書》，皆言惡易長，非指浮言易動，其「惡之易也」四字，應是
本文如此，此其一。段氏言此四字檃括上文，補此四字，轉使一氣貫注之文，
中生橫纍，此亦不然。蓋上文言浮言動眾，將有後殃，下乃引火之燎原爲喻，
故以「惡之易也」四字發端，文義至爲順暢，此其二。《左傳》引《書》有檃
括文辭之例，如宣公十二年引〈仲虺〉有言曰：「取亂侮亡」，即檃括襄公十
四年所引〈仲虺之誥〉「亡者侮之，亂者取之」之文，然此例少見，非《左傳》
引《書》正例，不可以此而斷言此亦檃括《商書‧盤庚》之辭，此其三。《禮
記‧緇衣》引〈太甲〉曰：「天作孽，可違也」，又曰：「毋越厥命以自覆也」，
《墨子‧尚同》下引〈大誓〉曰：「小人見姦巧，乃聞不言也」，與此二引「惡
之易也」，皆以「也」字結句，然此乃後人所加，非《書》之原文如此，《孟
子‧公孫丑》上、《離婁》上引〈太甲〉曰：「天作孽，猶可違」，並無「也」
字可證。僞孔以伏生二十九篇無以「也」字爲語辭之例，故僞作古文太甲，
並刪去也字作「無越厥命以自覆」，「天作孽，猶可違」，以此例之，則〈盤庚〉
「惡之易也」四字，蓋亦僞孔所刪，此其四。《左傳》隱公六年，莊公十四年
引《商書》，皆所以明惡不可長之意，故以火之燎原喻惡之易長，則「其猶可
撲滅」，乃反問句，杜注云：「言不可撲滅」是也。今孔傳本刪此四字，而以
火之燎原承上文浮言，則「其猶可撲滅」，乃成肯定句，言浮言可遏絕，《僞
孔傳》云：「火炎不可嚮近，尚可撲滅；浮言不可信用，尚可遏絕之」，正反
相違，不合古義，此其五。江聲曰：「《左傳》隱六年及莊十四年兩引《商書》

〔註33〕《古文尚書撰異》。

皆如此，自是〈盤庚〉原文如此，僞孔氏刪去惡之易也四字」〔註34〕王鳴盛曰：「經有惡之易也句，僞孔因尙書無也字，遂刪之」，〔註35〕說較長。

如，孔傳本作若，二字音同通用，說見本書 110 頁，第三章第十二節第五條。

鄉，孔傳本作嚮。鄉邇之鄉，本字當作向，向、鄉同屬曉紐，第十部，古同音通用。《莊子・天地》「向之人何爲者耶」《釋文》：「向本作鄉」，《詩・七月》「塞向墐戶」，《儀禮・士虞禮》正義引作「塞鄉墐戶」，此二字互用之證。嚮者向之俗字，从向鄉聲，故亦與鄉通用，《詩・摽有梅》箋：「此夏鄉晚」《釋文》云：「鄉本作嚮」是其例。段玉裁曰：「鄉，衛包改爲嚮」，〔註36〕今考《書・盤庚・釋文》云：「鄉、許亮反」〔註37〕則唐初作鄉，段說是也。

又案：《左傳》引《書》，稱舉篇名者，僅〈唐誥〉、〔註38〕〈仲虺之誥〉、〔註39〕〈大誓〉、〔註40〕〈盤庚〉、〔註41〕〈蔡仲之命〉、〔註42〕〈伯禽〉、〔註43〕〈唐誥〉〔註44〕等七篇。此七篇中，〈伯禽〉、〈唐誥〉不在百篇之中。〈仲虺之誥〉或稱〈仲虺〉、或稱〈仲虺之志〉，〈盤庚〉稱〈盤庚之誥〉，〈蔡仲之命〉稱〈蔡〉，未有定稱。以是推之，則左丘明撰《左傳》之時，《書》經孔子初步整理，分爲虞、夏、商、周四類，而各類所屬之《書》，多未有篇名，故《左傳》徵引其文，但稱《虞書》、《夏書》、《商書》、《周書》，或統稱《書》云，而未能舉其篇名也。《國語》與《左傳》同時，其引《書》稱舉篇名者，亦但有〈盤庚〉、〈大誓〉、〈湯誓〉三篇。《孟子》出於《左傳》之後，其引《書》稱舉篇名者，亦略多於《左傳》，計有〈大誓〉、〔註45〕

〔註34〕見《尚書集注音疏》〈盤庚〉上篇。
〔註35〕見《尚書後案》〈般庚〉上篇。
〔註36〕《古文尚書撰異》。
〔註37〕今十三經注疏本誤作「嚮、竹亮反」，阮元《校勘記》云：「案竹當作許，盧文弨云：『嚮、當作鄉』，是也」。
〔註38〕僖公三十三年、昭公二十年、定公四年。
〔註39〕宣公十二年、襄公十四年、三十年。
〔註40〕成公二年、襄公三十一年、昭公元年、二十四年。
〔註41〕哀公十一年。
〔註42〕定公四年。
〔註43〕定公四年。
〔註44〕定公四年。
〔註45〕武王伐紂之誓。

〈康誥〉、〈伊訓〉、〈大甲〉、〈湯誓〉、〈堯典〉、〈武成〉、〈大誓〉〔註46〕等八篇。《禮記》又出於《孟子》之後，其引《書》稱舉篇名者，又較多於《孟子》，計有〈說命〉、〈君陳〉、〈大誓〉、〈甫刑〉、〈大甲〉、〈尹誥〉、〔註47〕〈康誥〉、〈君牙〉、〈堯典〉、〈秦誓〉、〈君奭〉等十一篇。以是觀之，《書》之篇名後出，先有《書》，而後有篇名，且《書》之篇名，代有所出，非定於一時，即戰國之世，《書》未有篇名者，仍為數甚夥，至漢武之世，《史記》引《書》舉篇名者，亦僅五十七篇而已，此可見孔子之時，《書》之篇數、篇名，以及各篇之文辭，與今傳《尚書》頗有出入，《漢志》云：「孔子篹《書》百篇，且為之序」，其說謬誤，至為明顯。

2. 《夏書》曰：「皋陶邁種德」。（莊公八年）

杜注：「《夏書》、逸書」。

孔疏：「此《虞書・大禹謨》〔註48〕之文，以述禹事，故《傳》謂之《夏書》。……杜不見古文，故以為逸書」。

輝案：此《尚書・夏書》逸文，蓋亡於秦漢之際，杜預不知所屬何篇，故云逸書。逸者亡逸也，與鄭注〈書序〉云逸者不同。偽古文〈大禹謨〉云：「皋陶邁種德，德乃降」，襲取此引《夏書》文為之，孔穎達據偽古文為說，非是。

又案：「德乃降」三字，乃莊公釋《書》之語，杜氏於「皋陶邁種德」下注云「逸書」，則下句非《書》文甚明，偽孔並竄入〈大禹謨〉中，其偽作之迹顯然可見，閻若璩《古文尚書疏證》辨之詳矣。〔註49〕

3. 君子曰：「《商書》所謂惡之易也，如火之燎于原，不可鄉邇，其猶可撲滅者，其如蔡哀侯乎！」（莊公十四年）

杜注：「《商書・盤庚》言惡易長而難滅。」

輝案：此引《書・盤庚》文，說見本節第一條。

4. 《周書》曰：「皇天無親，惟德是輔。」（僖公五年）

杜注：「《周書》、逸書」。

〔註46〕文王伐于之誓。

〔註47〕〈咸有一德〉。

〔註48〕今十三經注疏本誤作〈皋陶謨〉，阮元《校勘記》云：「陳樹華云：『〈皋陶謨〉當作〈大禹謨〉』」。

〔註49〕見閻書第九條。

孔疏:「皇天無親、惟德是輔,〈蔡仲之命〉文也。」

輝案:此《尚書・周書》逸文,其篇蓋亡於秦漢之際,杜氏不知所屬何篇,故云逸書。《國語・晉語六》:「六道無親唯德是授」,櫽括此文爲之。僞古文〈蔡仲之命〉云:「皇天無親,惟德是輔」,襲取此篇所引《周書》逸文爲之。

5. (《周書》)又曰:「**黍稷非馨,明德惟馨。**」(僖公五年)

孔疏:「黍稷非馨,明德惟馨,〈君陳〉文也。」

輝案:此《尚書・周書》逸文,上文稱《周書》曰,此云「又曰」,則所引亦《周書》文,其篇蓋亡於秦漢之際。僞古文〈君陳〉云:「黍稷非馨,明德惟馨」,襲取此篇引《周書》逸文爲之。

6. (《周書》)又曰:「**民不易物,惟德繄物。**」(僖公五年)

孔疏:「人不易物,惟德其物,〈旅獒〉文也。杜不見古文,故以爲逸書,此傳與《書》異者,其作繄,師授不同,字改易耳。」

輝案:此《尚書・周書》逸文,上文稱《周書》,此云「又曰」,則所引亦《周書》逸文,僞古文〈旅獒〉云:「人不易物,惟德其物」,襲取此引《周書》逸文爲之。孔穎達據僞古文爲說,非是。

繄改作其,繄屬影紐,第十五部,其屬群紐,第一部,二字聲韻乖隔,無可通用,僞古文改繄作其者,蓋以二字皆爲語詞之故。〔註50〕

7. 《周書》有之:「**乃大明服。**」(僖公二十三年)

杜注:「《周書・康誥》言君能大明則民服。」

輝案:此引《書・康誥》文。《荀子・富國》引《書》曰:「乃大明服」,與此同。

又案:《左傳》、《荀子》並引〈康誥〉,別有文在今〈康誥〉者,則又未稱舉篇名,但稱《周書》、《書》云。考《左傳》引〈康誥〉,文不在今〈康誥〉中〔註51〕蓋《荀子》之節,〈康誥〉已有,惟其文或與今異,凡《左傳》引稱《周書》,《荀子》引稱《書》云而今在〈康誥〉者,當時或不在〈康誥〉,其

〔註50〕 《廣雅・釋詁》四:「其、詞也」。《左傳》隱公元年「繄我獨無」注:「繄、語助」。

〔註51〕 僖公三十三年引〈康誥〉曰:「父不慈,子不祇,兄不友,弟不恭,不相及也」,昭公二十年引〈康誥〉曰:「父子兄弟,罪不相及」,孔疏並謂此引〈康誥〉之意,非〈康誥〉之全文。案此引〈康誥〉逸文,孔說非,說見本書 128 頁,本章第一節第一條。

後經整理乃合爲一篇，而略有刪減，《左傳》引〈康誥〉而今不在〈康誥〉，今在〈康誥〉而《左傳》稱《周書》，《荀子》稱《書》云，職是之故，此可見先秦《尚書》無定本。即《詩》亦代有變動，《左傳》襄公二十九年記吳季札在魯觀樂，其所見〈國風〉、〈小雅〉、〈大雅〉皆與今同，獨〈頌〉則但云「歌〈頌〉」，而未分〈魯頌〉、〈商頌〉、〈周頌〉，屈萬里先生謂此或當時〈魯頌〉、〈商頌〉未編入《詩》，或雖已入《詩》，而不在〈頌〉，後經孔子整理，乃成今本，〔註52〕說至可信。

8. 《夏書》曰：「地平天成。」（僖公二十四年）

杜注：「《夏書》、逸書」。

孔疏：「此是〈大禹謨〉之文，以說禹事，故傳通以其篇爲《夏書》。」

輝案：此《尚書‧夏書》逸文。其篇蓋亡於秦漢之際，故杜云逸書。僞古文〈大禹謨〉云：「地平天成」，襲取此引《夏書》逸文爲之。文公十八年云：「舜臣堯，舉八愷，使主后土，以揆百事，莫不時序，地平天成」，此亦引《夏書》逸文。

9. 《夏書》曰：「賦納以言，明試以功，車服以庸。」（僖公二十七年）

杜注：「《尚書‧虞夏書》也。」

孔疏：「此古文《虞書‧益稷》之篇。……古本作敷納以言，明庶以功，敷作賦，庶作試，師受不同，古字改易耳。……舜典云：『敷奏以言，明試以功，車服以庸』，文雖略同，此引《夏書》，非〈舜典〉也。」

輝案：此引《書‧皋陶謨》文。〔註53〕〈堯典〉云：「敷奏以言，明試以功，車服以庸」，〔註54〕與此引《夏書》略同，考文公十八年云：「《虞書》數舜之功曰：『愼徽五典，五典克從』，無違教也。曰：『納于百揆，百揆時序』，無廢事也。曰：『賓于四門，四門穆穆』，無凶人也」，此引〈堯典〉文，〔註55〕而稱《虞書》，則此稱《夏書》，當非引〈堯典〉文可知。

賦，孔傳本作敷。賦、敷同屬非紐，古歸幫紐，同屬第五部，古音同通用。《釋名‧釋典藝》云：「敷布其義謂之賦」，《管子‧山權數》：「賦藉藏龜」注：「賦，敷也」，皆以叚借義釋之。《論語‧公冶長》「可使治其賦也」《釋文》引

〔註52〕說詳《詩經釋義‧敘論》。
〔註53〕僞孔本在〈益稷〉。
〔註54〕僞孔本在〈舜典〉。
〔註55〕僞孔本在〈舜典〉。

梁武帝注：「賦、《魯論》作傅」，傅、敷並从專聲，傅之通賦，猶敷之通賦也。

賦納，或作傅納。《漢書・文帝紀》云：「傅納以言」，又〈成帝紀〉鴻嘉二年詔曰：「傅納以言，明試以功」，師古曰：「傅讀曰敷，敷、陳也」，又《敘傳》云：「時舉傅納，聽斷維精」，並引〈皋陶謨〉文，字並作傅，班氏習夏侯《尚書》，故與古文《尚書》作敷者不同。傅、敷並从專聲，古音同通用，說見第二章第二節第六條。

試，孔傳本作庶，阮元《尚書校勘記》云：「庶，古本作試」，段玉裁曰：「日本山井鼎《七經孟子考文》云：『足利古本庶作試』，與《左傳》合」，〔註56〕是古本作試，作庶者後人所改，孔穎達《左傳正義》云：「古本作敷納以言，明庶以功」，則唐初已誤作庶。《漢書・成帝紀》、《潛夫論・考績篇》引《書》曰，並作「明試以功」，與《左傳》引同。試、庶同屬審紐，古歸透紐，雙聲通用。

又案：杜注此條云「《虞夏書》」，與孔傳本《虞書》、《夏書》分稱者不同，而與馬鄭本稱《虞夏書》者相同，此可見杜氏所據《尚書》係馬鄭本，此亦可證杜預之詩偽古文猶未出，孔穎達云：「杜不見古文」，是也。

10. 《商書》曰：「沈漸剛克，高明柔克。」（文公五年）

杜注：「此在〈洪範〉，今謂之《周書》。」

孔疏：「此文在〈洪範〉，今謂之《周書》，箕子商人所說，故《傳》謂之《商書》。」

輝案：此引《書・洪範》文。馬融曰：「沈，陰也，潛，伏也」，〔註57〕則馬本作「沈潛」，孔傳本承用之。《史記・宋世家》作「沈漸剛克」，則歐陽《尚書》作「沈漸」，與《左傳》引同。漸、潛同屬從紐，韻則漸在第八部，潛在第七部，旁轉相通。《列子・黃帝》：「至人潛行不空」，《釋文》：「潛或作漸」，是其例。作潛者本字，作漸者借字也。

沈漸，或作湛漸，《漢書・谷永傳》云：「忘湛漸之義」，班氏習夏侯《尚書》，是夏侯本作湛漸。湛、沈同屬澄紐，古歸定紐，韻則沈在第八部，湛在第七部。二字古音同通用。作湛者本字也，作沈者借字也。《詩・大雅・蕩》：「其命匪諶」，《說文》心部引作「天命匪忱」，諶湛並从甚聲，忱沈並从尤聲，湛之通沈猶諶之通忱矣。《詩・抑》：「荒湛于酒」，《漢書・五行志》下作「荒沈于酒」，此二字通用之證。

〔註56〕《古文尚書撰異》。
〔註57〕《史記・宋世家》集解引。

又案：〈洪範〉，《左傳》〔註58〕引稱《商書》，《說文》〔註59〕亦稱《商書》，與《左傳》同。馬鄭本以〈洪範〉爲《周書》，孔傳本承用之，與《左傳》異。又考《左傳》分《虞書》、《夏書》、《商書》、《周書》四類，僞孔亦以虞、夏別題，與《左傳》同。馬融、鄭玄、王肅、《別錄》題皆曰《虞夏書》，〔註60〕以虞夏同科，與《左傳》異。是馬鄭本《尚書》分類與先秦《尚書》不同。《爾雅·釋天》、蔡邕《獨斷》並云：「商曰祀」，劉熙《釋名》云：「殷曰祀」，〈洪範〉云：「惟十有三祀王訪于箕子」；《漢書·儒林傳》云：「遷書載〈堯典〉、〈禹貢〉、〈洪範〉、〈微子〉、〈金縢〉諸篇多古文說」，皮錫瑞曰：「班氏以〈洪範〉列〈微子〉上，則今文《尚書》次序或以此篇列〈微子〉之前，則此爲《商書》」，〔註61〕以是觀之，則《左傳》、《說文》稱《商書》爲得其實。惟《墨子·兼愛》下引《周詩》曰：「王道蕩蕩，不偏不黨；王道平平，不黨不偏」，此引〈洪範〉文，而稱《周詩》，古《詩》《書》可以互稱，則墨家所授《尚書》，〈洪範〉在《周書》，與馬鄭同，而與《左傳》異，此可見先秦《尚書》未有定本，是以《左傳》以〈洪範〉爲《商書》；而《墨子》以爲《周書》，序次互異。又可見馬鄭本雖與《左傳》異，而與《墨子》同，則亦前有所承，固先秦之遺也。

11. 《夏書》曰：「戒之用休，董之用威，勸之以九歌，勿使壞。」（文公七年）

杜注：「逸書」。

孔疏：「此《虞書·大禹謨》之文也。以其夏禹之言，故《傳》謂之《夏書》。」

輝案：此《尚書·虞書》逸文，其篇蓋亡於秦漢之際，故杜注云逸書也。僞古文〈大禹謨〉云：「戒之用休，董之用威，勸之以九歌，俾勿壞」，襲取此引《夏書》逸文爲之。改使爲俾者，《爾雅·釋詁》云；「俾、使也」。

12. 《虞書》數舜之功曰：「『慎徽五典，五典克從』，無違教也。曰：『納于百揆，百揆時序』，無廢事也。曰：『賓于四門，四門穆穆』，無凶人也。」（文公十八年）

〔註58〕文公五年，成公六年。
〔註59〕林部、歺部、女部。
〔註60〕《尚書·堯典正義》引。
〔註61〕《今文尚書考證》卷十一。

孔疏：「此《虞書・舜典》之篇也，三事六句，〈舜典〉本文，其云無違教也，無廢事也，無凶人也，是史克解《虞書》之意也。」

輝案：此引〈堯典〉文。〔註62〕馬融曰：「徽、善也」，〔註63〕鄭玄曰：「五典、五教也」，〔註64〕是馬鄭本作「慎徽五典」，孔傳本承用之。

序，孔傳本作敘。序、敘同屬邪紐，古歸心紐，韻則同屬第五部，古音同通用。《書・洪範》「彝倫攸敘」，《史記・宋世家》作「常倫所序」，〈禹貢〉「三苗丕敘」，《史記・夏本紀》作「三苗大序」，是其例。敘、本字，作序者，借字也。《史記・五帝紀》云：「乃徧入百官，百官時序」，字作序，與《左傳》同。

又案：《左傳》以〈堯典〉爲《虞書》，與馬融、鄭玄、王肅、劉向稱《虞夏書》者不同，說見本節第十條。

又案：先秦典籍多引〈堯典〉文，然或稱《虞書》曰，〔註65〕或引其文句，而未舉篇名，不稱《書》曰，〔註66〕或檃括文義，而未舉篇名，不稱《書》曰〔註67〕其稱舉篇名者，僅二見，其一則《禮記・大學》引〈帝典〉曰：「克明俊德」，稱〈帝典〉，與今稱〈堯典〉者異；其一則《孟子・萬章》上引〈堯典〉曰：「二十有八載，放勳乃徂落，百姓如喪考妣，三年四海遏密八音」。《孟子》之前，《左傳》、《國語》、《墨子》皆引〈堯典〉文，是〈堯典〉其來甚古，至《孟子》始以〈堯典〉名篇，屈萬里先生曰：「今本〈堯典〉著成於孔子之後，孟子之前」，〔註68〕其說可信。近人或謂〈堯典〉作於漢武之世，〔註69〕其說未允。

13. 《周書》曰：「殪戎殷。」（宣公六年）

杜注：「《周書》、〈康誥〉也。」

〔註62〕 孔傳本在〈舜典〉。
〔註63〕 《尚書釋文》引。
〔註64〕 《史記・五帝紀》集解引。
〔註65〕 《左傳》文公十八年。
〔註66〕 《左傳》僖公二十一年、文公十八年二引、襄公三十一年，《孟子・萬章》上。
〔註67〕 《左傳》昭公七年、九年；《墨子・節用》中；《國語・周語》下二引、〈晉語八〉、〈鄭語〉；《孟子・萬章》上、〈滕文公〉上；《楚辭・離騷》、〈天問〉二引、〈遠遊〉；《莊子・在宥》；《荀子・成相》二引；《韓非子・十過》、〈外儲說左下〉、〈外儲說右上〉、〈忠孝〉；《禮記・王制》二引、〈月令〉二引、〈郊特牲〉、〈樂記〉；《大戴禮・五帝德》二引、〈少閒〉；《呂氏春秋・二月紀》、〈古樂〉、〈八月紀〉、〈行論〉、〈察傳〉；《山海經・海內經》二引。
〔註68〕 《尚書釋義・堯典》篇目下。
〔註69〕 顧頡剛〈從地理上證今本堯典漢人作〉，載《禹貢》二卷五期。

輝案：此引〈康誥〉文。《禮記·中庸》引作「壹戎衣」，《逸周書·世俘》引作「謁戎殷」，衣與殷，殪與壹、謁，並音同通用，說見本書 95 頁，第三章第九節第一條。

14. 《周書》所謂庸庸祇祇者。（宣公十五年）

杜注：「《周書》、〈康誥〉。」

輝案：此引〈康誥〉文。《左傳》引〈康誥〉文，或稱〈康誥〉，或稱《周書》，蓋當時分屬〈康誥〉、《周書》，其後乃合爲一，說見本節第七條。

15. 《周書》曰：「明德慎罰。」文王所以造周也。（成公二年）

杜注：「《周書》、〈康誥〉。」

輝案：此引〈康誥〉文。「明德慎罰」又見於〈多方〉，知《左傳》非引彼文者，〈康誥〉云：「惟乃丕顯考文王，克明德慎罰」，此美文王之德。〈多方〉云：「乃惟成湯，克以爾多方，簡代夏作民主……，以至于帝乙，罔不明德慎罰」，此以美湯至于帝乙之德。《左傳》申公巫臣引《周書》「明德慎罰」而釋之曰：「文王所以造周也」，以是知之。「文王所以造周」句，檃括〈康誥〉「用肇造我區夏」文。此與昭公八年引《周書》「惠不惠，茂不茂」，康叔所以服弘大也，文法正同，「康叔所以服弘大」句，亦檃括〈康誥〉「乃服惟弘」之文。《荀子·成相篇》曰：「明德慎罰」，此亦引〈康誥〉文，與此引同。

16. 《商書》曰：「三人占，從二人。」（成公六年）

杜注：「《商書》、〈洪範〉。」

孔疏：「《傳》謂之《商書》者，以箕子商人所陳故也。」

輝案：此檃括〈洪範〉文。〈洪範〉云：「三人占，則從二人之言」。〈洪範〉、馬鄭屬《周書》，與此以爲《商書》者異，則先秦《尚書》與漢世所傳《尚書》，序次有異，非僅文字之異而已，說見本節第十條。

17. 《周書》曰：「不敢侮鰥寡。」（成公八年）

杜注：「《周書》、〈康誥〉。言文王不侮鰥寡而德益明。」

輝案：此引〈康誥〉之文。「不敢侮鰥寡」亦見於〈無逸〉，此非引彼文者，以〈康誥〉作於〈無逸〉之前，且〈康誥〉云：「惟乃丕顯文王，克明德慎罰，不敢侮鰥寡」，以不侮鰥寡爲明德之驗，《左傳》韓厥引《周書》「不敢侮鰥寡」而釋之曰：「所以明德也」，與〈康誥〉文相合，以是知之。說詳本書 67 頁，第二章第二節第四條。

18. 《周書》曰：「惟命不于常。」（成公十六年）

　　杜注：「《周書》、〈康誥〉。言勝無常命，唯德是與。」

　　輝案：此引〈康誥〉文。考先秦典籍凡四引此文，或稱〈康誥〉，〔註70〕或稱《周書》，〔註71〕或稱《書》曰。〔註72〕又考《左傳》別引〈康誥〉而今不在〈康誥〉，而此文今在〈康誥〉，《左傳》乃稱《周書》、《書》曰。則此文在《左傳》之時，蓋在《周書》別篇，而不在〈康誥〉，其後經整理乃合而為一，其合二篇為一，當在《大學》著成之前，故《大學》引稱〈康誥〉也。《國策》著成又在《大學》之後，而稱《周書》者，乃泛稱也。說見本節第七條。

19. 《夏書》曰：「怨豈在明，不見是圖。」（成公十六年）

　　杜注：「逸書也。」

　　孔疏：「《夏書》、〈五子之歌〉第一章也。…杜不見古文，故云逸書。」

　　輝案：此《尚書·夏書》逸文，其篇蓋亡於秦漢之際，故杜云逸書，《說苑·貴德篇》引《夏書》有之曰：「一人三失，怨豈在明，不見是圖」，則據《國語·晉語》為說。偽古文〈五子之歌〉云：「一人三失，怨豈在明，不見是圖」，襲取此及《國語》所引《夏書》逸文為之。《國語·晉語》九引此文，亦稱《夏書》，未稱舉篇名，則春秋之時，此篇但為《夏書》之一篇，而未有篇名，其後是否有篇名，無可考徵。孔穎達據偽古文為說，非是。

20. 《商書》曰：「無偏無黨，王道蕩蕩。」（襄公三年）

　　杜注：「《商書》、〈洪範〉也。」

　　輝案：此引〈洪範〉文，而稱《商書》，與馬鄭不同，說見本節第十六條。《呂氏春秋·貴公》引〈洪範〉，與《左傳》引同。漢《博陵太守孔彪碑》云：「無偏無黨」，《司隸校尉楊孟文石門頌》云：「無偏蕩蕩」，《漢書·王莽傳》云：「無偏無黨，王道蕩蕩」，並引〈洪範〉文，字並作無，與古文《尚書》同。

　　無，或作毋，《史記·宋世家》、熹平石經、《漢書·車千秋傳》並作「毋偏毋黨」，字並作毋，是今文《尚書》一作毋，與古文《尚書》異。無、毋同屬微紐，古歸明紐，韻則同在第五部，古音同通用。《書·皋陶謨》「無若丹朱傲」，《漢書·劉向傳》作「毋若丹朱敖」，此二字互用之證。

　　無，或作不。《墨子·兼愛》下引《周詩》曰：「王道蕩蕩，不偏不黨」，

〔註70〕《禮記·大學》。
〔註71〕《左傳》成公十六年，《國策·魏策》三。
〔註72〕《左傳》襄公二十三年。

《呂氏春秋・士容》云：「士不偏不黨」，並引〈洪範〉文，字並作不。與《左傳》、《呂氏春秋・貴公》作無者不同，此可見先秦《尚書》無定本。《史記・張釋之馮唐傳贊》引《書》曰、《漢書・東方朔傳》引《書》曰、《說苑・至公》引《書》曰，並作「不偏不黨」，與《墨子》、《呂氏春秋・士容》引同。則今文《尚書》一本作不。不屬非紐，古歸幫紐；無屬微紐，古歸明紐，二字同屬脣音，故相通用。《書・呂刑》「鰥寡無蓋」，《墨子・尚賢》中引作「鰥寡不蓋」，《論語・學而》「食無求飽，居無求安」，《漢書・谷永傳》引作「居不求安，食不求飽」，此二字互用之證。

21. 〈夏訓〉有之曰：「有窮后羿。」（襄公四年）

　　杜注：「〈夏訓〉、〈夏書〉。」

　　孔疏：「《夏書・五子之歌》云：『太康尸位以逸豫，畋于有洛之表，十旬弗反，有窮后羿因民弗忍，距于河，厥第五人御其母以從，五子咸怨，述大禹之戒以作歌。……是大禹立言以訓後，故傳謂此書爲〈夏訓〉也。』

　　輝案：此《尚書・夏書》逸文。蓋亡於秦漢之際，杜未注逸書者，偶疏耳。僞古文〈五子之歌〉，襲取此引〈夏書〉逸文爲之。

22. 《夏書》曰：「成允成功。」（襄公五年）

　　杜注：「亦逸書也。」

　　孔疏：「此《虞書・大禹謨》之文也，禹是夏王，故《傳》稱《夏書》，杜不見古文，故稱逸書。」

　　輝案：此《尚書・夏書》逸文，其篇蓋亡於秦漢之際，杜注云逸書，是也。僞古文〈大禹謨〉云：「成允成功」，襲取此引《夏書》逸文爲之。

23. 《書》曰：「一人有慶，兆民賴之，其寧惟永。」（襄公十三年）

　　杜注：「《周書》、〈呂刑〉也。」

　　輝案：此引〈呂刑〉文。考宣公六年引《周書》，杜注云：「《周書》，〈康誥〉也」，襄公三年引《商書》，杜注云：「《商書》、〈洪範〉也」，是杜注《左傳》引《書》，必先重述《傳》所引《周書》、《商書》，而後出其篇名，以是例之，則此云《周書》，《傳》文蓋奪「周」字。又考先秦典籍引〈呂刑〉此文者凡五條，或稱《書》曰，〔註73〕或稱《傳》曰，〔註74〕或稱《周書》曰，

〔註73〕《大戴禮・保傳》。

〔註74〕《荀子・君子》。

〔註 75〕或稱〈甫刑〉，〔註 76〕未有定稱，先秦《尚書》無定本，此亦一證。又稱舉篇名之《孝經》、〈緇衣〉，其著成在稱《周書》之《左傳》以後，則《左傳》之時，〈甫刑〉但爲《周書》之一篇，未有篇名。其稱〈甫刑〉，當在《左傳》成書之後，〈緇衣〉著成之前，約當春秋末，戰國初。

24. 故《夏書》曰：「遒人以木鐸徇于路，官師相規，工執藝事以諫。」（襄公十四年）

　　杜注：「逸書。」

　　孔疏：「此在〈胤征〉之篇。」

　　輝案：「此《尚書‧夏書》逸文，其篇蓋亡於秦漢之際，杜注云逸書，是也。僞古文〈胤征〉云：「遒人以木鐸徇于路，官師相規，工執藝事以諫」，襲取此引《夏書》逸文爲之。

25. 《夏書》曰：「念茲在茲，釋茲在茲，名言茲在茲，允出茲在茲，惟帝念功。」（襄公二十一年）

　　杜注：「逸書也。」

　　孔疏：「此斷章爲義，故與《尚書》本文稍殊也。」

　　輝案：此《尚書‧夏書》逸文，其篇蓋亡於秦漢之際，杜注云逸書，是也。《孔子家語‧顏回篇》引《夏書》曰：「念茲在茲」，今本《家語》出於王肅僞作，〔註 77〕王肅時，僞古文未出，〔註 78〕《家語》蓋據《左傳》襄公二十三年引《夏書》文爲說耳。

　　僞古文〈大禹謨〉云：「念茲在茲，釋茲在茲，名言茲在茲，允出茲在茲，惟帝念功」，襲取此引《夏書》逸文爲之。其篇既亡於秦漢之際，其殘章逸句，自無以考其全篇眞義，《左傳》引《書》，或有斷章取義者，然未可斷言此所引《夏書》，非其本恉，孔穎達據《僞孔傳》爲說，非是。

26. 《書》曰：「聖有謩勳，明徵定保。」（襄公二十一年）

　　杜注：「逸書。」

　　孔疏：「此引《書》曰，《夏書‧胤征》之文也。」

〔註 75〕《左傳》襄公十三年。周字據杜注例補。
〔註 76〕《孝經‧天子》章，《禮記‧緇衣》。
〔註 77〕說詳范家相《家語證僞》、孫志祖《家語疏證》。
〔註 78〕丁晏《尚書餘論》謂王肅僞作古文《尚書》，其說非是，說詳陳夢家《尚書通論》第一二○葉。

輝案：此《尚書》逸文，蓋亡於秦漢之際，杜注云逸書，是也。僞古文〈胤征〉云：「聖有謨訓，明徵定保」，襲取此引《書》逸文爲之。考《左傳》引《書》稱《書》曰者凡七條：

（1）《書》曰：「居安思危。」（襄公十一年）

　　杜注：「逸書。」

（2）《書》曰：「一人有慶，兆民賴之，其寧惟永。」（襄公十三年）

　　杜注：「《周書》、〈呂刑〉也。」

（3）《書》曰：「聖有謩勳，明徵定保。」（襄公二十一年）

　　杜注：「逸書。」

（4）《書》曰：「惟命不于常。」（襄公二十三年）

　　杜注：「《周書》、〈康誥〉。言有義則存，無義則亡。」

（5）《書》曰：「愼始而敬終，終以不困。」（襄公二十五年）

　　杜注：「逸書。」

（6）《書》曰：「聖作則。」（昭公六年）

　　杜注：「逸書。」

（7）《書》曰：「欲敗度，縱敗禮。」（昭公十一年）

　　杜注：「逸書。」

其中第（1）條，今見於《逸周書‧程典篇》，此作居，彼作於，字不同者，《左傳校勘記》引惠棟曰：「《楚策》虞卿謂春申君曰：『臣聞之《春秋》於安思危』，所謂《春秋》，即《左傳》也。虞卿傳《左氏春秋》於鐸椒，轉授荀卿，然則《傳》文『居安』當作『於安』，案居於音相近。」第（5）條今見於《逸周書‧常訓篇》，彼云：「愼徵以始而敬終，終乃不困」，文字略有不同。其第（2）條，依杜注《左傳》之例，必先重述《傳》所稱《周書》、《商書》，而後出其篇名，〔註79〕則《傳》文當作「《周書》曰」，今奪「周」字。其第（4）條，成公十六年引作《周書》，杜注云：「《周書》、〈康誥〉」，與此同，則此處傳文亦當作《周書》曰，蓋亦奪「周」字。其餘第（3）（6）（7）各條，則皆爲逸書。豈《左傳》之時，其篇已逸，左氏無以辨明其爲《夏書》、《商書》，故統稱爲《書》曰，抑或其篇當時未逸，左氏稱《書》曰者，乃泛稱，猶他處稱〈夏訓〉，〈周志〉之比，二者孰是，文獻不足，今已無可考知，惟其書秦漢之際已亡，左氏引其文而但稱《書》曰，僞古文以入《夏書》，且

〔註79〕說見本節第二十三條。

以爲〈胤征〉之文，則全出臆測，未可據信。

勛、僞古文改爲訓，勛、訓同屬曉紐，第十三部，二字古音同通用。

27. 《書》曰：「惟命不于常。」（襄公二十三年）

杜注：「《周書》、〈康誥〉。言有義則存，無義則亡。」

輝案：此引《周書・康誥》文。《傳》文奪「周」字，當依杜注例補，說見本節第二十六條。成公十六年引此文，亦稱《周書》。

28. 《夏書》曰：「念茲在茲。」（襄公二十三年）

杜注：「逸書也。」

輝案：此《尚書・夏書》逸文，僞古文〈大禹謨〉襲取《左傳》襄公二十一年、二十三年，襄公六年引《夏書》逸文爲之，說見本節第二十五條。

29. 《夏書》曰：「與其殺不辜，寧失不經。」（襄公二十六年）

杜注：「逸書也。」

孔疏：「此在〈大禹謨〉之篇。」

輝案：此《尚書・夏書》逸文，其篇蓋亡於秦漢之際，杜注云逸書，是也。《說苑・貴德篇》引《書》曰：「與其殺不辜，寧失不經」，蓋據《左傳》爲說，僞古文〈大禹謨〉云：「與其殺不辜，寧失不經」，襲取此引《夏書》逸文爲之。

30. 《周書》數文王之德曰：「大國畏其力，小國懷其德。」（襄公三十一年）

杜注：「逸書。」

輝案：此《尚書・周書》逸文，其篇蓋亡於秦漢之際，杜注云逸書，是也。僞古文〈武成〉云：「大邦畏其力，小邦懷其德」，襲取此引《周書》逸文爲之。改國爲邦者，《說文》邑部云：「邦，國也。」

31. 《書》曰：「聖作則。」（昭公六年）

杜注：「逸書。」

輝案：此《尚書》逸文，僞古文所未襲用。《左傳》引《書》曰者七條，其二條見於《逸周書》，其二條當作《周書》，所餘三條皆爲逸書，豈《左傳》之時已亡，左氏無以辨其爲《夏書》、《商書》，因稱《書》曰與？文獻不足，無可考定矣。說見本節第二十六條。

32. 周文王之法曰：「有亡荒閱。」（昭公七年）

輝案：《韓非子・有度》引先王之法曰：「臣毋或作威，毋或作利，從王

之指；毋或作惡，從王之路」，此引《周書・洪範》文，而稱先王之法，以是
例之，則《左傳》引周文王之法，蓋亦《周書》逸文。

33. 《周書》曰：「惠不惠，茂不茂。」康叔所以服弘大也。（昭公八年）

　　杜注：「《周書》、〈康誥〉也。」

　　輝案：此引《書・康誥》文。茂，孔傳本作懋。茂、懋同屬明紐，第三
部，古音同通用。《爾雅・釋詁》、《詩・節南山》「方茂爾惡」傳並云：「茂、
勉也」，此以叚借義釋之。《爾雅・釋詁》「茂、勉也」《釋文》：「茂、本作懋」，
《釋訓》「懋懋漠漠」《釋文》：「懋、本作茂」，此二字互用之證。作懋者本字，
《左傳》作茂，借字也。《說文・心部》懋字下段注：「古多叚茂字爲之。」

　　「康叔所以服弘大也」句，櫽括〈康誥〉「乃服惟弘」之文，段玉裁曰：
「此與《周書》曰：『明德愼罰』，文王所以造周也，文法正同。皆櫽括之法，
造周即經文肇造我區夏也，服弘大即經文乃服惟弘也」，〔註80〕說至允當。

34. 《書》曰：「欲敗度，縱敗禮。」（昭公十年）

　　杜注：「逸書。」

　　孔疏：「《尚書・太甲篇》也。」

　　輝案：此《尚書》逸文，蓋亡於秦漢之際，杜云逸書，是也。僞古文〈太
甲〉中云：「欲敗度，縱敗禮」，襲取此引《書》逸文爲之。宋史繩祖《學齋佔
畢》云：「《左傳》昭十年子皮曰：『《夏書》云：欲敗度，縱敗禮』」，〔註81〕今
《左傳》作《書》曰，上無夏字，繩祖見或係別本，其篇既亡逸，無可考定繩
祖所見是否眞本矣。僞古文以入《商書》，且以爲〈太甲篇〉文，則全出臆測，
未可據信。

35. 《夏書》曰：「昏墨賊殺」，皋陶之刑也。（昭公十四年）

　　杜注：「逸書。」

　　輝案：此《尚書・夏書》逸文，蓋其篇亡於秦漢之際，杜注云逸書，是
也。此文僞古文所未引，考先秦典籍引《書》，而僞古文遺漏未引者，凡二十
六條：〔註82〕

　　（1）《書》曰：「聖作則。」（《左傳》昭公六年）

　　　　杜注：「逸書。」

〔註80〕 《古文尚書撰異》。
〔註81〕 閻若璩《古文尚書疏證》第六條引。
〔註82〕 篇名在百篇之外者不錄。

（2）《周志》有之：「勇則害上，不登於明堂。」（文公二年）

　　杜注：「《周志》、《周書》。」

（3）《書》曰：「居安思危。」（襄公十一年）

　　杜注：「逸書。」

（4）《書》曰：「慎始而敬終，終以不困。」（襄公二十五年）

　　杜注：「逸書。」

（5）《夏書》曰：「昏墨賊殺。」（昭公十四年）

　　杜注：「逸書。」

（6）《夏書》曰：「禹七年水。」（《墨子·七患》）

（7）《殷書》曰：「湯五年旱。」（《墨子·七患》）

（8）《周書》曰：「國無三年之食者，國非其國也；家無三年之食者，子非其子也。」（《墨子·七患》）

（9）於先王之書也，〈大誓〉之言然，曰：「小人見姦巧，乃聞不言也，發罪鈞。」（《墨子·尚同》下）

（10）於〈武觀〉曰：「啟乃淫溢康樂，野于飲食，將將銘莧磬以力，湛濁于酒，渝食于野，萬舞翼翼，章聞于大，天用弗式。」（《墨子·非樂》上）

（11）西方之書有之曰：「懷與安，實疚大事。」（《國語·晉語》四）

　　韋注：「西方謂周。」

（12）《周書》有言：「美女破舌。」（《國策·秦策》一）

（13）《周書》有言：「美男破老。」（《國策·秦策》一）

（14）《周書》曰：「將欲敗之，必姑輔之；將欲取之，必姑與之。」（《國策·魏策》一）（《韓非子·說林上》）

（15）《周書》曰：「緜緜不絕，縵縵奈何，毫毛不拔，將成斧柯，前慮不定，後有大患，將奈之何。」（〈魏策〉一）

（16）《周書》曰：「往者不可及，來者不可待。賢明其世，謂之天子。」（《呂氏春秋·聽言》）

（17）《商書》曰：「刑三百，罪莫重於不孝。」（《呂氏春秋·孝行》）

（18）《周書》曰：「若臨深淵，若履薄冰。」（《呂氏春秋·慎大》）

（19）此《書》之所謂德幾無小者也。（《呂氏春秋·報更》）

（20）《周書》曰：「民善之則畜也，不善則讎也。」（《呂氏春秋·適威》）

（21）《周書》曰：「國法，法不一則有國者不祥，民不道法則不祥，國更
立法以典民則祥，群臣不用禮義教訓則不祥，百官服事者離法而治
則不祥。」（《管子·任法》）

（22）此《周書》所謂下言而上用者惑也。（《韓非子·說林》下）

（23）《書》曰：「紳之束之。」（《韓非子·外儲說》左上）

（24）《書》曰：「既雕既琢，還歸其樸。」（《韓非子·外儲說》左上）

（25）《周書》曰：「毋為虎傅翼，將飛入邑，擇人而食之。」（《韓非子·
難勢》）

（26）《周記》曰：「無尊妾而卑妻，無孽適子而專小枝，旡尊嬖臣而匹上
卿，無尊大臣以擬其主也。」（《韓非子·說疑》）

其中第（2）、（3）、（4）、（8）、（12）、（13）、（15）、（25）等八條，今見
於《逸周書》。第（10）條，惠棟云：「此逸書，敘武觀之事，即〈書敘〉之
五子也」，〔註83〕此《書·五子之歌》逸文。以上所列二十六條，除見於《逸
周書》者八條外，所餘十八條中，第（9）條引〈大誓〉，則偽作古文者偶疏
而未引；第（10）條引〈五子之歌〉，則偽作古文者未明武觀即五觀、五子，
故未引其文；其餘十四條，偽古文所以未引者，蓋泥於孔子刪《書》之說，
故示《書》本有亡逸，以見偽古文二十五篇之真實可信也。閻若璩乃謂梅氏
二十五篇所未取，其終為逸書者，僅昭公十四年《夏書》曰昏墨賊殺一則而
已，是亦考之未精。

36. 《夏書》曰：「辰不集于房，瞽奏鼓，嗇夫馳，庶人走。」（昭公十七年）

杜注：「逸書也。」

孔疏：「此《尚書·胤征》文也。」

輝案：此《尚書·夏書》逸文，其篇蓋亡於秦漢之際，杜注云逸書，是
也。偽古文〈胤征〉云：「乃季秋月朔，辰弗集于房，瞽奏鼓，嗇夫馳，庶人
走」，襲取此引《夏書》逸文為之。而以夏日食之禮，誤作季秋，閻氏《古文
尚書疏證》已辨其非。〔註84〕

又案：中康日食，各家紀時不同：

（1）唐、大衍曆謂仲康五年九月（紀元前2128）。

（2）密緒爾謂仲康五年（紀元前2155），中國不可見。

〔註83〕見《古文尚書考證·孔氏逸書》九條。

〔註84〕見閻書第八條。

（3）奧泊爾子謂仲康之後（紀元前 2137 十月）。

（4）希利格謂仲康之前（紀元前 2165 五月）。

董作賓先生據曆算推定《左傳》所引《夏書》此文，乃記述中康時代在夏都安邑，見日全食而驚駭營救之事，因以此文出於眞古文〈胤征〉篇，乃夏中康時代之殘逸史實、〔註85〕劉朝陽亦據曆算推定此所引《夏書》之文，爲中康元年季秋四月，即紀元前二一一〇年十月二十三日所發生之日食。〔註86〕今考《左傳》引此文，但云《夏書》，未言出於中康之世，僞古文襲取此文以入〈胤征〉篇，未可據信，此可商榷者一。《左傳》記此日食，在夏四月，是謂孟夏，僞古文乃誤作季秋，閻氏已辨其非，劉氏乃謂夏代曆法，當時四月原即等於季秋，遂以《夏書》所記日食，發生於中康元年季秋四月，強合僞古文〈胤征〉與《左傳》所引《夏書》爲一，此可商榷者二。董氏謂《夏書》亡者〈帝告〉以下五篇皆商人事，又不涉天象，不容有「辰不集于房」之四句，此四句見於今《尚書》僞古文〈胤征〉，實即〈胤征〉逸文，而適爲纂輯僞書者所引及。然先秦《尚書》未必有百篇，亦不必以百篇爲備，〔註87〕則《左傳》所引《夏書》、《商書》、《周書》逸文，未必在百篇之內，是以未可就《書序》百篇所引《夏書》篇目，以度《左傳》所引《夏書》當屬何篇，此可商榷者三。魯師實先以周屬王以前，文獻闕徵，曆術無考，世系未詳，年次不明，日序無定，因謂春秋之曆，凌亂無章，不可據一切曆術以筌次春秋月日，前此殷周之朔閏，其爲乖刺凌亂必又相越遼迴，益不可據一切曆術以綱紀月日，〔註88〕然則亦未可以曆術推定夏代朔閏，綱紀月日，其理甚明。朱文鑫曰：「周共和以前紀年，頗難徵信，即皇極之數，亦不合史實，〈胤征〉又係僞書，仲康日食，究在何年，殊難懸斷」。〔註89〕此可商榷者四。綜上四點，則《左傳》所引《夏書》記日食之事，其發生於夏代，當無可疑，然是否發生在中康之世，誠有可疑，疑事毋質，今仍以爲《夏書》逸文，而不定爲〈胤征〉篇也。

37. 《夏書》曰：「惟彼陶唐，帥彼天常，有此冀方，今失其行，亂其紀綱，乃滅而亡。」（哀公六年）

杜注：「逸書。」

〔註85〕見〈中康·日食〉，載《史學集刊》四期。

〔註86〕見〈夏書·日食考〉，載《中國文化研究彙刊》五卷上。

〔註87〕說見本章序言。

〔註88〕說詳《劉歆三統曆譜證舛》。

〔註89〕見〈歷代日食考〉。

　　孔疏：「此《夏書・五子之歌》第三章也。……此多帥彼天常一句，又字小異者，文經篆隸，師讀不同，故兩存之。賈服孫杜皆不見古文，以爲逸書，解爲夏桀之時，唯王肅云：『太康時也』，案王肅注《尚書》，其言多是孔傳，疑肅見古文，匿之而不言也。」

　　輝案：此《尚書・夏書》逸文，其篇蓋亡於秦漢之際，杜注云逸書，是也。《孔子家語・正論解》引《夏書》曰：「維彼陶唐，率彼天常，在此冀方，今失厥道，亂其紀綱，乃滅而亡」，今本《家語》出於王肅僞作。王肅時，僞古文未出，《家語》蓋據此引《夏書》逸文爲說，是以上下文並與《左傳》所述大同，而所引《夏書》文字與《左傳》所引小異者，蓋王肅以己意改易。

　　僞古文〈五子之歌〉云：「惟彼陶唐，有此冀方，今失厥道，亂其紀綱，乃底滅亡」，襲取此引《夏書》逸文爲之，刪去「帥彼天常」句，改「其行」爲「厥道」，「乃滅而亡」爲「乃底滅亡」，故示其異於《左傳》所引《夏書》耳。

　　又案：孔穎達云：「王肅注《尚書》，其言多是《孔傳》、疑肅見古文，匿之而不言也」，陸德明《經典釋文敘錄》亦云：「肅注今文而解大與古文相類，或肅私見《孔傳》而祕之乎？」今考《後漢書・祭祀志》中劉昭補注引晉武帝初，幽州秀才張髦上書引〈堯典〉曰：「肆類于上帝，禋于六宗云云」，今在僞孔本〈舜典〉，而張髦稱〈堯典〉，是西晉之初，孔傳本尚未出。又考王肅死於高貴鄉公甘露元年，〔註90〕則孔傳本出於王肅死後，孔、陸謂肅見僞古文，非是，清丁晏謂王肅僞作古文《尚書》，〔註91〕說亦非是，說詳陳夢家《尚書通論》第一二〇～一二二葉。

38. （《夏書》）又曰：「允出茲在茲。」（哀公六年）

　　杜注：「又逸書。」

　　輝案：此《尚書・夏書》逸文，襄公二十一年引《夏書》曰：「念茲在茲，釋茲在茲，名言茲在茲，允出茲在茲，惟帝念功」，與此同，杜注並云逸書，是也。

　　日人小島祐馬〈左傳引經考證〉引此作「允出在茲，由己率常」，注云：「上句與僞古文〈大禹謨〉同，下句異」，〔註92〕以「由己率常」爲《夏書》文，今考襄公二十一年引《夏書》，「允出茲在茲」句下接「惟帝念功」，則「由己率常

〔註90〕見《三國志・魏志》本傳。
〔註91〕見《尚書餘論》。
〔註92〕見江俠庵編譯《先秦經籍考》上冊。

可矣」乃孔子引《夏書》後釋《夏書》之語，小島以爲《夏書》文，未允。

《孔子家語・正論解》引《夏書》曰：「允出茲在茲」，今本《家語》出於王肅僞作，王肅時，僞古文未出，《家語》蓋據《左傳》哀公六年引《夏書》文爲說，《左傳》以此文次「維彼陶唐，帥彼天常云云」之後，《家語》亦然，斯其明驗矣。

39. 《夏書》曰：「官占、唯能蔽志，昆命于元龜。」（哀公十八年）

　　　杜注：「逸書也。」

　　　孔疏：「《夏書・大禹謨》之篇也。」

　　　輝案：「此《尚書・夏書》逸文，其篇蓋亡於秦漢之際，杜注云逸書，是也。僞古文〈大禹謨〉云：「官占，惟克〔註93〕蔽志，昆命于元龜」，襲取此引《夏書》逸文爲之。改能作克者，《爾雅・釋言》云：「克、能也」。

第三節　引《書》不舉篇名不稱《書》曰

1. 成風爲之言於公曰：「崇明祀，保小寡，周禮也；蠻夷猾夏，周禍也。」
（僖公二十一年）

　　　孔疏：「蠻夷猾夏，〈舜典〉文。」

　　　輝案：此引《書・堯典》文。〔註94〕鄭玄曰：「猾夏、侵亂中國也」，〔註95〕是鄭本《尚書》作猾夏。《史記・五帝紀》、《漢書・刑法志》、《食貨志》、《王莽傳》、《匈奴傳》贊、《後漢書・馮緄傳》、《呂氏春秋・君守》注引《虞書》並作「蠻夷猾夏」，與古文《尚書》無異。漢《孔宙碑》云：「是時東嶽黔首猾夏不寧」，此引〈堯典〉文，字亦作猾夏。

　　　猾夏，或作滑夏。《大傳》云：「蠻夷滑夏」。〔註96〕《潛夫論・志氏族篇》云：「舜曰：『皐陶，蠻夷滑夏』」，《法言・孝至篇》云：「宗夷滑夏」，字並作滑，是今文《尚書》一本作滑夏。滑、猾並从骨聲，古音同通用。《國語・周

〔註93〕今十三經注疏本作先，依阮元《校勘記》改正。

〔註94〕僞孔本在〈舜典〉。

〔註95〕《史記・五帝紀》集解引。

〔註96〕孫星衍《尚書今古文注疏》、皮錫瑞《今文尚書考證》並云《大傳》作滑。陳壽祺《尚書大傳輯校》、陳喬樅《今文尚書經說考》並引《大傳》作猾。《太平御覽》二〇九引《尚書大傳》曰：「蠻夷猾夏，寇賊姦宄，則責之司馬」，字亦作猾。或《大傳》別本作猾。

語》「而滑夫二川之神」注，《小爾雅·廣言》並云：「滑、亂也」，此以叚借義釋之。《左傳》昭公二十六年「無助狡滑」，《釋文》：「滑又作猾」，是二字互用之證。《說文·水部》滑字下段注：「古多借爲汨乳之汨。」

2. 姜曰：「**行也，懷與安實敗名。**」（僖公二十三年）

　　輝案：此引《尚書·周書》逸文。《國語·晉語》四引〈西方之書〉曰：「懷與安，實疚大事」，韋昭注云：「西方謂周」，是〈西方之書〉即《周書》。《國語》所引與此略同，而皆出於姜氏之口，則二者當是同出於《周書》，而文辭略有改易。

3. **舜臣堯，舉八愷，使主后土，以揆百事，莫不時序，地平天成。**（文公十八年）

　　孔疏：「地平天成，〈大禹謨〉之文。」

　　輝案：此引《尚書·夏書》逸文。僖公二十四年引《夏書》曰：「地平天成」，杜注云：「《夏書》、逸書」。說見本章第二節第八條。

4. **少皞氏有不才子，毀信廢忠，崇飾惡言，靖譖庸回，服讒蒐慝，以誣盛德，天下之民謂之窮奇。**（文公十八年）

　　輝案：此引〈堯典〉文。孔傳本作「靜言庸違」，段玉裁曰：「衛包改靖爲靜，誤」。〔註97〕靜、靖同屬從紐，第十一部，古音同通用。《史記·周本紀》稱周宣王名靜，《漢書·古今人表》作「周宣王靖」。《詩·小明》「靖共爾位」，《韓詩外傳》引作「靜恭爾位」，此二字互用之證。譖言義近，此引作譖，用訓故字也。違、回同屬第十五部，古疊韻通用。《詩·大明》「厥德不回」傳：「回、違也」，以叚借義釋之。《漢書·古今人表》「楚靈王圍」，《史記·楚世家》作回，〔註98〕圍違並从韋聲，違之通回，猶圍之通回。

　　《漢書·王尊傳》作「靖言庸違」，是今古文《尚書》無異。至若《中論考僞》引《書》曰：「靜言庸違」，靜字後人據衛包改本所改，本亦作靖，段玉裁謂靜乃俗人所改，〔註99〕是也。

　　《論衡·恢國》，《潛夫論·明闇》並作「靖言庸回」，字作回，與《左傳》同；譖作言，又與《左傳》異。

　　《三國志·吳志·陸抗傳》作「靖譖庸回，《唐書》攸戒」，字作「靖譖

───────────────

〔註97〕《古文尚書撰異》。
〔註98〕武英殿刊本作圍，《集解》引徐廣曰：「《史記》多作回」。
〔註99〕《古文尚書撰異》。

庸回」，與《左傳》引同。惟《左傳》引〈堯典〉稱《虞書》，〔註100〕此以〈堯典〉爲《唐書》，則又與《左傳》不同。

5. 舜臣堯，賓于四門，流四凶族、渾敦、窮奇、檮杌、饕餮、投諸四裔，以禦螭魅。（文公十八年）

輝案：此引〈堯典〉文。〈堯典〉云：「賓于四門，四門穆穆」。〔註101〕

又案：〈堯典〉云：「流共工于幽洲，放驩兜于崇山，竄三苗於三危，殛鯀于羽山」，〔註102〕杜注《左傳》，以渾敦爲驩兜，以窮奇爲共工，以檮杌爲鯀，意謂《左傳》所云「流四凶族」即〈堯典〉所稱「流共工云云」。今考《左傳》稱四凶族之事，其窮奇稱靖譖庸回，與〈堯典〉稱共工靜言庸違相同，其餘三族，除饕餮外，亦於《書》有徵，《左傳正義》言之詳矣，馬融王肅並曰：「三苗國名也，縉雲氏之後，爲諸侯，蓋饕餮也」，〔註103〕亦以《左傳》流四凶族即〈堯典〉流四罪。則《左傳》蓋檃括〈堯典〉文。

6. 文王伐崇，再駕而降爲臣，蠻夷帥服，可謂畏之。（襄公三十一年）

輝案：此引〈堯典〉文。〔註104〕帥，孔傳本作率。帥、率同屬疏細，古歸心紐，韻則同在第十五部，古音同通用。《詩·采菽》「亦是率從」，《左傳》襄公十一年引作「亦是帥從」；《周禮·樂師》「燕射帥射夫以弓矢舞」注：「故書帥爲率」，此二字互用之證。考《說文》辵部云：「達、先道也」，則本字當作達，其作帥、率者，皆借字也。《史記·五帝紀》云：「遠佞人，則蠻夷率服」，與古文《尚書》同。《漢書·景武昭宣元成功臣表敘》云：「昔《書》稱蠻夷帥服」，字作帥，與《左傳》同。

第四節　檃括《書》文不舉篇名不稱《書》曰

1. （公子重耳）對曰：「……羽毛齒革，則君地生焉。」（僖公二十三年）

輝案：此檃括〈禹貢〉文。〈禹貢〉云：「荊及衡陽惟荊州，……厥貢羽毛齒革，惟金三品」。《左傳》所記，乃公子重耳對楚子之語，楚地當〈禹貢〉九州之荊州，故云：「君地生焉」。《國語·晉語》四云：「公子再拜稽首，對

〔註100〕文公十八年。
〔註101〕孔傳本在〈舜典〉。
〔註102〕孔傳本在〈舜典〉。
〔註103〕《尚書·釋文》引。
〔註104〕孔傳本在〈舜典〉。

曰：『……羽毛齒革，則君地生焉』，亦隱括《書‧禹貢》文。此及孔傳本作毛，《史記‧夏本紀》、《漢書‧地理志》引〈禹貢〉，字並作旄，與《國語》同，〔註105〕作旄者本字，作毛者借字。段玉裁謂此亦當作旄，作毛者淺人妄改。考旄从毛聲，二字音同通用，段說未允。

2. 鄭伯傅王，用平禮也。己酉，王享醴，命晉侯宥，王命尹氏及王子虎，內史叔興父策命晉侯為侯伯，賜之大輅之服，戎輅之服，彤弓一、彤矢百，玈弓矢千，秬鬯一卣，虎賁三百人，曰：「王謂叔父，敬服王命，以綏四國，糾逖王慝」。（僖公二十八年）

　　輝案：此隱括《書‧文侯之命》文。〈文侯之命〉著成時代，〈書序〉與《史記》之說不同，〈書序〉云：「平王錫晉文侯秬鬯圭瓚，作〈文侯之命〉」，此以〈文侯之命〉作於平王之時。《史記‧晉世家》云：「天子使王子虎命晉侯為伯，賜大輅、彤弓矢百，玈弓矢千，秬鬯一卣，珪瓚，虎賁三百人，晉侯三辭，然後稽首受之，因作〈文侯之命〉」，此以〈文侯之命〉作於周襄王之時。《新序‧善謀》說與《史記》同，皆本於《左傳》僖公二十八年。今考《左傳》云：「用平禮也」，杜注：「以周平王享晉文侯仇之禮享晉侯」，則〈書序〉云：「平王錫晉文侯秬鬯圭瓚，作〈文侯之命〉」，實有其事。《左傳》記此事，未云作〈文侯之命〉，而所載襄王錫晉侯之物，命晉侯之辭，皆與〈文侯之命〉不同。屈萬里先生考定文中稱義和，係晉文侯仇之字，而非晉文公，又依文中所述情勢，與晉文侯合，不與晉文公合；文中所記錫賜之物與周襄王錫晉文公者不同；因斷定〈文侯之命〉當依〈書序〉說，作於平王之時，〔註106〕說至允當。

　　玈，孔傳本作盧。《左傳正義》云：「《說文》彤從丹，玈從玄」，今《說文》無玈字，未知孔穎達何所據也。字當从玄旅省聲。《左傳釋文》云：「玈音盧」，玈、盧音同通用。字或作旅，白晨鼎云：「錫女……彤彣，旅弓旅矢」，〔註107〕玈从旅省聲，古音同通用，旅、盧並屬來紐，第五部，古亦同音通用，《儀禮‧士冠禮》「旅占」注：「古文旅作臚」，臚从盧聲，臚之通旅，猶盧之通旅、玈。本字當作黸，《法言‧五百篇》云：「彤弓黸矢」，用本字。《漢書‧

〔註105〕今《史記‧夏本紀》揚州作毛，《漢書》汲古本揚州亦作毛，則後人所改，說見段玉裁《古文尚書撰異》。
〔註106〕見《尚書文侯之命著成的時代》。
〔註107〕彤弓省作彤，彤矢省作彣。見《三代》四卷三十六葉。

王莽傳》云：「戎路乘馬，彤弓矢，盧弓矢」，字作盧，則今文《尚書》作盧，與古文《尚書》同。盧、旅皆借字也。其作旅者，旅之俗字，段玉裁曰：「古字假旅爲旅，魏三體石經遺字之存於洪氏者，〈文侯之命〉篇有旅荒寧等字，而誤系之《春秋傳》，其旅旅二文，一篆一隸，即盧弓盧矢之盧字也，魏時邯鄲淳、衛敬侯諸家，去漢未遠，根據尚精，蓋左氏最多古文音義，云旅本或作旅，此正古本之善。《小雅·彤弓》音義亦云：『旅本或作旅字者非』，此皆陸之疏爾。旅之字魏人石經隸體不用，則起於魏以後昧於假旅之指而改從玄旁爲傅合也。《說文》無旅字，《正義》云：『彤从丹，旅从玄』，似《說文》有旅字者，誤也」，〔註108〕說至允當。

　　又案：昭公十五年云：「其後襄之二路，鍼鈇秬鬯，彤弓、虎賁、文公受之」，則隱括〈文侯之命〉文爲之。

3. 王於是乎賜之彤弓一，彤矢百，旅弓矢千，以覺報宴。（文公四年）

　　輝案：此隱括《書·文侯之命》文，說見本節第二條。

4. 叔孫穆子曰：「必得之，武王有亂臣十人，崔杼其有乎？」（襄公二十八年）

　　孔疏：「《尚書·泰誓》文也。」

　　阮元曰：「宋本、宋殘本、淳熙本、岳本、足利本，無臣字，與石經合。案石經此行止九字，蓋初刻有臣字，後改正也。惠棟云：『石經〈論語〉亦然』，又昭廿四年傳引〈大誓〉亦無臣字，後人皆據晉時所出古文〈大誓〉以益之，非也。顧炎武云：『石經脫臣字』，失之」。〔註109〕

　　輝案：昭公二十四年引〈大誓〉曰：「紂有億兆夷人，亦有離德；余有亂十人，同心同德」，此則隱括彼所引〈大誓〉之文。說詳本章第一節第九條。

5. 昔堯殛鯀于羽山。（昭公七年）

　　輝案：此隱括〈堯典〉文。〈堯典〉曰：「殛鯀于羽山」〔註110〕

6. 筮襲於夢，武王所用也。（昭公七年）

　　杜注：「外傳云：『〈大誓〉曰：朕夢協朕卜，襲於休祥，戎商必克』」。

　　孔疏：「古文《尚書·大誓》具有此文，此傳之意，取〈大誓〉也。杜不

〔註108〕見《古文尚書撰異》。
〔註109〕《左傳校勘記》。
〔註110〕孔傳本在〈舜典〉。

見古文，故引外傳解之。」

　　輝案：《國語・周語》下引〈大誓故〉曰：「朕夢協朕卜，襲于休祥，戎商必克」，此則隱括《國語》引〈大誓故〉文。《禮記・曲禮》曰：「龜爲卜，筴爲筮」，析言則卜筮有別，統言則卜猶筮也。故《國語》言卜，此則稱筮。孔穎達據僞古文爲說，非是。又言此取〈大誓〉之意，以《左傳》此文隱括《國語》所引〈大誓故〉之文，說甚允，惟以《國語》所引爲〈大誓〉本文，則非，說見本書 221 頁，第十一章第一節第四條。

7. 王使詹桓伯辭於晉曰：「……先王居檮杌于四裔，以禦螭魅。」（昭公九年）

　　輝案：此隱括〈堯典〉「流共工于幽州，放驩兜于崇山，竄三苗于三危，殛鯀于羽山」之文。〔註111〕文公十八年云：「流四凶族，渾敦、窮奇、檮杌、饕餮，投諸四裔，以禦螭魅」，與此所引略同，說見第三節第五條。

8. 其後襄之二路，鏚鉞秬鬯，彤弓、虎賁。文公受之，以有南陽之田。（昭公十五年）

　　輝案：僖公二十八年云：「王命尹氏及王子虎、內史叔興父，策命晉侯爲侯伯，賜之大輅之服，戎輅之服，彤弓一、彤矢百，玈弓矢千，秬鬯一卣，虎賁三百人」，此隱括《書・文侯之命》文。此處景王所言，則又約取僖公二十八年之文爲之。說見本節第二條。

9. 伍員曰：「……臣聞之，樹德莫如茲，去疾莫如盡。」（哀公元年）

　　輝案：《國策・秦策》三引《書》云：「樹德莫如滋，除惡莫如盡」，此則隱括彼所引《書》逸文，僞古文〈泰誓〉下云：「樹德務滋，除惡務本」，蓋亦襲取〈秦策〉所引《書》逸文爲之。

第五節　附篇──引《書》見於《逸周書》

　　《漢書・藝文志》書家著錄《周書》七十一篇，師古注引劉向曰：「周時誥誓號令也，蓋孔子所論百篇之餘也」。今考《左傳》引《書》稱《周書》者，今或在《尚書・周書》二十篇，或在《逸周書》七十一篇，而統稱《周書》。又引《書》稱《書曰》者，今或在《尚書》，或在《逸周書》，而統稱《書》。則春秋

〔註111〕孔傳本在〈舜典〉。

之時，今在《尚書・周書》之文，與今在《逸周書》中若干篇之文，初無分別。又考《戰國策》引《周書》者五條，今見於《尚書・周書》者一條，見於《逸周書》者三條，不見於《尚書・周書》、《逸周書》者一條。則戰國之時，今在《尚書・周書》之文，與今在《逸周書》中若干篇之文，亦無分別。原夫《書》之起，本爲古代王者之誥誓號令，王家之檔案，則今《尚書・周書》二十篇，以及《逸周書》若干篇，皆周王室檔案之遺，故先秦典籍引之，統稱《周書》，或泛稱《書》也。然則《漢志》稱《周書》者爲得其實。

《周書》冠以逸字者，蓋起於漢末、晉初。馬融注《論語》引《周書・月令》；鄭玄注《周禮》，引《周書・王會》；注《儀禮》，引《周書》「北唐以閭」，是漢人稱《周書》，仍承先秦之舊也。獨許慎撰《說文解字》，引《周書》文，或稱《周書》，或稱《逸周書》爲異。今考《說文》引《周書》者凡七十九條，其見於今《尚書・周書》者六十四條，《說文》並稱《周書》，所餘十五條，今條列如后：

（1）《逸周書》：「士分民之祢，均分以祢之也。」（示部）

承培元曰：「逸周書本典解」云：『均分以利之，則民安』，利即祢之譌，當作『均分以祢之，言分民之祢也』，此疑倒易而言譌士。」〔註112〕

（2）《周書》以為討。（攴部）

段玉裁曰：「今《尚書・周書》中無討字，惟《虞書・咎繇謨》云『天討有罪』，疑周當作虞。」

（3）《逸周書》曰：「文翰若翬雉。」（羽部）

段玉裁曰：「文或作大，誤。〈王會篇〉文。」

（4）《周書》曰：「宮中之冗食。」（宀部）

段玉裁曰：「書當作禮，轉寫之誤。《周禮・槁人》掌共外內朝冗食者之食，許稱之，涉《校人》宮中之稍食而誤，記憶之過也。」

（5）《逸周書》曰：「不卵不蹼，以成鳥獸。」（网部）

段玉裁：「《周書・文傳解》曰：『……不麛不卵，以成鳥獸之長』，許所據有不蹼二字。」

（6）《周書》曰：「朕實不明，以俒伯父。」（人部）

段玉裁曰：「今《大戒解》有朕實不明句。」

輝案：段注本作《逸周書》，二徐本並作《周書》。

（7）《周書》曰：「貛有爪而不敢以撅。」

段玉裁曰：「篇韻皆云『貛、豸屬』，則爲唐本信矣。二徐本皆云『逸也』，乃以下文《逸周書》割一字爲之。」

又曰：「見《周書・周祝解》。」

輝案：段注本作《逸周書》，二徐本並作《周書》。

（8）《逸周書》曰：「味辛而不熮。」（火部）

段玉裁曰：「逸字衍，當刪，《九經字樣》引無逸字可證，《周書》蓋七十一篇之《周書》，今本未見有此句。」

輝案：此引《周書》逸文，稱《逸周書》者，猶杜注《左傳》稱逸書，不必在七十一篇《周書》中。

（9）《周書》曰：「伯粟。」（齐部）

段玉裁曰：「此引《周書》，或系〈書序〉，或系逸書十六篇文，皆未可知。」

（10）《逸周書》有鉤匠。（立部）

王筠曰：「嚴氏曰：『《文酌解》九柯十匠，柯即鉤之誤。』」

輝案：段注本作《周書》，二徐本並作《逸周書》。

（11）《逸周書》曰：「實玄黃于匪。」（匚部）

段玉裁曰：「按此句今惟見《孟子・滕文公篇》引《書》。」

輝案：此引《夏書・胤征》逸文，說見第九章第三節第三條。

（12）《周書》曰：「粵三日丁亥。」（亏部）

段玉裁曰：「今〈召誥〉越三日丁巳，亥當作巳。」

輝案：屈萬里先生以爲《周書》逸文，[註113]今考《周書》此類句法多有，亥未必是巳之誤，當是《周書》逸文。

（13）《周書》曰：「來就惎惎。」（心部）

段玉裁曰：「今《尚書》無此文，蓋即〈秦誓〉未就予忌也。」

輝案：屈萬里先生以爲《周書》逸文。〈秦誓〉「未就予忌」文，與《說文》所引《周書》乖異，段氏蓋臆測之言，未允，當是《周書》逸文。

（14）《周書》曰：「攄以記之。」（手部）

〔註113〕《尚書釋義》附錄一。

段玉裁曰：「周當作虞，此〈皋陶謨〉文，壁中古文作虘也。」

輝案：孔傳本在〈益稷〉篇，作「撻以記之」。

（15）《周書》曰：「我有戠于西。」（蚰部）

段玉裁曰：「〈大誥〉曰：『有艱于西土，西土人亦不靜，越茲蠢』，戠爲壁中古文眞本，其辭不同者，蓋許隱括其辭如此也。」

以上十五條，其中第（2）條，據段注，乃《虞書》之譌；其第（4）條，據段注，乃《周禮》之譌；其第（8）條，所引係《周書》逸文，不必在《逸周書》七十一篇中；第（9）條，據段注，所引係〈書序〉文，或逸書十六篇文；其第（11）條，所引係《夏書·胤征》逸文，說見第九章第三節第三條；其第（12）條，從屈萬里先生之說，所引係《周書》逸文，不必在《逸周書》中；其第（13）條，亦據屈先生說，所引係《周書》逸文，不必在《逸周書》中；其第（14）條，據段注，乃《虞書》之譌；其第（15）條，據段注，所引係隱括《周書·大誥》文，以上九條，今皆不見於《逸周書》七十一篇者，或爲《周書》逸文，或係許書舛譌，或係許書隱括《尚書·周書》之文。去其九條，其所餘六條，今皆見於《逸周書》中，而或稱《逸周書》，或稱《周書》。徵之漢人注釋引稱《周書》，則許書本作《周書》，王筠《說文句讀》於示部祘字下云：「逸字當刪，校者既於《尚書》分虞夏商周之名，遂於《周書》加逸字以別之」，其說是也。郭璞注《爾雅》稱《逸周書》，則《周書》冠以逸字，以別於《尚書·周書》者，蓋漢末、晉初人所爲。

《隋書經籍志》著錄《周書》十卷，而繫之汲冢，《四庫提要》曰：「《晉書·武帝紀》，及《荀勖·束晳》傳載汲郡人不準所得竹書七十五篇，具有篇名，無所謂《周書》；杜預《春秋集解後序》載汲冢諸書，亦不列《周書》之目，是《周書》不出汲冢也」，考李善《文選》注所引，稱《逸周書》，則晉至唐初，無稱《汲冢周書》者，以《周書》繫之汲冢，在唐以後。《周書》稱逸，所以別於《尚書·周書》，然已非先秦舊制，繫之汲冢，則尤失之遠矣。

《周書》與《尚書·周書》皆周王室檔案之遺，於先秦初無分別，其篇數亦未有定。定《書》百篇，《周書》七十一篇者，蓋皆漢人所爲。《尚書》於先秦未必有百篇，亦不必以〈書序〉所列百篇爲備，〔註114〕《漢書·藝文志》言孔子纂《書》百篇而爲之序，其說至不可信。由是推之，則《周書》

〔註114〕說見第一章第二節。

於先秦亦不必有七十一篇，言《周書》七十一篇者蓋漢人之說。漢人既信孔子纂《書》百篇，而百篇中有《周書》，因謂《周書》七十一篇者孔子論百篇之餘，〔註115〕百篇之說既不可信，則謂《周書》孔子所論百篇之餘，說亦未可信。《尚書》百篇非盡先秦故物，則《周書》七十一篇當亦非盡出於先秦；先秦典籍所引逸書，今頗見於僞古文二十五篇，則《周書》七十一篇中若干篇，或各篇中若干文句，自是先秦《周書》之遺，與《尚書・周書》二十篇，初無分別，故《左傳》、《戰國策》引之，並稱《周書》，不加分別也。

　　《四庫提要》曰：「所云文王受命稱王，武王、周公私計東伐，俘馘殷遺，暴殄原獸，輦括寶玉，動至億萬，三發下車，懸紂首太白，又用之南郊，皆古文必無之事，陳振孫以爲戰國後人所爲，似非無見，然《左傳》引《周志》『勇則害上，不登於明堂』，又引《書》『愼始而敬終，終乃不困』，又引《書》『居安思危』，又稱周作九刑，其文皆在今書中，則春秋時已有之，特戰國以後，又輾轉附益，故其言駁雜耳，究厥本始，終爲三代之遺文，不可廢也」，其以《周書》春秋時已有，說至可信，然謂戰國以後輾轉附益，則語焉未詳。竊謂今《周書》七十一篇中，〈程寤〉、〈秦陰〉、〈九政〉、〈九開〉、〈劉法〉、〈文開〉、〈保開〉、〈八繁〉、〈箕子〉、〈考德〉、〈月令〉等十一篇今已亡，其內容無可考，其〈度訓〉、〈命訓〉、〈常訓〉、〈文酌〉、〈糴匡〉、〈武稱〉、〈允文〉、〈大武〉、〈大明〉、〈小明〉、〈武順〉、〈武穆〉、〈周月〉、〈時訓〉、〈王佩〉、〈武紀〉、〈銓法〉、〈器服〉等十八篇，屬辭、成章、體製與《尚書・周書》二十篇絕不相類，其所言頗與戰國末年兵家、縱橫家之說相合，疑秦漢間人僞作而託於《周書》之名，猶晉人僞作古文二十五篇而託於安國也。〔註116〕又序一篇，與〈書序〉相類，蓋亦漢人所僞。此外四十一篇，屬辭、體製與《尚書・周書》相類，先秦典籍引《周書》，亦往往見於此，此四十一篇容有後世所仿作，如晉人之僞作古文《尚書》，然其中若干篇之全篇或部分，則周王室檔案之遺，當無疑問，《四庫提要》謂其文終爲三代之遺，不亦宜乎？今爲別於《尚書・周書》，仍冠以逸字，稱《逸周書》云。

　　《周書》本周之舊史，孔子設科授徒，乃取其中若干篇，以授弟子。孔子所編次之《書》，其篇數今已無可考知，然今在《逸周書》之若干篇，《左傳》既引稱《周書》，則或在孔子所編《書》中。孔子因魯之舊史以修《春秋》，

〔註115〕見《漢志》師古注引劉向說。
〔註116〕參見本書 236 頁，第十二章第一節第三條。

以是推之，則孔子編《書》，於周之舊史當有所修飾，然則今存《尚書》，以及《逸周書》中若干篇出於先秦者，已非古史之舊，此猶孔子所修《春秋》之異於不修《春秋》也。〔註117〕《墨子・兼愛》下引《湯說》云：「惟予小子履，敢用玄牡，告於上天后曰：『今天大旱，即當朕身履，未知得罪于上下，有善不敢蔽，有罪不敢赦，簡在帝心，萬方有罪，即當朕身，朕身有罪，無及萬方』」，《論語・堯曰》亦引其文曰：「予小子履，敢用玄牡，敢昭告于皇皇后帝，有罪不敢赦，帝臣不蔽，簡在帝心，朕躬有罪，無以萬方，萬方有罪，罪在朕躬」。較之二文，則《論語》所引或經孔門弟子所修飾，故其文辭較爲流暢順適，而《墨子》所引，或仍保留古史之舊歟？是以同出一《書》，而文辭相異如此。

　　《逸周書》中若干篇，既與《尚書・同書》同爲周之舊史，則其中所述若干事實，彼此相類，亦不足怪。故《逸周書・克殷篇》曰：「尹逸筴曰：『殷末孫受德，迷先成湯之明，侮滅神祇不祀，昏暴商邑百姓』，而《書・牧誓》曰：「今商王受，惟婦言是用，昏棄厥肆祀弗答，昏棄厥王父母弟不迪，乃惟四方之多罪逋逃，是崇是長，是信是使，是以爲大夫卿士，俾暴虐于百姓，以姦宄于商邑」，二者文義相類；又〈世俘篇〉曰：「維一月丙午旁生魄，若翌日丁未，王乃步自于周，征伐商王紂」，而《漢書・律歷志》引《周書・武成篇》曰：「惟一月壬辰旁死霸，若翌日癸巳，武王乃朝步自周，于征伐紂」；又〈世俘篇〉曰：「越若來二月既死魄，越五日甲子，朝至接于商，則咸劉商王紂」，而《漢書・律歷志》引〈武成篇〉曰：「粵若來三月既死霸，粵五日甲子，咸劉商王紂」；又〈世俘篇〉曰：「時四月既旁生魄，越六日庚戌，武王朝至燎于周，……乃以先馘入燎于周廟，若翼日辛亥祀于位，用籥于天位，越五日乙卯，武王乃以庶國祀馘于周廟」，而《漢書・律歷志》引〈武成篇〉曰：「惟四月既旁生霸，粵六月庚戌，武王燎于周廟，翌日辛亥，祀于天位，粵五日乙卯，乃以庶國祀馘于周廟」；彼此文辭大同小異。夫《書》之篇名乃後人所加，初但稱《書》，〔註118〕其後又分爲《虞書》、《夏書》、《商書》、《周書》。其稱〈克殷〉、〈牧誓〉，若〈世俘〉、〈武成〉云者，乃後人所加，其取材既同出於周之舊史，則謂〈武成〉即〈世俘〉，亦無不可。或以〈武成〉、〈世俘〉文雖大同，但以孟子所讀〈武成〉有血流杵、〈世俘〉無之，而斤斤於〈世

〔註117〕不修《春秋》見《公羊傳》莊公七年。
〔註118〕說見第八章序。

俘〉、〈武成〉之別，〔註119〕此則昧於〈武成〉、〈世俘〉本既同源，而去取各異，是以互有詳略，致有此失。

　　《尚書·周書》各篇與《逸周書》之若干篇，既同為周史記之遺，則謂《逸周書》文與《尚書·周書》相類者，為《逸周書》襲取《尚書·周書》，實有未妥，故出附篇，錄《左傳》所引《周書》，《書》曰而今見於《逸周書》者，以存參云。

1. 〈周志〉有之：「勇則害上，不登於明堂。」（文公二年）
　　杜注：「〈周志〉、《周書》也。」
　　孔疏：「謂之〈周志〉、明是周世之書，不知其書何所名也。」
　　輝案：此引《周書》文，今見於《逸周書·大匡篇》。今〈大匡篇〉作「勇如害上，則不登于明堂」，文字小異。

2. 《書》曰：「居安思危。」（襄公十一年）
　　杜注：「逸書」。
　　輝案：此引《周書》文，今見於《逸周書·程典篇》。今〈程典篇〉作「於安思危」。孫詒讓曰：「案《左》襄十一年傳云：『《書》曰：「居安思危」』，杜注云：『逸書』，即此文。……又《呂氏春秋·慎大篇》云：『於安思危』，又〈直諫篇〉高注引《書》云：『於安思危』，亦即此」〔註120〕

3. 《書》曰：「慎始而敬終，終以不困。」（襄公二十五年）
　　杜注：「逸書」。
　　輝案：此引《周書》文。今見於《逸周書·常訓篇》。今〈常訓篇〉作「慎徵以始而敬終，終乃不困」，文字小異。今偽古文〈蔡仲之命〉云：「慎厥初，惟厥終，終以不困」，此襲取《左傳》引《周書》文為之。

〔註119〕見朱右曾《逸周書·集訓校釋》卷四。
〔註120〕《周書斠補》卷一。

第六章 《公羊傳》引《書》考

　　《春秋》五傳，今存者左氏、公羊、穀梁三傳而已。《漢書‧藝文志》著錄《公羊傳》十一卷，班氏自注曰：「公羊子齊人」，師古注曰：「名高」，是以《公羊傳》公羊高所著，《四庫提要》已辨其非。徐彥《公羊傳》疏引戴宏序曰：「子夏傳與公羊高，高傳與其子平，平傳與其子地，地傳與其子敢，敢傳與其子壽，至漢景帝時，壽乃與齊胡母子都著於竹帛」，《公羊傳》隱公二年何休注云：「其說口授相傳，至漢，公羊氏及弟子胡母生等，乃始記於竹帛」。是《公羊》一書，雖晚至漢世始著之竹帛，而其說則傳自子夏，淵源甚古，其目爲先秦之作，不亦宜乎。

　　《公羊傳》一書凡引《書》二條，其引《書》舉篇名，稱《書》曰者無有，其引《書》文，不舉篇名，不稱《書》曰者一條，所引篇名，經考定爲〈秦誓〉。其檃括《書》之文義，不舉篇名，不稱《書》曰者一條，所引篇名，經考定亦爲〈秦誓〉。總計《公羊傳》引《書》二條，凡引《書》一篇，其所引〈秦誓〉，在伏生二十九篇中。

　　綜考《公羊傳》引《書》二條，可得如下結論：

　　一、《公羊傳》引《書》二條，與今傳《尚書》，文字頗有出入，與三家今文，亦不盡相同。此蓋孔氏古文，三家今文，或出古壁，或由口授，文句各有不同，然皆傳自先秦，而先秦《尚書》未有定本，是以先秦典籍所引《書》之文句，與孔氏古文、三家今文，互有同異也。

　　二、《春秋》三傳，《左傳》引《書》七十一條，其中稱舉篇名者十四條，稱《書》曰、《虞書》曰、《夏書》曰、《商書》曰、《周書》曰者三十九條。《公羊傳》引《書》僅二條，《穀梁傳》引《書》僅一條，與《左傳》引《書》七

十一條之數，相去甚遠，且皆不舉篇名，不稱《書》曰，與《左傳》引《書》亦大異其趣。所以然者，蓋《左傳》長於事，至其記事，每尚浮誇，故多引古書古語，或證其事，或發其微；《公羊》、《穀梁》則長於義，其述事旨在解經，其所述，但取足以說明經義而止，故《公羊》但引子沈子、〔註1〕子司馬子、〔註2〕子女子、〔註3〕子北宮子、〔註4〕高子、〔註5〕魯子〔註6〕等傳授《公羊》經師之言；〔註7〕《穀梁》但引沈子〔註8〕等傳授《穀梁》經師之言，或引公子啓、〔註9〕蘧伯玉、〔註10〕尸子〔註11〕等古人之語，以解經義。於《春秋》之外其他典籍，少有引及，即或引之，亦皆檃括其文而不舉篇名，不稱《書》曰，《詩》云也。至若《公羊傳》於僖公二年引記曰：「脣亡則齒寒」，似與此例相違者，考《左傳》僖公五年引稱「諺所謂輔車相依，脣亡齒寒」，《穀梁傳》僖公二年引稱語曰，范注云：「語、諺語也」，與《左傳》合，則《公羊傳》作記曰者，蓋語曰之誤，何休注云：「記、史記也」，失之。又《穀梁傳》引《傳》曰者九條、〔註12〕引其一傳曰一條，〔註13〕似又與此例相違者，鍾文烝曰「案全傳稱傳曰者十，皆正解《春秋》經文，此蓋出七十子雜記之書，乃皆聞諸夫子者，穀梁子直用其成文，故特言『傳曰』以相別，當亦聞之於師也。《春秋繁露》稱閔子、子貢、子夏、曾子、子石公、肩子、世子、子池之倫，皆論《春秋》，或當時諸子皆有書也」，〔註14〕則所引傳曰，乃七十子雜記之書，所以論《春秋》者，蓋亦《春秋》舊傳，故《穀梁》引

〔註1〕隱公十一年、莊公十年、定公元年。何休注云：「子沈子、後師」。

〔註2〕莊公三十年。

〔註3〕閔公元年。

〔註4〕哀公四年。

〔註5〕文公四年、昭公二十五年。

〔註6〕莊公三年、二十三年、僖公五年、二十年、二十四年、二十八年。

〔註7〕《四庫提要》以爲子沈子等皆傳授《公羊》之經師。

〔註8〕定公元年，《四庫提要》謂《公羊傳》定公即位一條，引子沈子曰；《穀梁傳》定公即位一條，亦稱沈子曰，《公羊》、《穀梁》同師。

〔註9〕魯大夫，見僖公二十三年。

〔註10〕衛大夫，見襄公二十三年。

〔註11〕魯人，《漢書・藝文志》班氏自注曰：「名佼、魯人、秦相商君師之」，見隱公五年、桓公九年。

〔註12〕見隱公四年、五年、莊公三年、文公十一年、成公九年、十一年、十六年、襄公三十年、昭公元年。

〔註13〕見文公十二年。

〔註14〕《穀梁補注》卷一。

之以解經義，與《左傳》引古書古語以記事者不同。

以上二點，舉其大端者言，他如今古文《尙書》異文，孔傳馬注之失，段說段借之誤，詳具各條，不贅述。

1. **惟諓諓善竫言，俾君子易怠，而況乎我多有之？**（文公十二年）

《釋文》：「《尙書》截截，淺薄貌也。賈逵注外傳云：『巧言也』。竫、本或作諞。」

輝案：此引《書‧秦誓》文。諓諓、今孔傳本作截截，《尙書‧釋文》引馬融曰：「截截、辭語截削省要也」，則馬本作截截，僞孔承用之。諓、截同屬從紐，於韻則諓在第十四部，截在第十五部，韻部毗鄰，古音近通用。《說文》言部諞字下引《周書》曰：截截善諞言」，此引古文《尙書》，截今俗作截。《漢書‧李尋傳》云：「昔秦穆公說諓諓之言」，《後漢書‧樊準傳》引準勸崇儒學疏云：「習諓諓之辭」，《國語‧越語》下云：「又安知是諓諓者乎」，《潛夫論‧救邊篇》曰：「諓諓善靖，俾君子怠」，王逸注《楚辭‧九歎》引《尙書》曰：「諓諓靖言」，並引〈秦誓〉文，字並作諓諓，則今文《尙書》作諓諓，與《公羊傳》所引同也。諓、或作戔，《說文》戈部引《周書》曰：「戔戔，巧言也」，此引今文《尙書》說，所引蓋〈秦誓〉注，《說文》每引古《尙書》說，日部引《虞書》曰：「仁閔覆下則謂旻天」，此即《孟子‧萬章》上所引《虞書》逸文「舜往于田，號泣于旻天」之古注，是其例。段玉裁曰：「今《書》截截善諞言，言部引之，古文《尙書》也；此稱戔戔，截截之異文，今文《尙書》也」〔註15〕是也。戔、諓之初文，《說文》言部云：「諓、善言也」，戈部云：「戔、賊也」，善言多讒譖害人，故字從言戔聲，聲兼義也，皮錫瑞曰：「善靖言即善言，善言即巧言，非善惡之善。《廣雅》『諓諓、善也』，賈注『諓諓、巧言也』，正善言即巧言之證。巧言者必淺薄，何注正與賈逵、許愼、韋昭、張揖意同。巧言者多讒譖，故諓諓爲讒，讒言者多賊害，故諓諓又爲賊，《說文》云：『戔、賊也』，而引《周書》『戔戔、巧言』，亦與本義相近，非屬叚借，段氏云：『不盡同本義，蓋叚借在其中』，似失之」，〔註16〕說至允，陳喬樅亦謂戔爲諓之省借，〔註17〕亦非。《說文》云：「諞、便巧言也」，諓諓、戔戔、截截皆所以狀巧言之貌，其作諓者本字，戔者諓之初文，

〔註15〕《說文》戈部戔字注。
〔註16〕《今文尙書考證》卷二十九。
〔註17〕《今文尙書經說考》。

截者諓之叚借，馬融曰：「截截、辭語截削省要」，此望文生義者也。

諍，孔傳本作諞，諍在第十一部，諞在第十二部，韻部毗鄰，古音近通用。諍、或作偏，《尚書‧釋文》引馬本作偏，偏諞並從扁聲，諍之通偏，猶諍之通諞。諍、或作靖，《潛夫論‧救邊》篇曰：「諓諓善靖，俾君子怠」，此引〈秦誓〉文，字作靖，《說文》云：「諍、亭安也」，「靖、立諍也」，靖諍同在第十一部，諍靖乃疊韻轉注字，故《公羊》定公七年經「葬曹諍公」，《釋文》：「諍、本作靖」。諍、或作靜。王逸注《楚辭‧九辯》曰：「靜言諓諓而無信」，此亦引〈秦誓〉文，字作靜，靜諍並從爭聲，古音同通用，《逸周書‧諡法篇》，《詩‧柏舟》「靜言思之」傳，《氓》「靜言思之」箋並云：「靜、安也」，靜本訓審，〔註18〕此訓安者，謂諍之叚借也。《帝堯碑》「諍恭祈福」，蔡邕《王子喬碑》作「靜恭祈福」，是二字互用之例。字作諞者本字，作偏、諍、靖、靜，皆借字也。馬融曰：「偏、要也，辭約指明，大辨佞之人」，〔註19〕亦望文生義，當以《說文》便巧言爲正詁。

怠，孔傳本作辭，辭、怠同在第一部，古疊韻通用，《史記‧周本紀》「怡悅婦人」，《集解》引徐廣曰：「怡一作辭」，怡怠並從台聲，怠之通辭，猶怡之通辭矣。《史記‧三王世家》曰：「俾君子怠」，《潛夫論‧救邊篇》曰：「諓諓善靖，俾君子怠」，並引〈秦誓〉文，字並作怠，則今文《尚書》作怠，與《公羊傳》引同。馬鄭本無可考，孔傳本作辭，《釋文》未引馬鄭異文，蓋馬鄭亦作辭也。作怠者本字，何休注云：「易怠猶輕惰也」，是也；作辭者借字，僞孔傳曰：「使君子回心易辭」，此望文生義，非是。

而況乎我多有之，孔傳本作「我皇多有之」，況屬曉紐，皇屬匣紐，同屬喉音，韻則同在第十部，二字古相通用，段玉裁曰：「石經今文《尚書》『無皇曰今日耽樂』，作『無兄曰』，『則皇自敬德』，作『則兄曰』，兄即今況字，與『此我皇多有之』作『況乎我多有之』合，然則作皇者古文，作況者今文也。」〔註20〕皮錫瑞曰：「《尚書大傳》『皇於聽獄乎』，此假皇爲矧況字也，《公羊傳》『而況乎我多有之』，此假況爲皇字也，皇與況互相叚借也」，〔註21〕況從兄聲，石經假兄爲皇，猶《大傳》假皇作況。《書‧無逸》「則皇自敬德」，

〔註18〕《說文》青部。
〔註19〕《釋文》引。
〔註20〕《古文尚書撰異》。
〔註21〕《今文尚書考證》卷二十九。

《正義》引王肅本皇作況，亦二字互用之證。作皇者本字，讀如〈無逸〉「則皇自敬德」之皇，鄭注云：「皇、暇也」，〔註22〕偽孔傳云：「我前大多有之」，〔註23〕以大訓皇，此望文生義。作況者借字也。《書》「我皇多有之」，《公羊傳》引作「而況乎我多有之」，此可見先秦《尚書》未有定本，與漢世之本，無論孔氏古文，三家今文，文字皆不盡相同也。

2. 惟一介斷斷焉無他技，其心休休，能有容，是難也。（文公十二年）

輝案：此檃括《書·秦誓》文。〈秦誓〉曰：「若有一介臣，斷斷猗無他技，其心休休焉，其如有容」。《禮記·大學》引此文，字作个，《公羊傳》與孔傳本作介者，形近而誤。焉、孔傳本作猗，《大學》引作兮，《說文》斤部引《周書》亦作猗，與孔傳本同。焉、兮同屬喉音；焉、猗同屬影紐，古相通用，說並見本書110頁，第三章第十二節第七條。

〔註22〕《正義》引。
〔註23〕藝文印書館影印南昌府學本無大字，據阮元《校勘記》補。

－173－

第七章　《穀梁傳》引《書》考

今言《春秋》，以左氏、公羊、穀梁並稱，《漢書·藝文志》著錄《穀梁傳》十一卷，班氏自注曰：「穀梁子、魯人」，師古注曰：「名喜」。楊士勛《穀梁傳疏》曰：「穀梁子名俶、字元始、魯人、一名赤，受經于子夏，爲經作傳，故曰《穀梁傳》」，是以《穀梁傳》者穀梁子所自作，《四庫提要》已辨其非。徐彥《公羊傳疏》曰：「《公羊》者，子夏口授公羊高，高五世相授，至漢景帝時，公羊壽共弟子胡母生，乃著竹帛，胡母生題親師，故曰《公羊》，不說卜氏矣。《穀梁》者，亦是著竹帛者題親師，故曰《穀梁》也」，其說可信，至若著諸竹帛者爲何人，則無可考知，以《公羊傳》至景帝始著諸竹帛例之，《穀梁傳》蓋亦漢初著諸竹帛也。《穀梁傳》雖爲漢初傳其學者著之竹帛，而其說則傳自子夏，淵源甚古，今仍目爲先秦之作云。

《穀梁傳》一書凡引《書》一條，其引《書》舉篇名，稱《書》曰者無有，其隱括《書》文，不舉篇名，不稱《書》曰者一條，所引逸書之文，篇名無可考，惟徵之《墨子》，經考定爲《周書》逸文。

考《穀梁傳》引《書》一條，可得如下結論：

一、《穀梁傳》所引《書》僅一條，所引又爲逸文，不見於伏生所傳《周書》各篇，其文是否在鄭注〈書序〉所稱逸書、亡書中，今已無可考知。然由此所引《周書》逸文一條，亦可見《書》之亡逸，塙有其事，康有爲不信亡書、逸書、謂伏生之《書》爲孔子所傳之全經，[註1]其諼不待辯。

二、《穀梁傳》引《書》僅一條，而不舉篇名，不稱《書》曰，此與《公

〔註1〕《新學僞經考·漢書藝文志辨僞》條。

羊傳》引《書》之例同，而與《左傳》引《書》多達七十一條，且多舉篇名，稱《書》曰者異。此蓋《左傳》長於事，故多引古書古語，而又必舉其篇名，或稱《書》曰、《詩》云，以見其言之眞，其事之塙。《公羊》、《穀梁》長於義，其引古書古語，但在解說經義，故或引傳授經師之言，或引春秋時人之語，以說經義。至其引書，亦以說經爲主，故多引《春秋》舊傳，而明稱《傳》曰，以相區別。於徵引《春秋》以外他書，則但檃括其文，而不舉篇名，不稱《書》曰、《詩》云也。

1. 國無三年之畜，曰國非其國也。（莊公二十八年）

　　輝案：此檃括《周書》文。《墨子·七患》引《周書》曰：「國無三年之食者，國非其國也；家無三年之食者，子非其子也」，此則檃括彼所引《周書》逸文爲之。說見本書 314 頁，第十八章第二節第三條。

第八章　《論語》引《書》考

　　《論語》者，七十子所記孔子應答弟子、時人，及弟子相與言而接聞於夫子之語也。漢興，傳《論語》者有《古論》、《齊論》、《魯論》三家。《漢書·藝文志》論語家著錄《論語》古二十一篇，班氏自注云：「出孔壁中，兩《子張》」；《齊》二十二篇，班氏自注云：「多《問王》、《知道》」；《魯》二十篇。漢末，鄭玄就《魯論》篇章，考之《齊》、《古》，為之注。晉何晏復取漢以來諸家之說，成《論語集解》二十卷，篇章次第悉依《魯論》，其後《魯論》行於世，而《古論》，《齊論》遂亡。

　　《論語》一書，凡引《書》十條，其中〈陽貨篇〉文與〈學而篇〉相同，蓋重出者，去其一，得九條，此九條中，引《書》稱《書》曰者二條，其一條引《書》逸文，篇名無可考，別一條所引篇名，經考定為〈無逸篇〉。其引《書》不舉篇名，不稱《書》曰者七條，其中引《書》逸文者三條，篇名無可考，惟其中一條，案其文義，考定為《周書》逸文。另一條，案其文義，考定為《虞書》逸文。其餘四條，所引篇名，經考定為〈皋陶謨〉、〈湯誓〉、〈大誓〉等三篇。

　　總計《論語》引《書》九條，凡引《書》四篇，其篇名為〈皋陶謨〉、〈湯誓〉、〈大誓〉、〈無逸〉。其在伏生二十九篇者，計〈皋陶謨〉、〈無逸〉二篇。其在〈書序〉百篇之外者，計〈湯誓〉〔註1〕一篇。別有〈大誓〉一篇，不在鄭注亡、逸篇中，其篇蓋亡於戰國之世。

　　綜考《論語》引《書》九條，可得如下結論：

　　一、《論語》引《書》，稱舉篇名者杳無一見，稱《書》云者二條。此蓋

〔註1〕即《湯說》，湯禱雨之誓，與伐桀之誓別篇。

《書》之文辭，其來甚古，至若《書》之篇名，以及分《書》為《虞書》、《夏書》、《商書》、《周書》者，殆起於春秋晚期，戰國初年。邢昺曰：「夫子既卒，門人相與輯而論纂，故謂之《論語》」，〔註2〕則《論語》成書在《孟子》、《左傳》之前，是以《孟子》、《左傳》引《書》，多稱舉《書》之篇名，而《論語》則但稱《書》云，至若《詩》三百，猶在《論語》之前，是以但引《書》文，而不舉篇名，不稱《書》曰也。陳夢家曰：「《尚書》的名稱，代有變異，其初泛稱《書》，其次有篇名，其次分《夏》、《商》、《周書》，其次稱《夏書》為《尚書》，其次總稱《夏》、《商》、《周書》為《尚書》」，〔註3〕其以《書》有篇名在分《書》為《夏》、《商》、《周書》之前，說未允，然謂《書》之名稱，先泛稱《書》，後乃有篇名，則甚是。

　　二、《論語》引《書》九條，其中引逸書四條，引《書》在百篇之外者一條，又引〈大誓〉一條，其篇蓋亡於戰國末期。總此六條，今皆不在伏生二十九篇，此可見《書》之亡逸，實居先秦各書之首。

　　三、《論語》引《書》九條中，其篇名可考者僅〈皋陶謨〉、〈無逸〉、〈大誓〉、〈湯誓〉四篇，與漢人稱《書》有百篇者，相去甚遠，此可見先秦《尚書》未必有百篇之數。

　　四、《論語》或引《書》之逸文，其文是否在伏生所傳二十九篇之外其他各篇，甚或在百篇之外，今已無可考知。惟〈堯曰篇〉所引〈湯誓〉之文，與〈書序〉所錄伐桀之〈湯誓〉，實非一篇，其不在百篇之中，應無可疑。是可見先秦《尚書》有在〈書序〉百篇之外者，則漢人以百篇為備之說，實未可信。

　　五、《論語》或引《書》之逸文，則《書》之亡逸，確實可信，康有為不信亡書、逸書，謂伏生之《書》二十八篇為備，〔註4〕說有未當。

　　六、《論語》引〈湯誓〉文，與《墨子·兼愛》下所引〈湯說〉文，同出一《書》，皆湯禱雨告天之辭，而彼此文句詳略不同，此可見先秦《尚書》未有定本，而孔、墨所授《書》、本各有異，於此可覘一斑。

　　以上六點，舉其大端者言，他如鄭注《論語》之失；朱注句讀之誤；清儒輯《大傳》，以〈無逸〉文為〈說命篇〉之譌；注《論語》、《墨子》、混伐桀之誓與禱雨之辭為一之非；詳具各條，不贅述。

〔註2〕　《論語序解》下《正義》。
〔註3〕　《尚書通論》第 33 頁。
〔註4〕　《新學偽經考·漢書藝文志辨偽》條。

第一節 引《書》稱《書》曰

1. 子曰：「《書》云：『孝乎惟孝，友于兄弟』，施於有政，是亦為政，奚其為為政？」(〈為政〉)

輝案：此引《書》逸文。乎、一本作于，漢石經，《白虎通·五經篇》引《書》云，皇侃《義疏》本，並作于。《釋文》云：「孝于，一本作孝乎」。于、乎同屬第五部，古疊韻通用，《呂氏春秋·審應篇》「然則先王聖于」，高誘注：「于、乎也」，此以本字釋之，《莊子·人間世》「不為社者，且幾有翦乎」，《釋文》：「乎、崔本作于」，《列子·黃帝篇》「今女之鄙至此乎」，《釋文》：「乎、本又作于」，是二字互用之證。惠棟曰：「自晉世〈君陳〉出，始以惟孝二字屬下讀，後之傳《論語》者，改孝于為孝乎，以《書》云孝乎絕句，陸氏《釋文》云：『孝于一本作孝乎』，唐石經从定為乎，蓋依〈君陳〉為說，非《論語》本真也」，〔註5〕案惠說是，漢石經、皇侃《義疏》本、《白虎通》作于者，《論語》之本如此，偽古文〈君陳〉改于為乎，遂失其真。

偽古文〈君陳〉云：「惟孝，友于兄弟，克施有政」，襲取此引《書》逸文為之，而以惟孝屬下，以孝乎屬上為孔子之言，閻氏《古文尚書疏證》已辨其非，〔註6〕何晏《集解》引包咸曰：「孝乎惟孝，美大孝之辭」，是以孝乎惟孝為一句，友于兄弟為一句，此《論語》之本如此，其後引《論語》者，莫不依此句讀，《晉書》夏侯湛〈昆弟誥〉云：「古人有言：孝乎惟孝，友于兄弟」，潘岳〈閑居賦〉序云：「孝乎惟孝，友於兄弟，此亦拙者之為政也」，梁元帝《劉孝綽墓志銘》曰：「孝乎惟孝」，唐王利貞《幽州石浮圖頌》曰：「孝乎惟孝，忠為令德」，宋張耒《淮陽郡黃氏友于泉銘》曰：「孝乎惟孝，友于兄弟」，張齊賢《弟子贊》曰：「孝乎惟孝，曾子稱焉」，皆是也。朱熹《論語集註》云：「《書》云孝乎者，言《書》之言孝如此也」，乃以孝乎屬上讀，閻氏曰：「改從〈君陳篇〉讀者，自朱子始」，〔註7〕是也。

又案宋翔鳳以此文孝于、友于，字並作于，施於有政作於，因謂施於有政以下，為孔子之語。〔註8〕包慎言《論語溫故錄》曰：「《後漢書·郅惲傳》鄭敬曰：『雖不從政，施之有政，是亦為政』，玩鄭敬所言，則施於有政，是

〔註5〕 《古文尚書考·辨梅氏增多古文之謬》條。
〔註6〕 說見閻書第十條。
〔註7〕 《古文尚書疏證》第十條。
〔註8〕 見《四書釋地辨證》。

亦爲政，皆夫子語」，〔註9〕翟灝《四書考異》曰：「此經自引《詩》《書》外，例用於字」，阮元《論語校勘記》曰：「此經例用於字，唯〈爲政篇〉吾十有五而志于學，及此兩於字變體作于，〈爲政篇〉于字乃乎字之譌，此疑本作於，傳寫者偶亂耳，觀《文選‧嘯賦》注，尙引作於可證」，〔註10〕今考《論語》用于字者凡七見：

(1) 吾十有五而志于學（〈爲政〉）

(2) 《書》云孝于惟孝友于兄弟（〈爲政〉）

(3) 乘桴浮于海（〈公冶長〉）

(4) 〈誄〉曰禱爾于上下神祇（〈述而〉）

(5) 民到于今受其賜（〈憲問〉）

(6) 伯夷叔齊餓于首陽山之下，民到于今稱之（〈季氏〉）

(7) 敢昭告于皇皇后帝（〈堯曰〉）

其第（2）條引《書》逸文；第（4）條，《集解》引孔安國曰：「〈誄〉、禱篇名」，是所引禱篇之文；第（7）條，《集解》引孔安國曰：「《墨子》引〈湯誓〉，其辭如此」，是所引《書‧湯誓》之文。以上三條皆引他書之文，非《論語》本文。其第（1）條，漢石經、高麗本作乎，皇侃《義疏》本作於，翟灝《四書考異》曰：「疑屬乎字傳寫誤，漢石經，《論衡‧實知篇》作乎，而朱注亦云志乎此，可思也」，是于者乎字之誤；第（8）條，阮元〈校勘記〉曰：「此亦疑本作於，傳寫者偶然耳」，是于者於字之譌。然則其餘二條，蓋亦傳寫之誤，本當作於，翟氏謂自引《詩》《書》外，《論語》例用於字，其說可信。以此推之，則施於有政句，當非《書》文，乃夫子釋《書》之語，宋氏、包氏之說是也，今從之。

2. 子張曰：「《書》云：『高宗諒陰，三年不言』，何謂也？」（〈憲問〉）

輝案：此引《書‧無逸》文。劉寶楠曰：「〈書〉云者，伏生《大傳‧說命篇》，《書》曰：『高宗梁闇，三年不言』，何謂梁闇也？《傳》曰：『高宗居凶廬，三年不言，此之謂梁闇』，是此《書》文在〈說命篇〉，《禮記‧喪服四制》所引亦其文也。〈坊記篇〉高宗云：『三年其惟不言，言乃讙』，鄭注：『高宗、殷王武丁也，名篇在《尙書》』，謂在《尙書‧說命篇》也」，〔註11〕以此

〔註9〕劉寶楠《論語正義》卷二引。

〔註10〕《公冶長》「乘桴浮于海」句校勘。

〔註11〕《論語正義》卷十七。

及《禮記‧喪服四制》，《坊記》所引皆〈說命篇〉文。今考《困學紀聞》曰：「高宗亮陰，《禮記》作諒闇，《漢五行志》作涼陰，《大傳》作梁闇」（卷二），而未言出〈說命篇〉；《儀禮經通解》續十五〈喪禮義〉引《大傳》曰：「《書》曰：『高宗梁闇，三年不言』，何謂梁闇也？《傳》曰：『高宗居倚廬，三年不言，百官總己以聽於冢宰，而莫之違，此之謂梁闇』」，亦未言出〈說命〉篇，清儒輯〈大傳〉逸文，或以僞古文〈說命〉上有「王宅憂，諒陰三祀，既免喪，其惟弗言」等語，因以爲〈說命篇〉，劉氏乃據以爲說，非是。陳壽祺《尚書大傳輯校》無〈說命篇〉，以「高宗梁闇，三年不言」爲〈無逸〉文，並以《困學紀聞》所引「高宗亮陰」亦爲〈無逸〉文，說至允當。〈無逸〉云：「其在高宗時，舊勞于外，爰暨小人，作其即位，乃或亮陰，三年不言」，此則檃括其文。《禮記‧喪服四制》引《書》曰「高宗諒闇，三年不言」，與《大傳》引《書》曰「高宗梁闇，三年不言」，並與《論語》所引同，亮、諒、梁音同通用，陰、闇亦音同通用，說見第三章第十三節第一條。劉氏以爲〈說命〉文，非是。又《禮記‧坊記》引〈高宗〉云：「三年其惟不言，言乃讙」，此引〈高宗之訓〉文，鄭玄云：「名篇在《尚書》」，是也，劉氏亦以爲〈說命〉文，云：「稱〈高宗〉者，〈說命〉、高宗所作也」，說未允。

第二節　引《書》不舉篇名不稱《書》曰

1. 子曰：「巧言令色，鮮矣仁。」（〈學而〉）

　　輝案：此引〈皋陶謨〉文，〈皋陶謨〉云：「何畏乎巧言令色孔壬」，劉寶楠曰：「孔、甚也，壬、佞也，以巧言令色爲甚佞，則不仁可知」，〔註12〕〈里仁〉曰：「巧言令色足恭，左丘明恥之，丘亦恥之」，亦引〈皋陶謨〉文。陳澧曰：「巧言令色四字，孔子引《尚書》也，鮮矣仁三字，孔子說《尚書》也」，〔註13〕是也。

2. 子曰：「巧言令色足恭，左丘明恥之，丘亦恥之。」（〈里仁〉）

　　輝案：此引〈皋陶謨〉文。

3. 武王曰：「予有亂臣十人。」（〈泰伯〉）

　　阮元曰：「唐石經臣字旁注，釋文出予有亂十人，云本或作亂臣十人非。

〔註12〕《論語正義》卷一。
〔註13〕見《東塾讀書記》卷二。

案《困學紀聞》云：『《論語‧釋文》予有亂十人，《左傳》叔孫穆子亦曰武王有亂十人，劉原父謂子無臣母之理，然本無臣字，舊說不必改』，攷皇疏云：『亂、理也，武王曰、我有共理天下者有十人也』，似亦無臣字，蓋唐石經此處，及《左傳》襄廿八年臣字，皆後人據僞〈泰誓〉妄增。」〔註14〕

輝案：此引〈大誓〉文。《左傳》昭公二十四年引〈大誓〉曰：「紂有億兆夷人，亦有離德；余有亂臣十人，同心同德」，與此同，臣字皆後人所加，予、《左傳》作余，二字音同通用，說見第五章第一節第九條。

4. 子曰：「巧言令色，鮮矣仁。」（〈陽貨〉）

邢疏：「此章與〈學而篇〉同，弟子各記所聞，故重出之。」

輝案：此引〈皐陶謨〉文，與〈學而〉文同，蓋重出。

5. 堯曰：「咨、爾舜，天之歷數在爾躬，允執其中，四海困窮，天祿永終。」（〈堯曰〉）

輝案：此引《虞書》逸文。江聲曰：「案此堯將禪位而命舜之詞，當在《尚書‧舜典》，而《論語》不稱《書》曰」，〔註15〕屈萬里先生疑爲逸書。〔註16〕今考《論語》一書，弟子所記孔子應答弟子，時人，及弟子相與言而接聞於夫子之語，是以全書各章，或稱子曰，或稱弟子之言，或稱時人之問，此章則稱堯曰，終章不見夫子、弟子、及時人之名，與他章體例全不相類，崔述曰：「〈堯曰篇〉，古《論語》本兩篇，篇或一章，或二章，其文尤不類，蓋皆斷簡無所屬，附之於書末者，《魯論語》以其少，故合之」，〔註17〕其說可信，蓋此章多夫子或門人引《書》之語。柳宗元《論語辯》下篇云：「是乃孔子常常諷道之辭云爾……此聖人之大志也，無容問對於其間，弟子或知之，或疑之不能明，相與傳之，故於其爲書也，卒篇之首嚴而立之」。〔註18〕詳玩此章文義，可分爲四節，「堯曰咨爾舜」，迄「舜亦以命禹」爲一節，上引《書》文述舜受命之事，「舜亦以命禹」句爲夫子或門人釋《書》之語。自「曰予小子履」，迄「罪在朕躬」爲一節，《墨子‧兼愛》下引〈湯說〉文，與此相同，彼以爲湯禱雨之辭，此引《書》文，蓋述湯罪己愛民之行，《集解》引孔安國

〔註14〕《論語校勘記》。
〔註15〕《尚書集注音疏》。
〔註16〕《尚書釋義》附錄一。
〔註17〕《洙泗考信錄》。
〔註18〕《柳河東全集》卷四。

曰：「《墨子》引〈湯誓〉，其辭若此」，〈湯誓〉、〈湯說〉一也，皆泛稱湯之誓辭。〔註19〕自「周有大賚，善人是富」，至「百姓有過，在予一人」爲一節，《墨子・兼愛》中引傳曰文，與此下四句相同，《說苑・君道篇》引《書》曰「百姓有罪，在予一人」，與此後二句，文亦相同。此引《書》文，蓋述周王罪己任賢之事。「周有大賚，善人是富」，不見於《墨子・兼愛》中所引傳文，蓋亦《書》之逸文，此處引二《書》之文以述一事。自「謹權量」至「公則說」爲一節，《禮記・中庸》曰：「繼絕世、舉廢國，治亂持危，朝聘以時，厚往而薄來，所以懷諸侯也」，與此文義相類，而不言出於《書》，〈陽貨〉曰：「恭則不侮，寬則得眾，信則人任焉，敏則有功，惠則足以使人」，與此相同，而未言出於《書》；則此節蓋夫子或門人述爲政之語。門人輯纂《論語》之時，以其斷簡殘句，因附於書末耳。此章雖記舜受命之事，然《論語》無徵，今以爲《虞書》逸文，而不斷爲〈舜典〉文。

　　僞古文〈大禹謨〉云：「天之歷數在汝躬」，又云：「欽哉，愼乃有位，敬修其可願，四海困窮，天祿永終」，襲取此引《虞書》逸文爲之。

6. 曰：「予小子履，敢用玄牡，敢昭告于皇皇后帝，有罪不敢赦，帝臣不蔽，簡在帝心，朕躬有罪，無以萬方，萬方有罪，罪在朕躬。」（〈堯曰〉）

　　《集解》：「孔曰：《墨子》引〈湯誓〉，其辭若此。」

　　輝案：此引〈湯誓〉文。《墨子・兼愛》下引〈湯說〉曰：「惟予小子履，敢用玄牡，告於上天后，曰：『今天大旱，即當朕身履，未知得罪于上下，有善不敢蔽，有罪不敢赦，簡在帝心，萬方有罪，即當朕身，朕身有罪，無及萬方』」，與此文相類，彼引稱〈湯說〉，以爲湯禱雨之辭；《國語・周語》上引〈湯誓〉曰：「余一人有罪，無以萬夫；萬夫有罪，在余一人」，與此文亦相類，而引稱〈湯誓〉，今〈湯誓〉無此語，韋昭曰：「〈湯誓〉、商書、伐桀之誓也」，未允。蓋〈湯誓〉、〈湯說〉一也，皆泛稱湯之誓辭，與《書序》所云：「伊尹相湯伐桀，升自陑，遂與桀戰于鳴條之野，作〈湯誓〉」者別篇，說見本書297頁，第十八章第一節第十二條。阮元《論語校勘記》引孫志祖曰：「今《墨子・兼愛篇》作〈湯說〉，疑說字正誓字之訛」，此不明〈湯誓〉泛稱，非專屬一篇之名，非是。孔安國曰：「此伐桀告天之文」，〔註20〕此混伐桀，禱雨之辭爲一，亦非。劉寶楠曰：「疑伐桀告天，及禱雨文略相同」，強合二文爲一，亦非。

〔註19〕說見第十八章第一節第十二條。
〔註20〕《集解》引。

又案：舜亦以命禹句當上屬，此夫子或門人引《書》文述舜受命之事，言舜亦以此命告禹也。鄭玄以此句屬下，連曰字爲句，言予小子履云云，爲舜命禹事，考舜名重華，史遷則既言之矣，〔註21〕《墨子》引此文稱湯曰，是履乃湯名無疑，孔安國曰：「履，殷湯名」，是也，鄭玄以此爲舜命禹之事，此考之未審，俞樾乃謂鄭本無履字，〔註22〕不知《墨子》已明言湯曰，鄭本即無履字，仍是湯告天之辭，非舜命禹之事，俞說亦非。

《尸子》曰：「湯曰：『朕身有罪，無及萬方；萬方有罪，朕身受之』」，〔註23〕此亦引〈湯誓〉文。與《論語》、《墨子》、《國語》所引，不盡相同，此可見先秦《尚書》未有定本，即儒墨所授《書》，亦本各有異，屈萬里先生曰：「自孔子以後，《尚書》既傳習於民間，則其本傳入他國，或他學派後，篇章殆亦有所增損」，〔註24〕說至允當。

7. 周有大賚，善人是富。(〈堯曰〉)

輝案：此引《書》逸文。此章上下皆引《書》文，說見第五條，則此蓋亦《書》之逸文。

8. 雖有周親，不如仁人，百姓有過，在予一人。(〈堯曰〉)

輝案：此引《周書》逸文。《墨子・兼愛》中引《傳》曰：「雖有周親，不若仁人，萬方有罪，維予一人」，《說苑・君道篇》引《書》曰：「百姓有罪，在予一人」，與此文相同。江聲曰：「《論語・堯曰篇》不稱《書》曰，據《墨子》、《說苑》，皆《尚書》文矣」，〔註25〕屈萬里先生以爲《周書》逸文，〔註26〕今從之。僞古文〈泰誓〉中云：「雖有周親，不如仁人」，又云：「百姓有過，在予一人」，襲取此引《周書》逸文爲之。

《尸子》曰：「苟有仁人，何必周親」，《說苑・貴德篇》曰：「無變舊新，惟仁是親，百姓有過，在予一人」，並檃括《周書》逸文。

〔註21〕見《史記・五帝本紀》。
〔註22〕見《群經平議》。
〔註23〕見汪繼培輯本。
〔註24〕《尚書釋義・敘論》。
〔註25〕《尚書集注音疏》。
〔註26〕《尚書釋義》附錄一。

第九章 《孟子》引《書》考

　　夫總群聖之道者，莫大乎六經；紹六經之教者，莫尙乎《孟子》。〔註1〕
《史記‧孟荀列傳》言孟子著書七篇，劉歆〈七略〉作十一篇，《漢書‧藝文
志‧諸子略》儒家亦著錄《孟子》十一篇，較《史記》多四篇者，趙歧《孟
子題辭》曰：「又有外書四篇：〈性善〉、〈辯文〉、〈說孝經〉、〈爲正〉，其文不
能弘深，不與內篇相似，似非《孟子》本眞，後世依放而託之者也」。自趙氏
斷外書四篇爲後世僞託，不予注釋，後即亡佚不傳，今傳〈梁惠王〉、〈公孫
丑〉、〈滕文公〉、〈離婁〉、〈萬章〉、〈告子〉、〈盡心〉七篇，則《史記》所謂
作《孟子》七篇者也。

　　《史記》本傳曰：「孟軻乃述唐虞三代之德，是以所如者不合，退而與萬
章之徒，序《詩》、《書》，述仲尼之意，作《孟子》七篇」，趙歧《孟子題辭》
亦曰：「於是退而論集所與高第弟子公孫丑、萬章之徒，難疑答問，又自撰其
法度之言，著書七篇」，是此書孟子與弟子公孫丑、萬章之徒所共撰，或謂《孟
子》一書，非軻首著，軻既歿，其徒萬章、公孫丑相與記孟軻所言耳，〔註2〕
晁公武亦以《孟子》一書載孟子所見諸侯皆稱諡，而疑其非軻自著，〔註3〕王
偉俠先生嘗論辨之，其言曰：「然則《孟子》七篇，究爲自撰，抑門弟子爲之
也？曰：二者蓋兼有之。孟子殆就弟子所記，予以補充編次，成書而後，復
經門人之敘定，故同門稱謂，有所追改，而諸王侯皆加諡焉」，〔註4〕與《史

─────────────

〔註1〕《孟子正義》序語。
〔註2〕見《韓愈答張籍書》。
〔註3〕見《郡齋讀書志》。
〔註4〕見《孟子分類纂注》緒論第三章。

記》所言合，其說可信。

《孟子》七篇凡引《書》三十五條，其中稱舉篇名者九條，所稱篇名，計〈堯典〉、〈湯誓〉、〈伊訓〉、〈大甲〉、〈大誓〉、〔註5〕〈武成〉、〈康誥〉、〈大誓〉〔註6〕等八篇。其稱《書》曰者十條，其中逸文四條，篇名無可考，惟案其文義，經考定爲《虞書》者二條，爲《周書》者二條。所餘六條，其所引篇名，經考定爲〈說命〉、〈湯征〉、〈洛誥〉等三篇。其引《書》文，不稱舉篇名，不言《書》曰者十條，其中逸文七條，篇名無可考，惟案其文義，經考定爲《虞書》者五條，爲《商書》者一條，爲《周書》者一條，所餘三條，其所引篇名，經考定爲〈堯典〉、〈胤征〉、〈康誥〉三篇。檃括《書》之文義，而未稱舉篇名，未言《書》曰者六條，其中逸文一條，篇名無可考，惟案其文義，經考定爲《虞書》文，其餘五條，所引篇名，經考定爲〈堯典〉、〈胤征〉、〈康誥〉三篇。檃括《書》之文義，而未稱舉篇名，未言《書》曰者六條，其中逸文一條，篇名無可考，惟案其文義，經考定爲《虞書》文。其餘五條，所引篇名，經考定爲〈堯典〉、〈皋陶謨〉、〈湯征〉、〈大誓〉等四篇。

總計《孟子》引《書》三十五條中，凡引《書》十三篇，其篇名爲〈堯典〉、〈皋陶謨〉、〈說命〉、〈胤征〉、〈湯誓〉、〈湯征〉、〈大甲〉、〈伊訓〉、〈大誓〉、〔註7〕〈武成〉、〈康誥〉、〈洛誥〉、〈大誓〉。〔註8〕其在伏生二十九篇者，計〈堯典〉、〈皋陶謨〉、〈湯誓〉、〈康誥〉、〈洛誥〉等五篇。其在鄭注〈書序〉云逸之十六篇者，計〈胤征〉、〈伊訓〉、〈武成〉等三篇。其在鄭注〈書序〉云亡之四十二篇者，計〈說命〉、〈湯征〉、〈大甲〉等三篇，別有〈大誓〉〔註9〕一篇，不在鄭注亡、逸篇中，其篇蓋亡於戰國之世。又有〈大誓〉一篇，〔註10〕在百篇之外。

綜考《孟子》引《書》三十五條，可得如下結論：

一、先秦典籍引〈堯典〉文而稱舉篇名者二條，其一條見於《禮記·大學》，引稱〈帝典〉，案其文則在今本《尚書·堯典》，鄭玄曰：「〈帝典〉、〈堯典〉」，是也。其一條見於《孟子·萬章》上，引稱〈堯典〉，案其文則在今本

〔註 5〕 武王伐紂之誓。
〔註 6〕 文王伐于之誓。
〔註 7〕 武王伐紂之誓。
〔註 8〕 文王伐于之誓。
〔註 9〕 武王伐紂之誓。
〔註10〕 文王伐于之誓。

《尙書·舜典》。趙岐曰:「逸書有〈舜典〉之敘,亡失其文」,則〈舜典〉東漢已亡。由《孟子》引今〈舜典〉文,而稱〈堯典〉,可知先秦別有〈舜典〉,與今本〈舜典〉有別,以其篇博士不取,未立學官,是以鄭注〈書序〉云逸,東漢已亡,至若今本〈舜典〉,則僞孔子分〈堯典〉愼徽五典以下爲之,齊建武中,姚方興復僞撰曰若稽古以下二十八字,冠諸篇首,今〈舜典〉遂與〈堯典〉分爲二篇矣。

二、〈書序〉云:「惟十有一年,武王伐殷,一月戊午,師渡孟津,作〈大誓〉三篇。」〔註11〕則以〈大誓〉者武王伐紂誓師之辭也。《孟子·滕文公》下引〈大誓〉云:「我武惟揚,侵于之疆」,則文王伐于誓師之辭,與〈書序〉之說不合。此可見〈大誓〉初但爲泛稱,非專屬一篇之名,凡大會以誓眾者,皆可稱〈大誓〉,文王伐于,武王伐紂,皆大會誓眾,是以皆以〈大誓〉名篇,其後〈書序〉錄武王伐紂之誓,以爲〈大誓〉,乃成爲專名耳。

三、《孟子》引《書》,稱舉篇名者八篇,與漢人稱《書》有百篇者,相去甚遠,此可見先秦《尙書》,未必有百篇之數。

四、《孟子》引《書》三十五條中,引逸文者十二條,引鄭注〈書序〉云逸而今亡者三條,引鄭注〈書序〉云亡者八條,又引〈大誓〉三條,其文蓋亡於戰國末期,總此二十六條,其文今皆不在伏生二十九篇中,此可見《書》多亡逸,其所離之厄,實居群經之首。

五、《孟子》引逸書計〈胤征〉、〈伊訓〉、〈武成〉三篇,先秦他書亦間引逸書之文,則鄭注〈書序〉云逸者凡十六篇,鄭氏雖未全見其文,然鄭氏注〈書序〉,本於《別錄》,〔註12〕則十六篇逸書,雖未必全出於先秦,然十六篇中有出於先秦者,則孔穎達以逸書張霸所僞,〔註13〕康有爲以古文劉歆所僞,〔註14〕其說不可信。

六、《孟子》引《書》曰「葛伯仇餉」,先述葛伯不祀之事,與〈書序〉所云「湯征諸侯,葛伯不祀,湯始征之,作〈湯征〉」之語相合,則〈書序〉之說本於《孟子》,然則〈書序〉所述,其中雖有未切事理者,此則傳說之異,未可以此盡疑〈書序〉也。

〔註11〕今作〈太誓〉、〈泰誓〉者,後人所改,說見本書87頁,第三章第八節第二條。
〔註12〕《堯典正義》言鄭注〈書序〉百篇,依賈氏所奏《別錄》爲次。
〔註13〕《堯典正義》。
〔註14〕《新學僞經考》。

七、《孟子》一書，或載孟子申說《書》義之語，如〈滕文公〉下引《書》曰「洚水警余」，孟子申之云：「洚水者洪水也」，此蓋《書》注之先河，後世或取於此，惜其文今已亡佚，無可考知。惟考〈告子〉下引〈洛誥〉「享多儀」之文，《孟子》引此以言或見季子，或不見儲子之事，是《孟子》之義，以享爲享見之享，趙注云：「言享見之禮多儀法也」，鄭注云：「朝聘之禮至大」，皆以享爲享見之義，與《孟子》之說合，案諸〈洛誥〉，則以享爲百辟享見之禮，與《孟子》之說亦相切合，此蓋《書》之古義如此。《漢書‧郊祀志》載谷永引此文「享多儀」，以爲享祀之享，其非古義可知。

八、《孟子》引《書》稱舉篇名者凡九條，計稱引〈堯典〉、〈湯誓〉、〈伊訓〉、〈大甲〉、〈大誓〉、〈武成〉、〈康誥〉等七篇，皆與今〈書序〉所列百篇之名相同。《左傳》引《書》稱舉篇名者十二條，計稱引〈仲虺之誥〉、〈盤庚〉、〈康誥〉、〈蔡仲之命〉、〈唐誥〉、〈伯禽〉、〈大誓〉等七篇，其中〈仲虺之誥〉或稱〈仲虺之志〉，或稱〈仲虺〉；〈盤庚〉而稱〈盤庚之誥〉，〈蔡仲之命〉而稱〈蔡〉，皆與〈書序〉所列百篇之名不同。〈唐誥〉、〈伯禽〉則在百篇之外，其〈康誥〉之文，則又不見於今〈康誥〉篇，此可見《左傳》成書在《孟子》之前，是以所稱《書》之篇名，尚未定稱，與今〈書序〉百篇之名，多有出入也。

九、〈滕文公〉下引〈大誓〉之文，則文王伐于誓師之辭，與〈書序〉所錄武王伐紂之〈大誓〉別篇，是在百篇之外矣，此可見先秦《尚書》不必以〈書序〉所錄百篇爲備。

以上九點，舉其大端者言，他如今古文《尚書》異文，趙注《孟子》之失，僞古文之所從出，詳具各條，不贅述。

第一節　引《書》稱舉篇名

1. 〈湯誓〉曰：「時日害喪，予及女皆亡。」（〈梁惠王〉上）

趙注：「〈湯誓〉、《尚書》篇名也。」

輝案：此引《商書‧湯誓》文。害、孔傳本作曷，曷害同屬匣紐，第十五部，古同音通用，《詩‧菀柳》「曷予靖之」傳：「曷，害也」，此以叚借義釋之。《書‧大誥》「予曷其不于前寧人圖功攸終」，《漢書‧翟方進》傳作「予害敢不於祖宗安人圖功所終」，此二字互用之證。《史記‧殷本紀》曰：「是日何時喪，予與女皆亡」，時作是，時是同屬禪紐，古歸定紐，二字古雙聲通用，

說見第三章第八節第一條。害作何，害何同屬匣紐，古雙聲通用。作曷者本字，作害何者皆借字也。陳喬樅曰：「曷害古今文之異，《孟子》所引〈湯誓〉，蓋據古文《尚書》也，《史記》云：『是日何時喪，予與女皆亡』，此歐陽今文說也」。〔註15〕

女、孔傳本作汝，汝从女聲，古音同通用，女汝作指稱詞，皆借字也。〈殷本紀〉作女，與《孟子》引同。

又案：《尚書大傳》曰：「桀憪然歎，啞然笑曰：『天之有日，猶吾之有民也，日有亡哉，日亡，吾乃亡矣』」，〔註16〕陳喬樅曰：「桀以日自比，民即因桀之言而相與謂曰：『是日何時喪，予亦與女偕亡』，此即《孟子》所謂民欲與之俱亡，雖有臺池、鳥獸，豈能獨樂哉」，〔註17〕說甚允，趙岐注乃曰：「日、乙卯日也，害大也。言桀爲無道，百姓皆欲與湯共伐之，湯臨士眾誓言：『是日桀當大喪亡，我與女俱往亡之』」，與下文民欲與之偕亡，文氣不貫，以日訓乙卯日，以害訓大，不明日以喻桀之意，害曷相借之理，且以民之言爲湯誓眾之語，俱失《書》之本意。鄭玄曰：「桀見民欲叛，乃自比于日曰：『是日何嘗喪乎，日若喪亡，我與汝亦皆喪亡』，引不亡之徵，以脅恐下民也」，〔註18〕是以〈湯誓〉此語即《大傳》所言「日有亡哉，日亡，吾乃亡矣」，以民相謂之言爲桀之自語，與《史記》之說不同，皮錫瑞謂鄭注與《史記》同，〔註19〕亦考之未審，鄭注蓋本《大傳》之說而略有變易者。

先秦典籍引〈湯誓〉文凡六條，《國語・周語》、《墨子・兼愛》下、《尚賢》中、《論語・堯曰》、《呂氏春秋・順民篇》所引，今皆不見於〈湯誓〉，獨《孟子》此引，則見於《書・湯誓》。此蓋〈湯誓〉初但泛稱湯之所誓，是以伐桀之誓亦稱〈湯誓〉，禱雨之誓亦稱〈湯誓〉，湯之所誓蓋亦多矣，今所存者獨此伐桀之辭完好無缺，別有禱雨之辭，則斷言殘句，散見於先秦典籍。此可見先秦《尚書》，其篇名初無定稱，其後伐桀之辭，伏生傳之，〈書序〉錄之，〈湯誓〉乃爲專名，而他篇〈湯誓〉，則散亡矣。

2. 〈太甲〉曰：「天作孽，猶可違，自作孽，不可活。」（〈公孫丑〉上）

輝案：此引《書・大甲》文。〈離婁〉上引〈太甲〉曰：「天作孽，猶可

〔註15〕《今文尚書經說考》。
〔註16〕《路史後記》十四、《太平御覽》八十三引。
〔註17〕《今文尚書經說考》。
〔註18〕《尚書正義》引。
〔註19〕《今文尚書考證》。

違，自作孽，不可活」，與此引同。《禮記・緇衣》引〈太甲〉曰：「天作孽，可違也，自作孽，不可以逭」，文句略有不同，先秦《尚書》未有定本，於此可見一斑。〈太甲〉，太當作大，猶〈太誓〉當作〈大誓〉，皆後人所改，說詳本書104頁，第三章第十一節第九條。

3. 〈太誓〉曰：「我武惟揚，侵于之疆，則取于殘，殺伐用張，于湯有光。」
　　（〈滕文公〉下）

　　趙注：「〈太誓〉，古《尚書》百二十篇之時〈泰誓〉也。……今之〈尚書・泰誓篇〉後得以充學，故不與古〈太誓〉同，諸傳記引〈泰誓〉，皆古〈泰誓〉也。」

　　輝案：此引《書・大誓》文，字作太者，後人所改，說見本書87頁，第三章第八節第二條。趙氏以此為古〈大誓〉，是也。惟以此為古《尚書》百二十篇之時〈泰誓〉，則據《緯書》為說，〔註20〕非是。

　　馬融〈書序〉引《孟子》所引〈泰誓〉曰：「我武惟揚，侵于之疆，取彼凶殘，我伐用張，于湯有光」，〔註21〕與今《孟子》所引〈大誓〉之文不同，而與偽古文〈泰誓〉中所云：「我武惟揚，侵于之疆，取彼凶殘，我伐用張，于湯有光」相同。又《左傳正義》引馬融《尚書傳序》稱《孟子・大誓》曰：「我武惟揚，侵于之疆，則取于凶殘，我伐用張，于湯有光」，〔註22〕與《尚書正義》及《孟子》所引不同，趙注云：「則取于殘賊者，以張殺伐之功也」，則趙氏所見《孟子》作「則取于殘，殺伐用張」，與今本同，馬融所見《孟子》，當與趙氏所見同，則《尚書正義》，《左傳正義》所引馬融《尚書傳序》引《孟子》所引〈大誓〉之文，當與今本《孟子》所引同，今不同者，蓋後人據偽古文改易，非孔氏之舊。

　　又案：章太炎曰：「所謂侵于之疆者，正伏生言伐邘所本」，〔註23〕以于即邘之初文，又陳夢家曰：「于即是邘，《詩・文王有聲》曰：『文王受命，有此武功，既伐于崇，作邑于豐，文王烝哉』，〈周本紀〉謂西伯『明年伐邘，明年伐崇侯虎而作豐邑』，是伐有攷及伐邘之太誓乃文王時事。又《尚書大傳》

〔註20〕《尚書璇璣鈐》曰：「孔子求書，得黃帝玄孫帝魁之書，迄於秦穆公，凡三千二百四十篇，斷遠取近，定可以為世法者百二十篇，以百二篇為《尚書》，十八篇為《中候》」。
〔註21〕《尚書・泰誓正義》引。
〔註22〕襄公三十一年。
〔註23〕見〈尚書續說〉，載《制言》一期。

亦云：『文王受命，一年斷虞、芮之質，二年伐于，三年伐密須，四年伐畎夷，五年伐耆，六年伐崇，七年而崩』，于，各本作邘，案《通鑑前編》『紂十有八祀，西伯伐邘』，注引徐廣曰：『《大傳》作于』」，〔註24〕今考《韓非子‧難二》云：「昔者文王侵盂，克莒舉豐。」盂，邘並从于聲，韓非所言「文王侵盂」，與《詩‧文王有聲》、《尚書大傳》所言「文王伐于」，〈太誓〉所言「侵于」，〈周本紀〉所言「文王伐邘」，《通鑑前編》所言「西伯伐邘」，並是一事，陳氏以上文「有攸不惟臣」為文王伐有攸之誓辭，未允，而以此引〈大誓〉為文王伐于之誓辭，則於書有徵，誠為卓見。然則〈大誓〉初亦但為泛稱，非專屬一篇之名，凡大會以誓眾者，皆可稱〈大誓〉，文王伐于，武王伐紂，皆大會諸侯以誓，是以皆以〈大誓〉命篇，猶湯伐桀之誓，禱雨之誓，皆以〈湯誓〉命篇；禹伐苗之誓，伐有扈之誓，並以〈禹誓〉命篇也。《墨子‧天志》中引〈大誓〉之文，而稱〈大明〉、〔註25〕明、盟之初文，〈大明〉即〈大盟〉，亦即〈大誓〉，尤為明證。其後〈書序〉但錄武王伐紂之誓，文王伐于之誓遂亡，〈孟子〉此所引〈大誓〉，其遺文也。自〈書序〉錄武王伐紂之誓，世人不知別有文王伐于之誓，亦不悉〈大誓〉命名之初意，而〈大誓〉遂成為武王伐紂之專名。後儒又見後得〈大誓〉有武王觀兵之文，因謂上篇記觀兵之事，中下篇記伐紂之事，則又失之遠矣。

4. 〈太甲〉曰：「天作孽，猶可違，自作孽，不可活。」（〈離婁〉上）

輝案：此引《書‧大甲》文，〈公孫丑〉上引同，說見本節第二條。

5. 〈堯典〉曰：「二十有八載，放勳乃徂落，百姓如喪考妣，三年四海遏密八音。」（〈萬章〉上）

輝案：此引《書‧堯典》文，孔傳本在〈舜典〉，趙岐曰：「逸書有〈舜典〉之敘，亡失其文」，則〈舜典〉東漢已亡失。鄭玄與趙岐同時，而鄭注《書序》云〈舜典〉逸，不稱亡，與趙注異者，蓋鄭注〈書序〉，本劉向《別錄》，《堯典正義》稱鄭注〈書序〉百篇，依賈逵所奏《別錄》為次，或劉向之時，其篇尚在，故《別錄》云逸，鄭注〈書序〉因亦云逸，非必親見〈舜典〉文也。《經典釋文敘錄》云：「相承云梅賾上孔氏傳古文《尚書》，亡〈舜典〉一

〔註24〕《尚書通論》第15頁。

〔註25〕《墨子‧閒詁》本作〈大誓〉，《道藏》本、明吳寬鈔本、唐堯臣本、明刻本，並作〈大明〉，孫詒讓以為明係誓之誤字，未允，說見本書300頁，第十八章第一節第十四條。

篇，時以王肅注頗類孔氏，故取王注從慎微五典以下爲〈舜典〉，以續孔傳」，今考《孟子》引〈堯典〉二十有八載五句，孔傳本在〈舜典〉中；又《漢書・王莽傳》云：「惟在〈堯典〉，十有二州」，〔註26〕今孔傳本「十有二州」句在〈舜典〉，則陸氏之說可信。然則別有逸書〈舜典〉，其篇東漢已亡，今孔傳本〈舜典〉，乃分〈堯典〉慎徽五典以下爲之，至齊建武中，姚方興又僞造《孔傳・舜典》一篇，并于篇首加曰若稽古二十八字，遂析〈堯典〉、〈舜典〉爲二，說詳閻若璩《古文尚書疏證》第六十六條。

　　放勛乃徂落，孔傳本作「帝乃殂落」。《史記・五帝紀》云：「堯辟位凡二十八年而崩，百姓悲哀，如喪父母，三年四方莫舉樂」，《春秋繁露・煖燠孰多篇》引《尚書》曰：「二十有八載，放勳乃殂落，百姓如喪考妣，四海之內關密八音三年」，《說文》歺部引《虞書》曰：「放勛乃殂」，或作堯，或作放勳，或作放勛，無作帝者，孫星衍曰：「帝當爲放勛二字，或梅氏作僞傳，既不以放勛爲堯名，則并改此文爲帝」，〔註27〕說可信。段玉裁曰：「《孟子》、《春秋繁露》、《帝王世紀》皆作放勳字，董子用今文《尚書》者，許叔重、皇甫士安用古文《尚書》者，疑古文作放勛，今文作放勳，皆不作帝也」，〔註28〕今《孟子》作放勛〔註29〕與《說文》同，〔註30〕段氏謂古文作放勛，是也。皮錫瑞曰：「《中侯》、《考靈燿》皆作放勛，《緯書》多同今文，是今文亦或作勛，或作勳也」，〔註31〕則段氏云今文作放勳者，未盡然。勛古文勳，見《說文》力部。

　　徂落，孔傳本作殂落，徂、殘並从且聲，古同音通用，《爾雅・釋詁》：「殂落、死也」，《釋文》：「殂、本作徂」，此二字互用之證。《春秋繁露・煖燠孰多篇》引《尚書》曰「放勳乃殂落」，《白虎通・崩薨篇》云：「《書》言殂落死者，各自見義」，《論衡・氣壽篇》云：「堯退而老，八歲而終，至殂落九十八歲」，《爾雅・釋詁》云：「殂落、死也」，字並作殂落。《說文》歺部引《虞

〔註26〕〈王莽傳〉凡二引十有二州，皆稱〈堯典〉。
〔註27〕《尚書今古文注疏》。
〔註28〕《古文尚書撰異》。
〔註29〕段氏云《孟子》作放勳，非是。
〔註30〕小徐本作「勛乃殂」，洪邁所引同。大徐本作「放勛乃殂」、《集韻》十一模所引，王應麟《藝文志考》引漢儒所用異字正同，今大徐本作「放勛乃殂落」，有落字，淺人增之也。說本段玉裁《古文尚書撰異》。
〔註31〕《今文尚書考證》卷一。

書》曰：「放勛乃殂」，〔註32〕字作殂、無落字。《漢書・王莽傳》注引《虞書》云：「放勳乃徂」，字作徂、無落字。漢《涼州刺史魏元丕碑》曰：「徂落不留」，《祝長嚴訢碑》曰：「顛霣徂落」，《釋名・釋喪制》云：「徂落，徂祚也，福祚殞落也」，並引〈堯典〉文，字並作徂落，與《孟子》同。董仲舒、班固、王充、漢碑、劉熙皆用今文《尚書》者，而或作殂落，或作徂落，王充習歐陽《尚書》，〔註33〕班氏習夏侯《尚書》，則殂落，徂落乃歐陽，夏侯之異文。許氏撰《說文》用古文《尚書》，而但作殂，與僞孔作殂落不同者，段玉裁曰：「《說文》無落字，當是古文《尚書》，《孟子》、《繁露》、《爾雅》、《白虎通》有落字，則同今文《尚書》，今本古文帝乃殂落，恐姚方興本，未可爲據，陸氏用王本作音義，恐不爾，師古注〈王莽傳〉引《虞書》放勳乃徂，無落字，此當是馬鄭王之本。」〔註34〕字作殂者本字，作徂者借字。

三年，孔傳本作三載。《史記・五帝紀》云：「三年四方莫舉樂」，《春秋繁露・煖燠孰多篇》引《尚書》曰：「四海之內闃密八音三年」，並作三年，與《孟子》同。《白虎通・四時篇》引《尚書》曰：「三載四海遏密八音」，崔瑗《和帝誄》曰：「三載四海遏密八音」，並作三載，則今文《尚書》或作三年，同《孟子》；或作三載，同孔傳本。馬鄭古文無可考，孫星衍曰：「三載當爲三年，《孟子》、《春秋繁露》等皆引作年，僞孔因《爾雅》唐虞曰載之文改之也」，〔註35〕未知是否，存疑可也。

遏密，孔傳本同，《春秋繁露》作闃密，遏、闃同屬影紐，第十五部，古音同通用。《列子・揚朱》「勿壅勿閼」《釋文》：「閼與遏同」，《左傳》襄公二十五年「虞閼父」，隱公三年《正義》，《國語・魯語》下注、《史記・陳世家・索隱》並作「虞遏父」，是二字互用之證。

6. 〈泰誓〉曰：「天視自我民視，天聽自我民聽。」（〈萬章〉上）

趙注：「〈泰誓〉，《尚書》篇名。」

輝案：此引《書・大誓》文。以其大會諸侯以誓，故稱〈大誓〉，〈僞孔傳〉云：「大會以誓眾」，是也。唐初猶作〈大誓〉，《詩・思文正義》引作〈大誓〉，《周禮・太祝正義》引作今文〈大誓〉，是其證。此作〈泰誓〉者、亦後

〔註32〕今大徐本或作「放勛乃殂落」，落字後人所增，段玉裁說。

〔註33〕皮錫瑞說，見《今文尚書考證》卷一。

〔註34〕《古文尚書撰異》。

〔註35〕《尚書今古文注疏》。

人所改，字當作〈大誓〉，趙注作〈泰誓〉者，則後人改《孟子》本文，並改趙注，說詳本書 87 頁，第三章第八節第二條。

《詩·烝民》箋引《書》曰：「天聰明自我民聰明」，此引《書·皋陶謨》文，孔氏《正義》乃云：「引《書》曰者，〈泰誓〉文也」，此以「天聰明自我民聰明」句，與《孟子》此引〈泰誓〉文句相類致誤，孔氏《正義》又云：「彼注云：『天之所謂聰明有德者由民也』」，或係鄭注〈皋陶謨〉文，故與今《僞孔傳》所云「言天因民而降之福，民所歸者，天命之，天視聽人君之行，用民爲聰明」不同。孫星衍曰：「此蓋今文〈泰誓〉注也」，〔註 36〕此則附會之辭，王鳴盛以爲《書·皋陶謨》之注，〔註 37〕是也。

僞古文〈泰誓〉中云：「天視自我民視，天聽自我民聽」，襲取此引〈大誓〉文爲之。

7. 〈伊訓〉曰：「天誅造攻，自牧宮，朕載自亳。」（〈萬章〉上）

趙注：「〈伊訓〉、《尚書》逸篇名」。

輝案：此引《書·伊訓》文。〈書序〉有〈伊訓〉，《大傳》未引其篇，《史記·殷本紀》云：「帝太甲元年，伊尹作〈伊訓〉」，而未引其文。鄭注云：「逸」，則其篇漢世猶存，故鄭注〈典寶〉得徵引其文。〔註 38〕

先秦典籍引〈伊訓〉文，但此一見，然亦可證〈伊訓〉先秦故物，鄭注〈書序〉云逸，注〈典寶〉引〈伊訓〉文，實有所本。所謂逸書十六篇者，鄭玄雖未必全見其文，然亦必有所據，非憑空杜撰者也，說詳第一章第二節。

僞古文〈伊訓〉云：「造攻自鳴條，朕哉自亳」，襲取此引〈伊訓〉逸文爲之。

8. 〈康誥〉曰：「殺越人于貨，閔不畏死，凡民罔不譈。」（〈萬章〉下）

趙注：「〈康誥〉、《尚書》篇名。」

輝案：此引《書·康誥》文。孔傳本作「殺越人于貨，暋不畏死，罔弗憝」，與《孟子》所引不盡相同。

閔，孔傳本作暋。暋、敯之俗字，凡從昏聲之字，俗多譌从昬，《說文》虫部蟁之重文䘓从昏聲，俗本譌作䘒，从昬聲；山部崏字从敯聲，俗本亦譌

〔註 36〕《尚書今古文注疏》。

〔註 37〕《尚書後案》。

〔註 38〕《堯典正義》云：「鄭注〈典寶〉引〈伊訓〉云：『載孚在亳』，又曰：『征是三朡』」。

作殙，从啟聲；歺部殙字从昏聲，俗本亦譌作殙，从昬聲；段玉裁曰：「蓋隸書淆亂，乃有从民作昬者，俗皆遵用」，〔註39〕今考鳥部鶥字，頁部頷字，心部惛字，門部闇字，手部�字，女部婚字，糸部緡字，金部鍲字，字並从昏聲，不从昬聲，段說是也，支部啟字，俗本亦譌作啟，今據段說改。閔、啟同屬明紐，第十三部，古音同通用、《書・立政》「其在受德啟」，《說文》心部引作「在受德忞」，啟、啟之俗字，忞閔並从文聲，啟之通閔，猶啟之通忞矣。又《說文》虫部蟊之重文或从昏聲作蟊，俗从文聲作蚊，亦二字互用之證。《說文》歺部引《周書》曰：「啟不畏死」，字作啟，與孔傳本作啟者，正俗字耳，則古文《尚書》本作啟，孔傳本从俗字作啟，《孟子》作閔者，借字也。

凡民罔不譈，孔傳本作罔弗憝，凡民二字在上文，作「凡民自得罪」，凡民二字下貫殺越人于貨，啟不畏死，罔弗憝三句，《說文》心部引《周書》曰「凡民罔不憝」，罔不譈句上有凡民二字，與《孟子》引同，蓋古文《尚書》「自得罪」句上有凡民二字，「罔不憝」上有凡民二字，偽孔嫌其重出而刪去。不，《說文》心部引《周書》同，孔傳本作弗，不弗古雙聲通用，說見第三章第十一節第一條。譈、孔傳本、《說文》心部引《周書》並作憝，古文《尚書》蓋本作憝，譈、憝並从敦聲，《說文》無譈字，趙注云：「譈、殺也」，《說文》心部云：「憝、怨也」，怨恚之極，則發爲殺伐之行，是殺乃怨之引申義，然則譈與憝蓋一字，怨於心，故字从心作憝；發爲言，故字或从言作譈也。

9. 孟子曰：「盡信《書》，則不如無《書》，吾於〈武成〉取二三策而已矣。仁人無敵於天下，以至仁伐至不仁，而何其『血之流杵』也？」（〈盡心〉下）

　　趙注：「《書》、《尚書》。……〈武成〉、逸書之篇名」。〔註40〕

　　輝案：「血之流杵」，蓋〈武成〉原文。孟子疑其失實，故云盡信《書》，不如無《書》也。〈書序〉有〈武成〉，《大傳》未引其篇，《史記・周本紀》云：「武王……乃罷兵西歸，行狩，記政事，作〈武成〉」，而未引其文。鄭玄曰：「〈武成〉逸書，建武之際亡」。〔註41〕偽古文〈武成〉云：「血流漂杵」，

〔註39〕《說文》日部昏字下注。
〔註40〕逸書二字據阮元《校勘記》補，閩、監、毛三本無。廖本、孔本、韓本、考文古本之上有逸書二字。
〔註41〕《武成正義》引。

襲取此引〈武成〉文爲之。

孟子言「吾於〈武成〉，取二三策而已」，則孟子之時，《尚書》蓋書于竹簡，故云取二三策也，策、冊之借字。

第二節　引《書》稱《書》曰

1. 《書》曰：「天降下民，作之君，作之師，惟曰其助上帝寵之，四方有罪無罪惟我在，天下曷敢有越厥志。一人衡行於天下，武王恥之。」（〈梁惠王〉下）

　　趙注：「《書》、《尚書》逸篇也。」

　　輝案：此《周書》逸文。趙氏於厥志下注云：「《書》、《尚書》逸篇也」，則以「一人衡行於天下，武王恥之」二句，非《書》之本文，閻若璩曰：「《書》曰天降下民一節，自武王恥之止皆《書》辭，蓋史臣所作，故孟子從而釋之曰：『此武王之勇也』，亦猶上文引《詩》畢，然後從而釋之曰：『此文王之勇也』，正一例也」，〔註42〕說甚允，今從閻說。

　　僞古文〈泰誓〉上云：「天佑下民，作之君，作之師，惟其克相上帝，寵綏四方，有罪無罪，予曷敢有越厥志」，襲取此引《書》逸文爲之，而多所改動，閻氏已辨其非，說詳《古文尚書疏證》第十四、五十一條。

2. 《書》曰：「湯一征，自葛始」，天下信之，東面而征西夷怨，南面而征北狄怨，曰：「奚爲後我」。民望之若大旱之望雲霓也，歸市者不止，耕者不變，誅其君而弔其民，若時雨降，民大悅。（〈梁惠王〉下）

　　趙注：「此二篇皆《尚書》逸篇之文也。」

　　輝案：此引《書·湯征》文。〈書序〉云：「湯征諸侯，葛伯不祀，湯始征之，作〈湯征〉」，《史記·殷本紀》說同，此云：「湯一征，自葛始」，與之相應，江聲以爲《書·湯征》文，〔註43〕又〈滕文公〉下云：「湯始征，自葛載，十一征而無敵於天下，東面而征西夷怨，南面而征北狄怨，曰：『奚爲後我』」，孫星衍亦疑爲〈湯征〉文，〔註44〕是也。

　　又案：趙岐於《書》曰徯我后后來其蘇下注云：「此二篇皆《尚書》逸篇

〔註42〕《古文尚書疏證》第五十一條。
〔註43〕見《尚書集注音疏》。
〔註44〕《尚書今古文注疏》。

之文也」，似「民大悅」以上皆《書》文，江聲則但取「湯一征，自葛始」二句以爲《書》文，屈萬里先生則以「湯一征，自葛始，天下信之，東面而征西夷怨，南面而征北狄怨，曰：『奚爲後我』」，爲《書·湯征》文，〔註45〕今考《荀子·王制》云：「故周公南征而北國怨，曰：『何獨不來也』？東征而西國怨，曰：『何獨後我也』？」，《公羊傳》僖公四年云：「古者周公東征則西國怨，西征則東國怨」，與《孟子》此云：「東面而征西夷怨，南面而征北狄怨，曰：『奚爲後我』」，文義略同，而皆不稱《書》曰，且以爲周公之事，與此言湯征之事不同，又〈盡心〉下云：「南面而征北狄怨，東面而征西夷怨，曰：『奚爲後我』」，則泛指國君，而非專屬湯，是天下信之以下，蓋孟子釋《書》之語，今從江聲說，但取「湯一征，自葛始」二句。

〈湯征〉，鄭注〈書序〉云：「亡」，趙岐以爲《尚書》逸篇者，段玉裁曰：「趙氏不云亡書，而云逸書者，趙不見中古文，於亡與逸，不能如鄭之區分也」。〔註46〕僞古文〈仲虺之誥〉云：「乃葛伯仇餉，初征自葛，東征西夷怨，南征北狄怨，曰：『奚獨後予』」，襲取此引《書·湯征》文及孟子釋《書》之語爲之。

3. 《書》曰：「徯我后，后來其蘇。」（〈梁惠王〉下）

趙注：「此二篇皆《尚書》逸篇之文也。」

輝案：此引《書·湯征》文。《孟子》上文引《書》曰「湯一征，自葛始」，此乃云「徯我后，后來其蘇」，二事相承，又〈滕文公〉下云：「湯始征，自葛載」，下亦引《書》曰：「徯我后，后來其無罰」，與此同，則此引《書》曰「徯我后，后來其蘇」之後，即指湯而言，與上文「湯一征，自葛始」，蓋同出〈湯征〉，江聲以此爲〈湯征〉文，孫星衍亦疑〈滕文公〉下引《書》曰「徯我后，后來其無罰」爲〈湯征〉文，是也。僞古文〈仲虺之誥〉云：「徯予后，后來其蘇」，襲取此引《書·湯征》文爲之。

又案：徯我后句，趙注云：「徯，待也，后，君也。待我君來，則我蘇息而已」，是以我謂民，后謂湯。陳夢家曰：「如釋『徯我后』爲『奚爲後我』，釋『洚水』爲『洪水』，實爲最早的傳注」，〔註47〕是以徯爲奚之借字，后爲後之借字。考徯從奚聲，后後同屬匣紐，第四部，徯奚、后後，古並音同，

〔註45〕《尚書釋義》附錄一。
〔註46〕《古文尚書撰異·書序·湯征》條。
〔註47〕見《尚書通論》第十四葉。

可相叚借。惟詳審《孟子》文義,「奚爲後我」,「徯我后」二句,雖同述民盼望湯之來,然「奚爲後我」句,承上文「東面而征西夷怨,南面而征北狄怨」,西夷以湯先征東而怨,北狄以湯先征南而怨,故曰:「奚爲後我」,我者,西夷北狄之民自謂也。「徯我后」句,下接「后來其蘇」,二后字自當同義,若釋后爲後,則下句謂湯之後來,則我民將蘇息,與上文云「民望之,若大旱之望雲霓」之義不切。蓋「奚爲後我」句,述民望湯之速來,冀其拯於水火之中;「徯我后」,述民所以望湯之速來者,以湯來則民可蘇息也;一寫民望之殷切,一述湯來之效,二句文義微有不同,陳說未允。

4. 《書》曰:「若藥不瞑眩,厥疾不瘳。」(〈滕文公〉上)

趙注:「《書》,逸篇也。」

輝案:此引《書·說命》文。考《國語·楚語》上引白公子張言曰:「昔殷武丁能聳其德,至于神明,以入于河,自河徂亳,於是乎三年默以思道,卿士患之,曰:『王言以出令也,若不言,是無所稟令也』,武丁於是作《書》曰:『以余正四方,余恐德之不類,茲故不言』,如是而又使以象夢,旁求四方之賢,得傅說以來,升以爲公,而使朝夕規諫,曰:『若金,用女作礪;若津水,用女作舟;若天旱,用女作霖雨。啓乃心,沃朕心,若藥不瞑眩,厥疾不瘳;若跣不視地,厥足用傷』,若金用女作礪以下,即武丁命傅說之語,〈書序〉云:「高宗夢得說,使百工營求諸野,得諸傅巖,作〈說命〉三篇」,與《國語》所言「得傅說以來,升以爲公」之事相應,則若金用女作礪以下四十五字,當係《書·說命》之文,江聲曰:「此若金以下,則皆命說之詞,又《孟子·滕文公》篇引若藥不瞑眩,明稱《書》曰,自是《說命》之文矣」,〔註48〕是也。《禮記》多引〈說命〉文,字作兌命,《大傳》、《史記》皆未引〈說命〉文,則其篇蓋亡於先秦,鄭注〈書序〉云:「亡」,是也。僞古文〈說命〉上云:「若金,用汝作礪;若濟巨川,用汝作舟楫;若歲大旱,用汝作霖雨。啓乃心,沃朕心,若藥弗瞑眩,厥疾弗瘳,若跣弗視地,厥足用傷」,襲取《國語》及《孟子》所引〈說命〉文爲之。

5. 湯居亳,與葛爲鄰,葛伯放而不祀,湯使人問之曰:「何爲不祀」?曰:「無以供犧牲也」,湯使遺之牛羊,葛伯食之,又不以祀。湯又使人問之曰:「何爲不祀」?曰:「無以供粢盛也」,湯使亳眾往爲之耕,老弱

〔註48〕《尚書集注音疏》。

饋食，葛伯率其民，要其有酒食黍稻者奪之，不授者殺之，有童子以黍肉餉，殺而奪之。《書》曰：「葛伯仇餉」，此之謂也。（〈滕文公〉下）

趙注：「《尙書》逸篇文。」

輝案：此引《書‧湯征》文。〈書序〉云：「湯征諸侯，葛伯不祀，湯始征之，作〈湯征〉」，此云：「葛伯仇餉」，即〈書序〉所言葛伯不祀之事，江聲以此爲〈湯征〉文，〔註49〕是也。

又案：湯居亳以下一百又五字，敘葛伯仇餉之事，陳夢家以爲〈書序〉之濫觴，〔註50〕說至允當，《史記‧殷本紀》云：「湯征諸侯，葛伯不祀，湯始征之」，以及〈書序〉所云，皆襲取《孟子》述葛伯不祀之事爲之。屈萬里先生以此亦《孟子》引《書》文，而附於〈湯征篇〉下，〔註51〕似未允。

僞古文〈仲虺之誥〉云：「乃葛伯仇餉」，襲取此引《書‧湯征》文爲之。

6. 《書》曰：「徯我后，后來其無罰。」（〈滕文公〉下）

趙注：「《書》逸篇也。」

輝案：此引《書‧湯征》文。上文云湯始征，自葛載。此引《書》曰「徯我后，后來其無罰」，二事相承。《梁惠王》下亦上引《書》曰「湯一征，自葛始」，下引《書》曰「徯我后，后來其蘇」，所引皆《書‧湯征》文，則此所引當亦係〈湯征〉文，且與彼所引「徯我后，后來其無罰」，文句雖略有不同，而大旨不殊，蓋爲一文，江聲於「徯我后，后來其蘇」句下云：「又〈滕文公〉篇引《書》曰：『徯我后，后來其無罰』，雖與此小異，實非二文，不兩采也」，〔註52〕是也。考先秦典籍徵引《書》文，每多歧異，如《荀子‧正論》引〈康誥〉「克明德」作「克明明德」，《禮記‧大學》引作「克明德」，是其例，即一書之中，同引《書》文，亦每有不同，如《墨子‧天志》中引〈大誓〉「棄厥先神祇不祀」，〈非命〉上引作「禍厥先神禔不祀」，〈非命〉中引作「棄闕其先神而不祀也」，同引〈大誓〉，而文句略有出入，大旨則不殊。《孟子‧梁惠王》下引〈湯征〉文作「后來其蘇」，〈滕文公〉下引作「后來其無罰」，亦此例也。此蓋先秦《尙書》，未有定本，故文字歧異如此。僞作古文者不察，〈梁惠王〉下所引「徯我后，后來其蘇」，則竄入〈仲虺之誥〉；

〔註49〕《尚書集注音疏》。
〔註50〕說見《尚書通論》第14頁。
〔註51〕見《尚書釋義》附錄一。
〔註52〕《尚書集注音疏》。

此所引「徯我后，后來其無罰」，則竄入〈太甲〉中，一文而歧爲二，其僞作之迹可見，閻氏已辨其非。〔註53〕

7. 《書》曰：「洚水警余。」（〈滕文公〉下）

　　趙注：「《尚書》逸篇文。」

　　輝案：此引《虞書》逸文。江聲以此爲《虞書》逸文，〔註54〕今觀《孟子》上下文，皆述堯使禹治水之事，江說是也。僞古文〈大禹謨〉云：「降水儆予」，襲取此引《虞書》逸文爲之。

　　警、僞孔改作儆。警、儆同音轉注字，《一切經音義》云：「古文憼、儆二形，今作警同」，《周禮・隸僕》注：「若今時儆蹕」，《釋文》：「儆本作警」，此二字通用之證。

8. 《書》曰：「丕顯哉文王謨，丕承哉武王烈，佑啟我後人，咸以正無缺。」（〈滕文公〉下）

　　趙注：「《書》、《尚書》逸篇也。」

　　輝案：此《周書》逸文。僞古文〈君牙〉云：「丕顯哉文王謨，丕承哉武王烈，啓佑我後人，咸以正罔缺」，襲取此引《周書》文爲之。

　　無、僞孔改作罔，二字古相通作，說見本書99頁，第三章第十節第二條。

9. 《書》曰：「祗載見瞽瞍，夔夔齊栗，瞽瞍亦允若。」（〈萬章〉上）

　　趙注：「《書》、《尚書》逸篇。」

　　輝案：此引《虞書》逸文。閻若璩以此爲〈舜典〉文，〔註55〕江聲疑爲〈舜典〉文，以《孟子》止稱《書》曰，未言〈舜典〉，疑事毋質，因以爲《虞書》逸文，未入〈舜典〉篇目之下。〔註56〕今考此文與上文父母使舜完廩一段，皆述舜之事，閻氏以爲〈舜典〉文，雖未敢質言，然其爲《虞書》逸文，當無可疑。僞古文〈大禹謨〉云：「祗載見瞽瞍，夔夔齊慄，瞽亦允若」，襲取此引《虞書》逸文爲之。

　　栗、僞孔改作慄，《說文》無慄字，《詩・黃鳥》「惴惴其慄」傳云：「慄慄、懼也」，字蓋從心栗聲，與栗字古相通作，作慄者本字，其作栗者借字也。

〔註53〕說見《古文尚書疏證》第十一條。
〔註54〕《尚書集注音疏》。
〔註55〕《古文尚書疏證》第十八條。
〔註56〕《尚書集注音疏》。

10. 《書》曰：「享多儀，儀不及物，曰不享。惟不役志于享。」（〈告子〉
　　下）

　　趙注：「《尚書‧洛誥篇》曰：『享多儀』。」

　　輝案：此引《書‧洛誥》文。孔傳本作「惟曰不享」，曰上有惟字。《漢
書‧郊祀志》引經曰：「享多儀，儀不及物，惟曰不享」，亦有惟字，與孔傳
本同。《鹽鐵論‧散不足篇》引《書》曰：「享多儀，儀不及物，曰不享」，無
惟字，與《孟子》引同。是今文《尚書》或有惟，或無惟，江聲據《孟子》
引《書》曰無惟字，而疑今文《尚書》惟是衍文，〔註57〕恐非，皮錫瑞曰：「《孟
子》與《鹽鐵論》引經皆無惟字，疑本無之，谷永引有惟字，或併下文凡民
惟曰不享引之耳」，〔註58〕說亦牽強，孔傳本有惟字，可知今文《尚書》亦可
有惟字。馬、鄭本此句無可考，未知孔傳本據《漢書》引經增惟字，抑或古
文《尚書》本有惟字也？

　　鄭玄曰：「朝聘之禮至大，其禮之儀不及物，謂所貢篚者多而威儀簡也，
威儀既簡，亦是不享也」，〔註59〕趙岐曰：「言享見之禮多儀法也，物、事也，
儀不及事，謂有闕也」，以享爲朝聘享見之禮，說相合，惟鄭以貢篚釋物，趙
以事訓物，二說略有不同。《漢書‧郊祀志》載谷永說成帝距絕祭祀方術事，
引經曰：「享多儀云云」，師古曰：「言祭享之道，唯以絜誠，若多其容儀而不
及禮物，則不爲神所享也」，以享爲祭享之禮。考《說文》云：「亯、獻也。」
〔註60〕亯即享之古文，朝聘之禮必有所獻，《論語‧鄉黨》「享禮有容色」，《集
解》引鄭玄曰：「享、獻也。聘禮，既聘而享，享用圭璧，有庭實也」，《儀禮‧
聘禮》云：「受享，束帛加璧；受夫人之聘璋享，玄纁束帛加琮，皆如初」，
是也。則趙言享見之禮，鄭言朝聘之禮，切合經義。又鄭玄物謂所貢篚，與
《聘禮》言束帛加璧說合，趙說物爲事，不切。祭祀之禮亦有所獻，《詩‧小
雅‧楚茨》「以享以祀」，鄭箋云：「享、獻也」，是也，則谷永引經曰「享多
儀」說祭祀之事，亦合享獻之義。惟〈洛誥〉上文云：「汝其敬識百辟享」，
則享謂諸侯享見之禮，趙鄭之說爲長，谷永引經，蓋斷章取義，師古則就谷
永引經爲說，故云「言祭享之道，唯以絜誠」，非《書》本義。

〔註57〕《尚書集注音疏》。
〔註58〕《今文尚書考證》卷十八。
〔註59〕《尚書正義》引。
〔註60〕亯部。

第三節　引《書》不舉篇名不稱《書》曰

1. 放勳曰：「勞之，來之，匡之，直之，輔之，翼之，使自得之，又從而振德之。」（〈滕文公〉上）

　　趙注：「放勳、堯號也。」

　　輝案：此引《虞書》逸文。趙氏未言此爲《尚書》逸篇之文，然玩其文辭，樸質古雅，不類《孟子》之文，屈萬里先生疑此爲逸書，〔註61〕是也。《孟子》引稱放勳曰，放勳，堯名，〔註62〕〈書序〉百篇有以人名命篇者，如〈微子〉、〈太甲〉、〈君奭〉、〈君陳〉、〈君牙〉是也，放勳或係篇名，惟百篇無〈放勳〉，疑事毋質，因以爲《虞書》逸文。

2. 夷子曰：「儒者之道，古之人若保赤子。」（〈滕文公〉上）

　　輝案：此引《書‧康誥》文。《禮記‧大學》，《荀子‧王霸》、〈議兵〉，引並作「如保赤子」，如、若音同通用，說見本書110頁，第三章第十二節第五條。

3. 有攸不惟臣，東征，綏厥士女，篚厥玄黃，紹我周王見休。（〈滕文公〉下）

　　趙注：「從有攸以下，道周武王伐紂時也，皆《尚書》逸篇之文也。」

　　江聲曰：「絕不類《孟子》之文，而大類《尚書》，雖不稱《書》曰，自是《尚書》文也。據《孟子》本文，承大邑周之下云：『其君子實玄黃于篚，以迎其君子，其小人簞食壺漿，以迎其小人，救民於水火之中，取其殘而已矣』，趙氏章恉于而已矣乃云：『從有攸以下，道周武王伐紂時也，皆《尚書》逸篇之文也』，是則統其君子以下云云皆爲逸書文矣。詳繹其文，則其君子以下，乃孟子申說《書》意，非《尚書》文，茲錄取逸書，斷自大邑周止」。〔註63〕

　　輝案：此引《書‧胤征》文。〈書序〉云：「羲和湎淫，廢時亂日，胤往征之，作〈胤征〉」，鄭注云：「逸」。《大傳》未引其篇，《史記‧夏本紀》云：「帝中康時，羲和湎淫，廢時亂日，胤往征之，作〈胤征〉」，而未引其文。今考鄭注〈禹貢〉引〈胤征〉云：「篚厥玄黃，昭我周王」，〔註64〕其文與《孟子》此云「篚厥玄黃，紹我周王見休」略同，依《史記》則夏中康時事，而趙注《孟子》，則以爲《尚書》逸篇，道周武王伐紂時事，二者不同。又《說

〔註61〕《尚書釋義》附錄一。
〔註62〕見《史記‧五帝本紀》、《三國志‧魏志》注引馬融說。
〔註63〕《尚書集注音疏》。
〔註64〕《堯典正義》引。

文》匚部引《逸周書》云：「實玄黃于匪」，與《孟子》下文「君子實玄黃于篚」相近，而以爲《周書》逸篇與趙氏說合，與鄭說異。夫鄭玄，許愼，趙岐皆東漢人，時代相去不遠，而所說岐異如此，此可疑者一。《書・大誥》曰：「天休于寧王，興我小邦周」，〈多士〉曰：「非我小國敢弋殷命」，〈召誥〉云：「天既遐終大邦殷之命」，又云：「皇天上帝，改厥元子，茲大國殷之命，惟王受命」，〈多士〉云：「肆予敢求爾于天邑商」，是自稱小邦周，小國，稱人則大邦殷，大國殷，天邑商，此古禮如此，今乃云「惟臣附于大邑周」，其侈然自大，不合古禮，此可疑者二。今案《孟子》自「有攸不惟臣」至「紹我周王見休」，乃《書・胤征》本文，趙岐以有攸以下六十六字，皆爲《尚書》逸篇之文，江聲以「有攸不惟臣」至「惟臣附于大邑周」爲《書》逸文，俱有未妥。惟臣附于大邑周以下，蓋孟子申說《書》義者，孟子蓋以「紹我周王」之周，釋爲殷周之周，故下文乃申之云：「惟臣附于大邑周」。孟子之時，去周初已遠，故所稱「大邑周」，與〈大誥〉、〈多士〉自稱小邦周，小國之制不必盡同。《國語・魯語》下，《禮記・緇衣》「行歸於周」注，《論語・爲政》「君子周而不比」《集解》引孔安國並云：「忠信爲周」，孫星衍曰：「周王者，鄭注《禮記》云：『忠信爲周』，非殷周之周也」，〔註65〕是也。鄭玄時，逸書十六篇未全亡逸，鄭玄嘗見中古文，故注〈禹貢〉引「篚厥玄黃，昭我周王」以爲〈胤征〉文，趙氏不見中古文，其於亡書，逸書每多混淆，〔註66〕此注云：「有攸以下道周武王伐紂時也」，蓋以《孟子》下文引〈大誓〉文及《孟子》云：「惟臣附于大邑周」。而云然，非必親見其文。復見上文引「葛伯仇餉」，「徯我后，后來其無罰」，皆《書》逸篇之文，因以有攸以下皆《尚書》逸篇之文，此蓋臆測之詞耳，非必親見其文，是以未能如鄭氏注〈禹貢〉，得稱舉其篇名也。至若《說文》匚部所引「實玄黃于匪」，則或見趙注《孟子》而云然，故趙氏以爲《尚書》逸篇道周武王伐紂時事，而許愼則說爲《逸周書》也。古人引《書》，本有節引之例，《書・康誥》「克明德愼罰」，《禮記・大學》節引其前半，作「克明德」，《左傳》成公二年則節引其後半，作「明德愼罰」，《孟子》「紹我周王見休」，鄭注〈禹貢〉引作「昭我周王」，亦此例也，然則《孟子》「有攸不惟臣，東征，綏厥士女，篚厥玄黃，紹我周王見休」，與鄭注〈禹貢〉引〈胤征〉本爲一文，江聲歧以爲二，且謂鄭玄所引〈胤征〉

〔註65〕《尚書今古文注疏》。
〔註66〕段玉裁說，見《古文尚書撰異・書序・湯征》條。

文，周王乃君王之誤，此考之未審。陳夢家以有攸爲國名，云：「攸，疑即後來之條戎」，又云：「〈胤征〉爲征胤，疑胤即攸也」，〔註67〕則惑於《孟子》「附于大邑周」之文，以及趙氏「道周武王伐紂時」之語，而以《夏書》爲《周書》，與《史記》所云「帝中康時，羲和湎淫，廢時亂日，胤往征之，作〈胤征〉」之說不合，未可據信。

　　紹，鄭本作昭，紹昭並从召聲，古音同通用。郭璞注《爾雅・釋詁》引《書》云：「釗我周王」，孫星衍以爲即〈胤征〉「昭我周王」，昭釗同屬照紐，古歸端紐，韻則同在第二部，二字古音通用，孫說是也。僞古文〈武成〉云：「肆予東征，綏厥士女，惟其士女，篚厥玄黃，昭我周王，天休震動，用附我大邑周」，襲取此引〈胤征〉文，及孟子說書之語爲之。

4. 舜往于田，號泣于旻天。（〈萬章〉上）

　　輝案：此引《虞書》逸文。趙岐於下文「帝使其子九男二女」句下注云：「孟子時，《尚書》凡百二十篇，逸書有〈舜典〉之敘，亡失其文，《孟子》諸所言舜事，皆〈舜典〉逸書所載」，〔註68〕是以此爲〈舜典〉文。〈書序〉云：「虞舜側微，堯聞之聰明，將使嗣位，歷試諸難，作〈舜典〉」，鄭注云：「逸」，則《書》本有〈舜典〉，以博士不取，未立學官，馬鄭又以無師說，是以不爲之注。陸德明《經典釋文敘錄》曰：「相承云梅賾上孔氏傳古文《尚書》，亡〈舜典〉一篇，時以王肅注頗類孔氏，故取王注從愼徽五典以下爲〈舜典〉，以續《孔傳》」，又云：「齊建武中，吳興姚方興造孔傳〈舜典〉一篇上之，曰若稽古帝舜曰重華協于帝十二字，是方興所上，孔氏傳本無，阮孝緒〈七錄〉亦云然，方興本或此下更有濬哲文明溫恭允塞元德升聞乃命以位，凡二十八字異」，則〈舜典〉一篇，東晉已亡，今孔傳本〈舜典〉，本與〈堯典〉爲一，梅氏獻僞古文《尚書》，以〈舜典〉亡失，乃取王注〈堯典〉愼徽五典以下爲之。至齊建武四年，復有姚方興僞撰〈舜典〉孔傳一篇，并于篇首加曰若稽古二十八字。清儒閻若璩、〔註69〕惠棟，〔註70〕已辨之詳矣。

　　趙氏云孟子時《尚書》有百二十篇，此據《緯書》爲說，不足信，其言《孟子》諸言舜事，皆〈舜典〉逸書所載，亦未可信，蓋趙氏未見其文，徒

〔註67〕見《尚書通論》第 14 頁。
〔註68〕今本作「〈堯典〉及逸書所載」，據段玉裁説改。
〔註69〕説見《古文尚書疏證》第六十五條。
〔註70〕説見《古文尚書考》。

以其記舜之事，文辭古崛，不類《孟子》本文，因以爲〈舜典〉文耳。閻若
璩亦以此爲〈舜典〉，〔註71〕江聲則疑此爲《尚書》逸文，而不以爲〈舜典〉
文。〔註72〕今考《說文》日部旻字下引《虞書》說：「仁覆閔下則稱旻天」，
此蓋即此「號泣于旻天」之舊說，說、各本作曰，段玉裁據《韻會》改爲說，
是也，惟以爲此古文〈堯典〉「欽若昊天」說，則未允。江聲曰：「仁覆閔下
云云，自是《尚書》傳文，必非經文」，〔註73〕甚允。然則此當係《虞書》逸
文，至若是否〈舜典〉遺文，以別無左證，未敢遽定。僞古文〈大禹謨〉云：
「帝初于歷山，往于田，日號泣于旻天」，襲取此引《虞書》逸文爲之。

5. 帝使其子九男二女，百官牛羊倉廩備，以事舜于畎畝之中。(〈萬章〉上)

　　趙注：「孟子時，《尚書》凡百二十篇，逸書有〈舜典〉之敘，亡失其文，
《孟子》諸所言舜事，皆〈堯典〉及逸書所載。」

　　段玉裁曰：「此〈堯典〉字乃〈舜典〉之誤，及字衍，傳寫之失也。」
〔註74〕

　　輝案：此引《虞書》逸文。趙氏以爲〈舜典〉文，蓋臆測之辭，未可據
信，說見上條。屈萬里先生疑爲逸書，〔註75〕今觀其文記舜之事，蓋《虞書》
逸文。《萬章》下云：「堯之於舜也，使其子九男事之，二女女焉，百官牛羊
倉廩備，以養舜於畎畝之中，後舉而加諸上位」，與此文句略異，而大旨不殊，
蓋檃括此引《虞書》逸文也。《呂氏春秋·求人篇》曰：「堯傳天下於舜，禮
之諸侯，妻以二女，臣以十子」，亦檃括《虞書》逸文，而云臣以十子，與此
不同者，此蓋傳聞異辭，猶《墨子·七患》引《夏書》曰：「禹七年水」，而
《管子·山權數》作「禹五年水」，《荀子·富國》作「禹十年水」之比。

6. 父母使舜完廩，捐階，瞽瞍焚廩。使浚井，出，從而揜之。象曰：「謨
　　蓋都君，咸我績。牛羊父母，倉廩父母，干戈朕，琴朕，弤朕，二嫂使
　　治朕棲」，象往入舜宮，舜在牀琴，象曰：「鬱陶思君爾」，忸怩。舜曰：
　　「唯茲臣庶，汝其于予治。」(〈萬章〉上)

　　輝案：此引《虞書》逸文，趙氏言《孟子》諸所言舜事，皆〈舜典〉逸

〔註71〕見《古文尚書疏證》第十八條。
〔註72〕《尚書集注音疏》。
〔註73〕見《尚書集注音疏》。
〔註74〕《古文尚書撰異》。
〔註75〕《尚書釋義》附錄一。

書所載，則以此爲〈舜典〉文，閻若璩曰：「父母使舜完廩一段，文辭古崛，不類《孟子》本文，《史記・舜本紀》亦載其事，而多所增竄，不及原文遠甚。《孟子》此一段，其爲〈舜典〉之文無疑」，〔註76〕亦以此爲〈舜典〉文。江聲曰：「絕不類《孟子》之文，極似《尚書》，雖不稱《書》曰，竊疑是《尚書》之文」，〔註77〕則以爲《書》逸文。今案趙氏、閻氏但以所記舜事，因以爲〈舜典〉文，說未可信。《史記・舜本紀》記其事，亦未言出於〈舜典〉。今以其文辭古崛，所記則舜之事，與下文「祇載見瞽瞍，夔夔齋栗，瞽瞍亦允若」，極相類似，而《孟子》稱《書》曰，以此例之，則此亦當係《虞書》逸文。僞古文〈五子之歌〉云：「鬱陶乎予心，顏厚有忸怩」，襲取此引《虞書》逸文爲之。

7. 舜流共工于幽州，放驩兜于崇山，殺三苗于三危，殛鯀于羽山，四罪而天下咸服。（〈萬章〉上）

    輝案：此引《書・堯典》文。〔註78〕殺、孔傳本作竄，殺、竄並爲㸔之叚借，說見本書119頁，第四章第一節第一條。

8. 欲常常而見之，故源源而來，不及貢，以政接于有庳。（〈萬章〉上）

    趙注：「此常常以下，皆《書》逸篇之辭。」

    輝案：此引《虞書》逸文。閻若璩以此爲〈舜典〉文，〔註79〕江聲以「不及貢，以政接于有庳」爲《尚書》逸文，欲常常二句，乃孟子之言，非古《書》成文。〔註80〕閻氏但以上問象之事，因以爲〈舜典〉文，未可信。江氏以欲常常二句非《書》文，亦臆測之辭，今仍從趙注，以其記舜之事，因以爲《虞書》逸文。

9. 伊尹曰：「予不狎于不順。」（〈盡心〉上）

    輝案：此引《商書》逸文。江聲曰：「自是《尚書》文而不稱《書》曰」，〔註81〕是以此爲《書》逸文。考〈書序〉百篇有以人名命篇者，〈微子〉、〈太甲〉、〈君奭〉、〈君陳〉、〈君牙〉皆是也，〈伊尹〉或係篇名，惟百篇無〈伊尹〉，

〔註76〕《古文尚書疏證》第十八條。
〔註77〕《尚書集注音疏》。
〔註78〕孔傳本在〈舜典〉。
〔註79〕《古文尚書疏證》第十八條。
〔註80〕《尚書集注音疏》。
〔註81〕《尚書集注音疏》。

疑事毋質，因以爲《商書》逸文。

10. 王曰：「無畏，**寧爾也，非敵百姓也**」，若崩厥角稽首。（〈盡心〉下）

輝案：此引《周書》逸文。江聲曰：「亦似《尚書》文，而不稱《書》曰」，〔註82〕是以此爲《尚書》逸文，今以其記武王之事，因以爲《周書》逸文。僞古文〈泰誓〉中云：「罔或無畏，寧執非敵，百姓懍懍，若崩厥角」，襲取此引《周書》逸文爲之。

第四節 隱括《書》文不舉篇名不稱《書》曰

1. 聞誅一夫紂矣。（〈梁惠王〉下）

輝案：此隱括《書·大誓》文，《荀子·議兵》引〈泰誓〉曰：「獨夫紂」，一猶獨也。

2. 禹聞善言則拜。（〈公孫丑〉上）

趙注：「《尚書》曰：『禹拜善言』。」

阮元曰：「閩監毛三本同。音義本，廖本、孔本、韓本、考文古本善作讜，是也。」〔註83〕

輝案：此隱括《書·皋陶謨》文。孔傳本讜作昌，段玉裁曰：「按古文《尚書》作昌，今文《尚書》作讜，《孟子·公孫丑篇》禹聞善言則拜，趙注云：『《尚書》曰：禹拜讜言』，此今文《尚書》作讜之證也」。〔註84〕

3. 后稷教民稼穡，樹藝五穀，五穀熟而民人育，人之有道也，飽食煖衣逸居而無教，則近於禽獸，聖人有憂之，使契爲司徒，教以人倫，父子有親，君臣有義，夫婦有別，長幼有敘，朋友有信。（〈滕文公〉上）

輝案：此隱括〈堯典〉文。〈堯典〉曰：「帝曰：『棄、黎民阻飢，汝后稷播時百穀』，帝曰：『契、百姓不親，五品不遜，汝作司徒，敬敷五教在寬』」。〔註85〕《左傳》文公十八年云：「舉八元，使布五教于四方，父義、母慈、兄友、弟恭、子孝」，《史記·五帝本紀·集解》引鄭玄曰：「五品、父母兄弟子也」，蔡邕《司空文烈侯楊公碑》曰：「命公作司徒，而敬敷五教，以親百姓，

〔註82〕《尚書集注音疏》。
〔註83〕《孟子校勘記》。
〔註84〕《古文尚書撰異》。
〔註85〕孔傳本在〈舜典〉。

父義、母慈、兄友、弟恭、子孝」,《國語‧鄭語》曰:「商契能合和五教,以保于百姓者也」,韋注:「五教謂父義、母慈、兄友、弟恭、子孝也」,《漢書百官公卿表敘》云:「禼作司徒,敷五教」,注引應劭曰:「五教,父義、母慈、兄友、弟恭、子孝也」,皆以五教爲父母兄弟子五品之教,與《孟子》以五教爲君臣、父子、夫婦、長幼、朋友五品之教者不同。

4. **湯始征,自葛載。**(〈滕文公〉下)

趙注:「載、始也。……一說載當作再字,再十一征,而言湯再征十一國。」

輝案:此檃括《書‧湯征》文。《梁惠王》下引《書》曰:「湯一征,自葛始」,彼引〈湯征〉文,此則檃括其義耳。趙注云:「載、始也」,與《梁惠王》下所引「自葛始」之文相合,是也。一說載當作再,文義雖可通,然與「自葛始」句不相應,非是。

又案:自葛載句下,《孟子》又云:「十一征而無敵於天下,東面而征西夷怨,南面而征北狄怨,曰:『奚爲後我』」,此孟子釋《書》之語,說見本章第二節第二條。

5. **舜相堯二十有八載。**(〈萬章〉上)

輝案:此檃括〈堯典〉文,〈堯典〉曰:「二十有八載,帝乃殂落」。〔註86〕《史記‧五帝本紀》曰:「堯立七十年得舜,二十年而老,令舜攝行天子之政,薦之於天,堯辟位凡二十八年而崩」,又曰:「舜年二十以孝聞,年三十堯舉之,年五十攝行天子事,年五十八,堯崩」,是二十有八載者,包堯舉舜二十年,舜攝行天子之政八年言之,故此言舜相堯也。

6. **堯之於舜也,使其子九男事之,二女女焉,百官牛羊倉廩備,以養舜於畎畝之中,後舉而加諸上位。**(〈萬章〉下)

輝案:此檃括《虞書》逸文。〈萬章〉上云;「帝使其子九男二女,百官牛羊倉廩備,以事舜于畎畝之中」,趙岐以爲〈舜典〉文,蓋臆測之辭,今觀其文記舜之事,蓋《虞書》逸文,此則檃括彼所引《虞書》逸文也。

〔註86〕孔傳本在〈舜典〉。

第十章 《孝經》引《書》考

夫《孝經》者，孔子爲曾子陳孝道之作。其制作本意，蓋出自夫子，而著之竹帛，則出於七十子後學者。後儒或以首章「仲尼居，曾子侍」之文，而疑其漢人所僞託，實有未當。今考《呂氏春秋・察微篇》引《孝經》曰：「高而不危，所以長守貴也；滿而不溢，所以長守富也；富貴不離其身，然後能保其社稷，而和其民人」，今在〈諸侯章〉，而明稱《孝經》，是其書在先秦已著於竹帛矣。又〈孝行篇〉曰：「故愛其親不敢惡人，敬其親不敢慢人，愛敬盡於事親，光耀加於百姓，究於四海，此天子之孝也」，與〈天子章〉文頗相類，是亦呂覽襲取《孝經》之文爲者。又蔡邕《明堂月令論》，賈思勰《齊民要術》，並引魏文侯《孝經傳》之說，然則《孝經》爲先秦古籍，實無可疑。

《孝經》一書，凡引《書》四條，其中稱舉篇名者一條，所稱篇名爲〈呂刑〉。其引《書》不舉篇名，不稱《書》曰者二條，所引一條爲《商書》逸文，篇名無可考；別一條爲〈呂刑篇〉。其櫽括《書》之文義，不舉篇名，不稱《書》曰者一條，其所引篇名，經考定爲〈康誥〉。

總計《孝經》引《書》四條中，凡引《書》二篇，其篇名爲〈呂刑〉、〈康誥〉，皆在伏生二十九篇中。

綜考《孝經》引《書》四條，可得如下結論：

一、《孝經》一書，引《書》稱篇名者僅〈甫刑〉一篇，此與漢人稱《書》有百篇者相去甚遠，此可見先秦《尙書》未必有百篇。

二、《孝經》或引《商書》逸文，知《書》之亡逸，確爲事實，康有爲不信亡書，逸書，謂伏生之《書》二十八篇爲備，[註1] 實有未當。

〔註 1〕《新學僞經考・漢書藝文志辨僞》條。

-209-

三、引《書》稱〈甫刑〉，與《禮記》同，而與《墨子》稱〈呂刑〉者異。引〈甫刑〉作「兆民賴之」，與《左傳》、《荀子》、《禮記》同，而與《大戴禮》引作「萬民賴之」者不同。凡此皆可見先秦《尚書》實未有定本。

第一節　引《書》稱舉篇名

1. 〈甫刑〉云：「一人有慶，兆民賴之。」（〈天子章〉）

　　唐玄宗注：「〈甫刑〉、即《尚書·呂刑》也。」

　　輝案：此引《書·呂刑》文。《禮記·表記》二引，〈緇衣〉三引並作〈甫刑〉，與此引同，《墨子·尚賢》中、〈尚賢〉下、〈尚同〉中引並作〈呂刑〉，此蓋先秦《尚書》未有定本，是以篇名未有定稱。

　　又《禮記·緇衣》引〈甫刑〉、《左傳》襄公三十一年引《書》曰、《荀子·君子》引《傳》曰，並作「兆民賴之」，與此引同；《大戴禮·保傅》引《書》曰作「萬民賴之」，與此異者，此亦以先秦《尚書》未有定本，是以文句互有不同。

　　《四庫提要》曰：「《孝經》有今文，古文二本，今文稱鄭玄注，其說傳自荀昶，而《鄭志》不載其名；古文稱孔安國注，其書出自劉炫，而《隋書》已言其偽」，今考漢人載籍，或作〈甫刑〉，或作〈呂刑〉，作〈甫刑〉者，今文《尚書》也，作〈呂刑〉者，古文《尚書》也，〔註2〕此引稱〈甫刑〉，與今文《尚書》同，蓋玄宗御注《孝經》，取今文本，是以與今文《尚書》合也。

第二節　引《書》不舉篇名不稱《書》曰

1. 五刑之屬三千。（〈五刑章〉）

　　輝案：此引〈呂刑〉文。〈呂刑〉云：「墨罰之屬千，劓罰之屬千，剕罰之屬五百，宮罰之屬三百，大辟之罰，其屬二百，五刑之屬三千。」

2. 子曰：「五刑之屬三千，而罪莫大於不孝。」（〈五刑章〉）

　　輝案：此引《商書》逸文。《呂氏春秋·孝行篇》引《商書》曰：「刑三百，罪莫大于不孝。」與此引同，則此蓋亦引《商書》之文。考《呂氏春秋·察微篇》引《孝經》文，又〈孝行篇〉曰：「故愛其親，不敢惡人；敬其親，

〔註2〕說見本書97頁，第三章第十節第一條。

不敢慢人；愛敬盡於事親，光耀加於百姓，究於四海，此天子之孝也」，與《孝經‧天子章》文大同。蔡邕《明堂月令論》、賈思勰《齊民要術》，並引魏文侯《孝經傳》之說，則《孝經》之作在《呂氏春秋》之前。此言「罪莫大於不孝」，當非襲《呂氏春秋》之文，蓋《商書》本有此文，《呂氏春秋》引其全句，明稱《商書》；而《孝經》則節引其半，不稱《書》曰也。

第三節 櫽括《書》文不舉篇名不稱《書》曰

1. **治國者不敢侮於鰥寡。**（〈孝治章〉）

輝案：此櫽括〈康誥〉文。〈康誥〉云：「惟乃丕顯考文王，克明德慎罰，不敢侮鰥寡」。《詩大雅‧烝民》「不侮矜寡」，此櫽括《書‧康誥》文。說見本書 67 頁，第二章第二節第四條。